海洋文化研究系列丛书之二

回眸海丝之路：改革开放以来国内的海上丝绸之路研究

冯定雄 著

中国环境出版集团·北京

图书在版编目（CIP）数据

改革开放以来国内的海上丝绸之路研究 / 冯定雄著 . -- 北京 : 中国环境出版集团 , 2015.8（2020.12 重印）
（海洋文化研究系列丛书）
ISBN 978-7-5111-2493-7

Ⅰ . ①回… Ⅱ . ①冯… Ⅲ . ①海上运输－丝绸之路－研究－中国 Ⅳ . ① K203

中国版本图书馆 CIP 数据核字 (2015) 第 182956 号

出 版 人　武德凯
责任编辑　曲　婷
责任校对　任　丽
装帧设计　宋　瑞

出版发行　中国环境出版集团
（100062　北京市东城区广渠门内大街 16 号）
网　　址：http://www.cesp.com.cn
电子邮箱：bjgl@cesp.com.cn
联系电话：010-67112765（编辑管理部）
发行热线：010-67125803，010-67113405（传真）
印装质量热线：010-67113404
印　　刷　北京建宏印刷有限公司
经　　销　各地新华书店
版　　次　2015 年 8 月第 1 版
印　　次　2020 年 12 月第 2 次印刷
开　　本　787×960　1 / 16
印　　张　20
字　　数　300 千字
定　　价　48.00 元

目　录

上　篇

·上篇·

第一章　20世纪90年代前的海上丝绸之路研究

自从张骞通西域以后，中国和中亚及欧洲的商业往来迅速增加。通过这条贯穿亚欧的大道，中国的丝、绸、绫、缎、绢等丝制品，源源不断地运向中亚和欧洲。1877年德国地理学家李希霍芬（F. von. Richthofen, 1833—1905）将张骞开辟的这条促进东西方经济贸易和文化交流的大道称为“丝绸之路”。后来，德国人胡特森在多年研究的基础上，撰写成《丝路》一书，从此，丝绸之路这一称谓得到了世界的公认。但是，李希霍芬所指的丝绸之路是“从公元前114年到公元127年，中国于河间地区以及中国与印度之间，以丝绸贸易为媒介的这条西域交通路线”。后来，史学家把沟通中西方的商路统称丝绸之路。

此名出现后，有些学者认为中国的丝绸不仅从陆道运往西方，而且也经由海道，因而法国汉学家沙畹（Edouard Chavannes，1865—1918）在其所著《西突厥史料》中提出，“丝路有陆、海二道，北道出康居，南道为通印度诸港之海道，以婆庐羯泚（Broach）为要港。”[①] 其后，日本学者三杉隆敏与香港学者饶宗颐教授对海上丝绸之路又均加以研究。[②] 海上丝

① 沙畹：《西突厥史料》，冯承钧译，北京：中华书局2004年，第167页。

② 陈炎：《海上丝绸之路与中外文化交流》，北京：北京大学出版社2006年第二版，姚楠序。

绸之路是相对于陆上丝绸之路而言的，三杉隆敏在他 1967 年出版的《探索海上丝绸之路》的专著中初次提及，此后，这个概念被学术界普遍接受。

我国学术界对海上丝绸之路的研究，最早可以追溯到 19 世纪，[①] 虽然当时还没有海上丝绸之路这一概念，但相关的研究却在事实上展开了。但是，我国学术界对海上丝绸之路研究的真正繁荣与大发展时期，却是自改革开放至今。

第一节　20 世纪 90 年代前 我国海上丝绸之路研究的主要成就

1978 年，党的十一届三中全会的召开标志着中国大陆进入了改革开放的新阶段，国内学术研究也开始走向新的局面。关于海上丝绸之路的学术研究亦随之复兴，并且迅速繁荣。“文革”结束后的初期学术的繁荣与学术团体的建立是密不可分的。1979 年 4 月，中国海外交通史研究会在泉州成立，朱杰勤被推举为首任会长，田汝康为副会长，林文明为秘书长。中国海外交通史研究会与泉州海外交通史研究会决定共同出版《海交史研究》。次年，该杂志获准公开发行。1981 年 5 月，中国中外关系史学会在厦门大学成立，推举宦乡为名誉理事长，孙毓棠为理事长，韩振华、姚楠为副理事长，马雍为秘书长。该学会自成立之日起，就将海上丝绸之路作为重要的研究对象。1985 年，中国中外关系史学会编辑出版了《中外关系史论丛》（第 1 辑）。中国海外交通史研究会和中国中外关系史学会所研究的内容，都与海上丝绸之路直接相关。这两个全国性学术团体成立后，不断组织召开学术会议，出版了大量的学术成果，对于营造学术氛围、交

① 有学者把我国最早研究海上丝绸之路的阶段称为“萌芽阶段”。参见龚缨晏主编：《中国“海上丝绸之路”研究百年回顾》，杭州：浙江大学出版社 2011 年，第 3-21 页。

流学术成果、促进学术发展，发挥了十分重要的推动作用。1981年中国大陆还成立了航海史研究会，并且编辑出版会刊《船史研究》。之后，又成立了南京郑和研究会等学会，出版了《郑和研究》等刊物。这些学术团体及学术刊物，都与海上丝绸之路的研究密切相关。①

“文革”结束后，在我国学术界，海上丝绸之路这一术语最先出现在一本名为《航运史话》的科技著作中。②“‘丝绸之路’，顾名思义，就是运送丝绸的道路。提起‘丝绸之路’，就会使人联想到古代在天山脚下弯弯曲曲的道路上，一队队号称‘沙漠之舟’的骆驼，驮着沉重的丝绢包裹，沿着汉代张骞两次通西域所开辟的道路逶迤西去的情景。这条通道从我国甘肃的河西走廊起，穿过塔里木盆地，越过葱岭山隘，经阿富汗到达伊朗、伊拉克以及地中海东部的一些国家。可是，不少人可能还不知道在唐代，还有一条比它更加辽阔、更加繁荣，而且直到今天仍然是东西方贸易交往的重要通道，这就是我国同西亚各国的海上航线。唐代，在这条海道上‘舟舶继路、商使交属’，好不繁荣。由于那时我国由海运出口的商品和陆上‘丝绸之路’一样，很大一部分是丝绸，今天我们也不妨借用‘丝绸之路’的佳名，把它称作海上‘丝绸之路’。”③在这本著作中，作者把海上丝绸之路的起始时间定在唐代，在讨论海上丝绸之路时也只是讨论了唐代海上丝绸之路的情况。在这里，海上丝绸之路只是作为中国古代远航史的附属品而提出，没有进行深入的探讨，尽管如此，该著作明确地提到了海上丝绸之路这一概念并进行了一些相关内容的分析，这在学术研究百废待兴的改革开放之初，对于开启海上丝绸之路研究具有重要意义。

1981年，李康华等人在《中国对外贸易史简论》中对海上丝绸之路作了进一步的论述。作者认为，“横跨欧亚大陆的‘丝绸之路’，为古代各族人民的交往和友谊作出了巨大贡献。我们的祖先还通过波涛起伏的海路，

① 龚缨晏：《中国“海上丝绸之路”研究百年回顾》，第102-103页。
②《航运史话》编写组：《航运史话》，上海：上海科学技术出版社1978年版。该著作是《中国科技史话丛书》之一。
③《航运史话》编写组：《航运史话》，第144-145页。

将绮丽的丝绸传送到东西方各国，形成了一条海上丝绸之路。海上丝绸之路又分为东方航线和西方航线。”① 接着，作者从我国春秋战国时期就已经开始的北起渤海南至广东、广西沿海地区同邻近的日本、朝鲜、越南等国的海上交往开始，依据中外典籍中的相关记载，进行了比较系统的论述。在以后的章节中，作者按中国朝代顺序，探讨了相应时期的海外贸易情况，海上丝绸之路贸易是其中很重要的内容之一。这里，作者也没有单独把海上丝绸之路作为专门的内容单独加以系统阐述，而只是把它作为中国对外贸易的一部分进行探讨。

1982 年，北京大学陈炎教授在《历史研究》上发表了著名的《略论海上丝绸之路》，该文指出：“中外学者对陆上丝绸之路的研究，已有不少成果，使我们可以较详细地了解，在很早以前通过西域和西南的陆上丝绸之路，中国的丝绸就络绎不绝传到亚、欧、非三洲。然而，对海上丝绸之路的研究却还未能引起人们的十分重视，因此其成果不够显著。过去中外学者对海上交通的研究，偏重于航线和古地名的考证，还没有系统地专门研究中国丝绸通过海路外传及其影响，以及它在中外关系史中所占有的重要地位，而这些问题都值得我们今后去探讨和研究。”② 在这篇论文中，作者把海上丝绸之路划分为三个时期：形成时期（唐代以前）、发展时期（唐宋时期）和极盛时期（元、明、清时期），并分别勾画出不同时期我国丝绸向海外传播的基本轮廓，最后，作者分析了我国丝绸外传对世界文明的贡献。作为沟通东西方海上通道的海上丝绸之路，是不同国家、民族经济文化交流的桥梁，它把世界文明的发祥地如埃及、希腊、罗马、波斯、印度、中国以及美洲联结在一起，对世界各国经济交往和文化交流作出了极为重要的贡献。

同年，陈炎在《杭州商学院学报》上发表《古代浙江在海上“丝绸之路”

① 李康华、夏秀瑞、顾若增：《中国对外贸易史简论》，北京：对外贸易出版社 1981 年，第 28-29 页。

② 陈炎：《略论海上丝绸之路》，《历史研究》1982 年第 3 期。

中的地位——兼论浙江历代的海外丝绸贸易》，[①]探讨了古代浙江从战国“成王于越献舟”（《周书》）开始，历经三国、唐、五代的发展，在海上丝绸之路中的地位日益提高。作者认为，“唐、五代是我国对外丝绸贸易从陆路转向海路的历史时期，也是海上丝绸之路开始发展的时期。”两宋时期是“浙江丝绸大量外传的开始，也说明了丝绸在发展海外贸易中所占的地位和所起的作用。”到元代，浙江是元朝市舶司最多，也是最集中的地区。到明代，浙江的海外丝绸贸易达到极盛时期。在浙江的海外贸易中，特别是到了明朝，“丝绸不仅是海外贸易的主要商品，而且也是外交上用作联系各国友好往来的纽带。从这一意义来说，郑和下西洋是我国‘丝绸外交’的一次伟大胜利，标志着海外丝绸贸易已经进入最高潮，海上丝绸之路已经发展到鼎盛时期。”

1982年，胡欣等出版了介绍印度洋的著作《印度洋纵横谈》，在介绍海上丝绸之路时，作者认为，汉代陆上丝绸之路开通后，“在将近一千年以后，又出现了一条新的海上丝绸之路。这条新路绕道南海和印度洋，沿途有数不清的惊涛骇浪，路程也更为遥远。”[②]此书的内容主要是介绍性和普及性的，因此在表述上，无论是在内容还是结论上都缺乏严谨，不能算作对海上丝绸之路的真正研究。其他的科普著作也都存在这一问题。[③]

1983年，由中国海外交通史研究会、宁波市文物管理委员会编辑的《宁波港海外交通史论文选集》出版，收录关于古代宁波及其海外交流的论文15篇，其中，陈炎的《东海“丝绸之路”初探（之三）——两宋时东海航路进入高度发展时期》，探讨了两宋时东海航路高度发展的原因，分析了两宋政府对海外贸易的重视以及两宋时中国同日本的贸易往来和文化

①陈炎：《古代浙江在海上“丝绸之路”中的地位——兼论浙江历代的海外丝绸贸易》，《杭州商学院学报》1982年第4期。后来此文选入杭州商学院学报编辑室编：《浙江商业史研究》，杭州：杭州商学院出版社1982年版，并收入作者修订版文集《海上丝绸之路与中外文化交流》，北京：北京大学出版社2002年第二版。

②胡欣、丛淑媛：《印度洋纵横谈》，福州：福建人民出版社1982年，第17页。

③江衡：《海上丝绸之路》，《课外学习》1982年第1期。

交流。[①]其他的论文大多紧紧围绕着宁波的海外贸易与交流问题展开，它们包括林正秋的《试论古代宁波海外贸易的发展》，林文明的《关于宁波港古代海外贸易几个问题的探论》，丁正华的《试谈唐代明州在中日航海史上的地位》，倪士毅、方如金的《宋代明州与高丽的贸易关系及其友好往来》，徐规的《宋代浙江海外贸易探索》，林树建的《元代浙江的海外贸易》，徐明德的《明代宁波港海外贸易考略——兼论双屿港国际贸易市场》，周仲夏的《宁波港的中衰与振兴》，郑绍昌的《鸦片战争前夕的宁波港》等。

1983 年，吴瑞根发表了《海上丝绸之路与“中国之船”》，早在 16 世纪末叶，墨西哥人就把从马尼拉驶往墨西哥的、满载中国和其他东方国家货物的商船称为“中国之船”。当时，新西班牙（今墨西哥）阿卡普尔科港，是中国—菲律宾—新西班牙之间进行三角贸易的一角。每当“中国之船”到达，人们便纷纷前往购买中国的丝绸、香料、瓷器和各种手工艺品。运抵阿卡普尔科港的中国丝绸，经海陆分散到其他地区。自那以后，中国同拉丁美洲国家的贸易往来一直持续不断。“中国之船”为开辟中国同拉美国家的海上丝绸之路作出了重大贡献。[②]

1984 年，台湾学者彭双松出版《徐福研究》，作者花了十余年时间，参阅了百余册中外书籍，经八次访日，在日本境内发现 56 处徐福遗迹，证明徐福确实到达日本。不但如此，作者经过研究发现，徐福在日本的东迁与日本第一代神武天皇之东征竟有 37 次相同、类似或密切的关系，于是作者得出结论：徐福即是神武天皇。[③]作者的这一结论对徐福研究及中日关系研究具有很大的影响。

从 1984 年第 36 期起，《瞭望》开始连载海上丝绸之路系列文章，一共连续刊载了 9 期，它们包括陈炎的《“丝绸之路”由陆地转向海洋》，

① 陈炎：《东海“丝绸之路”初探（之三）——两宋时东海航路进入高度发展时期》，载中国海外交通史研究会、宁波市文物管理委员会：《宁波港海外交通史论文选集》，1983 年，第 1-48 页。
② 吴瑞根：《海上丝绸之路与“中国之船”》，《拉丁美洲研究》1983 年第 1 期。
③ 彭双松：《徐福研究》，苗栗：富蕙图书出版社 1984 年版。

阿浦的《中国航海事业的先驱——徐福》，杨恩璞的《大规模远洋航行的序幕》，杨恩璞的《唐船驰骋波斯湾》，庄景辉的《泉州古港与宋代海船》，沈福伟的《元代周游亚非的航海家汪大渊》，庄景辉的《郑和下西洋的壮举（上）》和《郑和下西洋的壮举（下）》，杨熺的《中国古代航海业的中衰》。这个系列的文章对古代中国的海上丝绸之路进行了比较系统的介绍。1984年，北京科教电影制片厂拍摄了科教片《海上丝绸之路》，主要是以泉州港作为题材进行摄制的，其目的在于科教普及。自此以后，对海上丝绸之路的研究逐步受到国内学者的重视，研究海上丝绸之路的论著也不断出现。

1984年《湛江文史资料》（第二辑）收录了阮应祺的论文《汉代"海上丝绸之路"始发港——徐闻港考察》，作者从两方面对徐闻港进行了考证，一是通过文献记载，特别是《汉书·地理志》载曰："自合浦徐闻南入海，得大洲，东西南北方千里"，到唐朝李吉甫《元和郡县志》及清代的《广东通志》中关于徐闻的记载；二是通过考古调查，在今徐闻县南部，东起海安、西至北部湾、面向琼州海峡一线，发现了汉代墓葬群，总计数百座。这些墓都是平民墓，但墓葬中出土了很多珠饰物，如琥珀珠、玛瑙珠、水晶珠、紫晶珠、琉璃珠等共计309粒，在这些平民墓出土的珠饰物中，"有一部分肯定是海外所产，很可能是来自民间的海外贸易。至于官府船舶带回来的'明珠、璧流离、奇石异物'，专供皇室享受，不可能在徐闻县的汉代平民墓葬中发现。但平民墓中竟有如此之多的'进口'物品陪葬，正好体现了古代海外贸易港口居民的葬俗特点。"[①] 作者得出结论，认为"'海上丝绸之路'的著名始发港之一，是徐闻港。"虽然本文属于地方史研究，但它却是较早对海上丝绸之路进行实证研究的严谨之作，其结论也具有说服力。同年，王建辉在《求索》上发表《"海上丝绸之路"应称为"瓷器之路"》，作者认为"这种称法（即海上丝绸之路——笔者注）不甚适合，

① 阮应祺：《汉代"海上丝绸之路"始发港——徐闻港考察》，载中国人民政治协商会议湛江市委员会文史资料研究委员会：《湛江文史资料》（第2辑），1984年12月，第146页。

应称之为‘瓷器之路’。”其原因主要有二：第一，“丝绸不是导致海上通道大畅的经济动力，因为丝绸主要产于远离海道的中国北方。……瓷器输出便成为海上交通线发展繁荣的经济推动力，可以说古代海道在唐代的正式开辟，完全是瓷器输出的功劳。”第二，“在唐代，中国南方和沿海的经济有很大发展，瓷器的发展速度超过了丝绸，在海外销路很广。……因此，只有将这条海道定名为‘瓷器之路’，才能正确评价瓷器和丝绸的不同历史功绩，也才能正确阐明中华民族对于世界文明所作的贡献是丰富多彩的。”① 此文对于我们深化对海上丝绸之路的概念和它的开始时间具有一定的意义，但也有人对文章的观点提出了质疑，“近年有些史学家认为海上中西直接通航和海上‘丝绸之路’的最终形成，是距东汉400年后的‘唐代正式开辟，主要是用于瓷器输出’，因而‘海上丝绸之路’应称瓷器之路。这种观点，我们不敢苟同。”②

1985年，常任侠发表了《海上“丝绸之路”与文化交流》一文，主要叙述了古代中国与日本、越南、柬埔寨等国的海上交往的历史，同时阐述了海上丝绸之路对中国及其他各国历史发展的贡献。③ 同年，常任侠还出版了《海上丝路与文化交流》一书。书中论述了法显等人通过海上丝绸之路求法的过程、海外花卉香料及珍禽奇兽在中国的引进、印度瑜伽对中国气功的影响等，但重点是讨论中国与日本之间的文化交往。④

郑和下西洋是中外海上交流史上的重大事件，一直是学术界关注的重要内容。为了纪念郑和下西洋580周年，各地纷纷举办纪念会、学术讨论会，并出版相关论文集或专著。1983年5月，为了纪念郑和下西洋580周年，中国航海史研究会在九江举行郑和下西洋学术讨论会，与会论文于1985年以《郑和下西洋论文集》（第一集）之名出版，总共包括5部分29篇

① 王建辉：《“海上丝绸之路”应称为“瓷器之路”》，《求索》1984年第6期。
② 黄启臣：《广州海上丝绸之路的兴起与发展》，广东省人民政府外事办公室、广东省社会科学院编：《广州与海上丝绸之路》，广州：广东省社会科学院1991年版。
③ 常任侠：《海上“丝绸之路”与文化交流》，《社会科学战线》1985年第3期。
④ 常任侠：《海上丝路与文化交流》，北京：海洋出版社1985年版。

论文：①郑和下西洋的目的，收入 5 篇；②对郑和宝船的探讨，收入 8 篇；③郑和船队的航行区域，收入 5 篇；④郑和船队的航海技术，收入 6 篇；⑤郑和对世界航海事业的贡献及其在福建的活动，收入 5 篇。[①]1984 年 9 月，在南京由江苏省纪念郑和下西洋 580 周年筹备委员会召开郑和下西洋学术讨论会，会后委托南京大学历史系等单位选编而成《郑和下西洋论文集》（第二集），收录与会论文 20 篇。[②]1985 年，郑一钧出版了《论郑和下西洋》一书，由北京海洋出版社出版。该书是依据作者和郑鹤声编写的《郑和下西洋资料汇编》资料而写成。全书共 8 章：①明代极盛时期的海上业绩；②郑和的家世、宗教信仰和才能；③郑和使团的人员组成和船舶准备；④郑和使团的航海技术；⑤郑和下西洋的航程；⑥郑和出使诸国的经过；⑦郑和下西洋时期中国与亚非国家间在政治经济和文化上的关系；⑧郑和下西洋的成就、局限性及影响。[③] 纪念伟大航海家郑和下西洋 580 周年筹备委员会、中国航海史研究会编的《郑和下西洋》也于 1985 年出版。[④]1985 年 7 月在南京召开的“纪念伟大航海家郑和下西洋 580 周年大会暨学术研讨会”，规模空前，声势浩大，肇启了郑和研究的高潮，标志着郑和研究进入了一个新阶段。[⑤] 同时，这一时期建立了专门的学术组织，创办了研究刊物。1986 年 3 月，南京郑和研究会宣告成立，同年创办了会刊《郑和研究》和《郑和研究简讯》，使得郑和研究有了专门学术组织和刊物，在郑和研究方面起到了联系、宣传、筹划和组织的积极作用，有力地推动了郑和研究事业的发展。

1986 年，朱江出版了《海上丝绸之路的著名港口——扬州》一书，该

---

① 纪念伟大航海家郑和下西洋 580 周年筹备委员会、中国航海史研究会：《郑和下西洋论文集》（第一集），北京：人民交通出版社 1985 年版。

② 江苏省纪念郑和下西洋 580 周年筹备委员会：《郑和下西洋论文集》（第二集），南京：南京大学出版社 1985 年版。

③ 郑一钧：《论郑和下西洋》，北京：海洋出版社 1985 年版。

④ 纪念伟大航海家郑和下西洋 580 周年筹备委员会、中国航海史研究会：《郑和下西洋》，北京：人民交通出版社 1985 年版。

⑤ 时平：《近百年的郑和研究》，《回族研究》2003 年第 1 期。

书从扬州的历史沿革、海外交通和名胜古迹三方面对扬州加以介绍，虽然作者没有明确强调扬州在海上丝绸之路中的重要地位，而且用作者自己的话说是“从海外交通史的角度来叙述扬州”，[①]但该书的书名已经对扬州在海上丝绸之路的重要地位和作用作了很好的概括，对扬州文化史研究和海上丝绸之路研究作出了贡献。

山东的蓬莱港是我国古代著名的海上丝绸之路港口，山东省地方交通海运史志办公室在《登州古港史》（送审稿）中对它进行了比较系统的认证和梳理。特别是该书对山东在最早开辟海上丝绸之路方面的论述很有意义，认为“山东在齐鲁时代，丝绸纺织业就十分发达。齐燕的移民，还把丝绸和纺织技术带到了朝鲜，传到了海外。‘鲁人善织履，妻善织缟，而徒于越’，这就说明了当时的丝绸传播是较为广泛的，齐缟鲁纨是享有盛名的丝织品，齐国就有‘冠带衣履天下’之称，‘下官糅罗纨，曳绮縠而士不得以为絛。’可见，先秦时的丝绸质量和数量都达到十分可观的境地。先秦时期，以临淄为中心地的山东丝绸纺织业，一直比较发达兴旺，到了秦代，也很重视蚕丝和纺织业的发展，并且用以同内地进行交易，正是有这样一个丝绸之国的大量纺织品，才使丝绸从海上不断地流到海外去。秦初，亡国的齐、鲁、燕、赵国人，为逃避战乱的灾难，纷纷从海上逃往朝鲜半岛，从而也就把‘齐纨鲁缟’带了过去，使朝鲜人也学会了养蚕织绸。这些从海上逃往朝鲜半岛南端的人还建立了叫做‘辰韩’的小国。这个‘辰韩’就是‘秦韩’的谐音。他们能够在那里聚居并建立了‘秦韩’之国。可见，当时由海上逃往人数是很多的。这些人中，有的还渡海到达了日本，在那里，主要以养蚕织绢为业，所以他们的姓氏，后来在日本就被称为‘八夕’。‘八夕’在日语中的意思是‘机织人’，而‘秦’在日语就是念作‘八夕’。其后，秦氏子孙繁衍，分出了许多子姓，诸如‘羽田’‘羽太’‘波多’‘幡多’‘八田’等，所有这些子姓，在日语中均被念为‘八夕’，他们所从事的织绢丝业，在日本受到极大的欢迎。正是这些人，为我国通往东方的

①朱江：《海上丝绸之路的著名港口——扬州》，北京：海洋出版社 1986 年，第 135 页。

海上丝绸之路，奠定了基础，从而使我国的丝绸，不仅能够从陆地运往西方，而且可以由海上运往东方或西方，这就使地处渤海海道上的蓬莱港当然地成为丝绸输出的一个海上门户或转运点”。[①] 该书还考察了汉及其以后的海上交流和贸易情况。在这里，作者没有把海上丝绸之路严格限制在张骞通西域之后，而是把它作为海上重要商道来考察蓬莱港在海上丝绸之路中的地位和作用。作者措辞也很严谨，认为蓬莱对朝鲜、日本的交往“为我国通往东方的海上丝绸之路，奠定了基础”，使蓬莱港“当然地成为丝绸输出的一个海上门户或转运点”，而不是片面地强调蓬莱港是最早的始发港和一味地强调它的独占地位，因此，它显得颇具说服力，也颇有启发。

1987 年，姜培玉编著出版了《青岛外贸史话》一书。在该书中作者认为，“青岛市开埠的时间虽晚，但它的历史却是悠久的。胶州湾西岸，现青岛市黄岛区辛安镇，有个方圆约 2 里（1 里＝ 0.5 千米——笔者注）的小山，就是秦朝时期闻名于世的徐山。秦始皇当时为求长生不老之药，派方士徐福，由此地扬帆东渡，远航日本。为此，徐福以我国海上‘丝绸之路’东方航线的先驱而载入史册。”[②] 在书中，作者虽然没有明确强调海上丝绸之路的开通是在秦朝，但却认为这里是“海上‘丝绸之路’东方航线的诞生地”，[③] 而且“虽然现在史学界对徐福东渡的起航地点，说法不一，但据各方面的资料考证，徐福两次东渡肯定是在琅琊沿海一带，而绝不是离琅琊很远的广东、河北等地的意见已趋一致。根据季节和海洋内左旋回流路的情况判断，徐福当年东渡有两条路可到日本：一路是北路，即春末夏初，利用西南气流漂送。航路大概是山东半岛的胶州湾内（或海州湾岚山头）出海—胶州半岛成山头—朝鲜半岛西海岸南端—对马海峡—日本九州，渐次向日本本州腹地进展。另一路是南路，用冬春季偏北气流，黄海沿岸和黄海水下密度环流漂送。航路大概是古朐沿岸—苏北外海（顺黄海

①山东省地方交通海运史志办公室：《登州古港史》（送审稿），1986 年 10 月，第 42-43 页。

②姜培玉：《青岛外贸史话》，青岛：青岛出版社 1987 年，引言。

③姜培玉：《青岛外贸史话》，青岛：青岛出版社 1987 年，第 7 页。

沿岸海流）由北转向东顺黄海暖流（由南转托）到日本九州岛—大隅海峡—日本本州。由此可见，早在秦代，即有一条从黄海通向朝鲜半岛南部和日本的海上交通线。”[①]在这里，还有一个海上丝绸之路东方航线的重要城镇，那就是板桥镇。作者认为，青岛是海上丝绸之路东方航线的重要起航地点，其最早时间可以追溯到秦代，这种观点和看法对我们深入研究海上丝绸之路具有一定的意义。后来作者在他的另一本著作《山东经贸史略》中沿用了这些观点和看法。[②]

同年，山东长岛县委宣传部编写出版了《海上仙山长岛》一书，作为《可爱的烟台》丛书的一册而出版。书中认为，“在我国航海史上有着重要地位的庙岛群岛也为海上‘丝绸之路’的形成奠定了坚实的基础。还在石器时代，庙岛群岛就已经成为连接山东、辽东两大半岛的海上枢纽。……正是因为有了庙岛群岛这一串自南至北象（像）链条似的岛屿，才使得我们祖先的前船后舸平安地驶过这长达200余里的艰险航程。这种交流，既是我国航海之起源，也是海上‘丝绸之路’的萌芽。秦时，方士徐福不堪秦的苛政，带童男童女数千人以蓬莱仙岛（即庙岛群岛）为跳板东渡扶桑，初步形成了我国海上‘丝绸之路’的雏型。”[③]

1988年，彭德清主编的《中国航海史·古代航海史》出版，它系统地叙述了中国古代航海事业的发展轨迹。作为中国古代航海史上重要组成部分的海上丝绸之路在该书中也得到了比较详细的论述。书中认为，海上丝绸之路开辟于西汉，“西汉年间，是中国航海事业的发展前期，它的标志是南亚海上丝绸之路的形成。”[④]作者认为，海上丝绸之路是在汉武帝时代开辟的，其重要原因之一是由于“正当汉王朝统一中国时，罗马人也统一了意大利半岛，建立了强大的罗马帝国（汉称大秦，又称犁继），当

①姜培玉：《青岛外贸史话》，青岛：青岛出版社1987年，第8页。
②姜培玉：《山东经贸史略》，济南：山东友谊出版社1989年，第5-12页。
③长岛县委宣传部：《海上仙山长岛》，济南：山东省出版总社烟台分社1987年，第150页。
④彭德清：《中国航海史·古代航海史》，北京：人民交通出版社1988年，第45页。

时世界上的大国，基本上是东方的大汉帝国和西方的罗马帝国。是时罗马势力东移，汉朝势力西进，而其间有大月氏和安息两大势力横在中亚，成了东西两个世界历史交流的壁障，使中国与罗马不能发生直接接触。……中国丝绸虽然远销罗马，但并不是由中国人直接运销到罗马，而是把丝绸卖给大夏和粟特两国的商人，由他们转售给安息商人，最后再由安息商人转销到罗马。安息商人为谋取暴利，故意隔阻在中间，不使中国与罗马接触。……张骞在国外历尽艰难，虽取得一定成效，但仍难以改变中亚商路这种多变的局面，东西双方，都急于另外开辟一条直接进行交往的通道"。为了摆脱中亚商路的困扰局面，汉武帝最终采纳了唐蒙的建议，"于元鼎六年（公元前111年）发楼船兵十万攻下南越，开辟了从广州徐闻、合浦通向印度和斯里兰卡的远洋航线。"① 而且，"汉武帝打通的海上丝绸之路，从一开始，目的便十分明确，他是要从海上经由印度沟通与罗马的贸易交往。"② 经过汉武帝的七次巡海和一系列征伐后，东南沿海的南越、闽越、东瓯被削平，随即恢复了北起鸭绿江口，南至白仑河口的沿海航线，然后在此航线的南北两端，又延伸出两条远洋航线：第一条是"徐闻、合浦南海道"远洋航线，"以合浦郡为起点，开拓了通向西方的海上丝绸之路，史称'徐闻、合浦南海道'。……这条航线以徐闻、合浦为起端，经印度东岸之康契普拉姆（黄支国），到达终点港斯里兰卡（已程不国）。"③ 第二条是东渡日本的航线。这条航线"与打通东南沿海航线一样，是汉武帝的既定方针。……（它）开阔了人们的视野，改变了人们的认识，蓬莱神山的传闻被彻底破灭了，开始了中日人间世界的现实交往，日本的弥生文化被推到一个跨时代的大发展阶段。"④

在这里，作者涉及几个比较有争议的问题。第一，关于南亚海上丝绸之路的形成时间，作者认为是在西汉，而且是汉武帝开辟的。第二，作者

①彭德清：《中国航海史·古代航海史》，北京：人民交通出版社1988年，第47-48页。
②彭德清：《中国航海史·古代航海史》，北京：人民交通出版社1988年，第51页。
③彭德清：《中国航海史·古代航海史》，北京：人民交通出版社1988年，第51页。
④彭德清：《中国航海史·古代航海史》，北京：人民交通出版社1988年，第55页。

认为海上丝绸之路开辟的重要原因之一是因为安息商人为了谋取暴利，故意隔阻在中间，不使中国与罗马接触，张骞开辟陆上丝绸之路后仍难以改变中亚商路的多变局面，中国和罗马都急于另外开辟一条直接进行交往的通道。第三，作者认为南方丝绸之路的起点在合浦。所有这些问题，都是具有争议的，应当说作者的意见仅是一家之言。

1989年，陈柏坚主编的《广州外贸两千年》一书系统地论述了自先秦到1988年长达2 000多年的广州外贸史，内容涉及各个时期的外贸机构设置、进出口商品结构、外贸政策演变以及国际交往等内容，全书由24篇相对独立又有内在联系的论文组成。其中，专门探讨海上丝绸之路的论文主要有两篇，一篇是张一农的《秦汉前广州口岸海外贸易之蠡测》，另一篇是陈干强的《沉睡了两千多年的广州海上丝绸之路》。在张文中，作者认为，广州口岸的海外贸易是在秦汉以后才有文字记载的，因此一般人认为秦汉之前没有海外贸易可言，但作者经过对先越遗址的考察分析后，认为，“根据广州天然良港的形成，五仙人骑羊送稻谷优良品种，西樵山采石制器手工业工匠的出现，岭南富饶的资源，水多宜行舟等，再加上有黄河、长江流域古老的物质文化作后盾，这都为古老的广州口岸海外贸易提供了物质条件。”[①] 接着，作者从考古学的视角，以国内出土的秦汉之前的文物来考察广州口岸海外贸易的发生和海上丝绸之路的贸易情况，主要包括稻谷向南洋的传播、丝绸的生产和出口与海上丝绸之路萌芽的可能性、南洋和我国山土的玻璃器物的贸易情况等，从而得出结论：“因此说以广州口岸为起点的海上丝绸之路比陆上丝绸之路早，是符合历史事实的。”[②] 最后，作者从秦汉的海外贸易情况入手，认为广州进出口贸易是在先秦以前开创的海上丝绸之路的基础上向前发展的，它体现出古老粤港发展的承续性。如广州口岸正式建立起有文字记载的海上丝绸之路——南洋航线（又

① 张一农：《秦汉前广州口岸海外贸易之蠡测》，载陈柏坚主编：《广州外贸两千年》，广州：广州文化出版社1989年，第8-9页。

② 张一农：《秦汉前广州口岸海外贸易之蠡测》，第14页。

称西方航线与东方航线相并列）；古老的广州口岸与南海各国贸易的商品，种类增多；秦汉海外贸易反映出广州海外贸易的基本特征和历史的承续性等。① 在陈文中，作者认为，早在陆上丝绸之路开通之前，就有“历史更为悠久，地位更为重要的南海海上丝绸之路。这条海上丝绸之路的起点便是我国历史上最早的、经久不衰的外贸名城——广州。”② 作者还认为“我大胆地提点意见，我的看法是‘海上丝绸之路’比之张骞出使西域的‘陆上丝绸之路’还要早些。”③

1989年，人民画报社编辑出版了大型画册《陆上与海上丝绸之路》，④ 虽然是画册，但对丝绸之路（包括陆上和海上丝绸之路）作了比较全面的介绍，此书后来被联合国教科文组织列为“丝绸之路综合考察：对话之路”活动的一本重要参考书。同年，庄为玑等编著了《海上丝绸之路的著名港口——泉州》，⑤ 该书从泉州的史前时代开始，按朝代顺序对泉州港的兴起和发展作了系统的描述。内容涉及泉州港的地理变迁、经济变化、港口管理、对外贸易以及文化交流等。1999年，该书又出了第二版。⑥

第二节　20世纪90年代前研究的主要特点及其动态

从前面的叙述中可以看出，自党的十一届三中全会以来，我国学术界已经在海上丝绸之路的研究中取得了一些成就。总结这一时期的研究，我

①张一农：《秦汉前广州口岸海外贸易之蠡测》，第14-16页。
②陈干强：《沉睡了两千多年的广州海上丝绸之路》，第18页。
③陈干强：《沉睡了两千多年的广州海上丝绸之路》，第21页。
④人民画报社：《陆上与海上丝绸之路》，北京：中国画报出版公司1989年版。
⑤庄为玑等编著：《海上丝绸之路的著名港口——泉州》，北京：海洋出版社1989年版。
⑥庄为玑等编著：《海上丝绸之路的著名港口——泉州》，北京：海洋出版社1999年版。

们可以看出如下一些特点。

第一，这一时期我国学术界关于海上丝绸之路的研究虽然取得了一些成就，但研究并不深入。海上丝绸之路的形成在古代中国的政治、经济、文化交流乃至社会变迁等方面都具有深远的影响，无论对它的微观研究还是宏观研究都是非常重大的课题，但这一时期的研究明显还仅仅处于起步阶段，缺乏深入系统的研讨。其中最明显的体现就是这一时期对海上丝绸之路的研究往往并不是作为单独的研究内容而进入学术界视野，而只是其他研究的附属品，1978 年出版的《航运史话》中只是把海上丝绸之路作为中国古代远航史的附属品而提出，1981 年李康华等人在《中国对外贸易史简论》中对海上丝绸之路的论述，只是把海上丝绸之路作为中国对外贸易的一部分进行探讨。1984 年《湛江文史资料》（第二辑）收录的阮应祺的论文《汉代“海上丝绸之路”始发港——徐闻港考察》是作为地方文史资料而收录的。1986 年朱江的《海上丝绸之路的著名港口——扬州》虽然冠以海上丝绸之路的名称，但作者的目的只是“从海外交通史的角度来叙述扬州”。同年的《登州古港史》（送审稿）也是把海上丝绸之路的内容作为登州港口史的内容加以讨论。1989 年陈柏坚主编的《广州外贸两千年》虽然收录有专门讨论海上丝绸之路的论文，如陈干强的《沉睡了两千多年的广州海上丝绸之路》，但该书的基本内容仍然是讨论广州的对外贸易。

第二，这一时期的研究主要是出于学者兴趣或学术专长的个别自发研究，这与后来的研究在很大程度上由政府（或官方）推动是有很大区别的。从前面列举的主要研究成果来看，绝大部分成果都是地方史学家们在自己的领域中进行的研究，这些研究都是学者们自己的职责或学术兴趣、专长。非地方史学者中，比较有代表性的是 1982 年北京大学陈炎教授在《历史研究》上发表的《略论海上丝绸之路》。陈炎对丝绸之路的研究颇有兴趣并作出了重要的贡献。此类学者还包括庄为玑、陈高华等，他们是这一时期以自己学术兴趣出发进行海上丝绸之路研究的代表。

第三，研究主要集中在沿海省市著名的相关地区，研究都不深入。从前面的叙述中可以看出，这一时期的研究主要包括山东的青岛、烟台，江苏的扬州、连云港，浙江的宁波，福建的泉州，广东的广州以及广西的湛江，而且研究并不深入，也不系统。这些研究不仅与我国的海上丝绸之路地位不相称，也与沿海各省市在古代海上丝绸之路的地位不相称。

第四，1987年，联合国教科文组织开始发起并制订"丝绸之路——对话之路综合考察"十年计划，对于推动我国的海上丝绸之路研究起到非常重要的作用。首先，这项活动组织的综合考察中，把广州和泉州纳入其中，这对我国展开海上丝绸之路的研究起了很重要的导向作用。其次，在这项活动的直接推动下于1991年在泉州举行的"中国与海上丝绸之路"国际学术讨论会，对于推动我国的海上丝绸之路研究起了重要的交流作用，是当时我国学术界的一次盛会，对推动后来的学术研究产生了重大影响。会后，在1991年和1994年出版了会议提交论文，从这些论文来看，无论是研究的范围，还是研究的深度，都远远超过以前的研究，成为我国海上丝绸之路研究的一个重大成果。可以这样说，联合国的这次活动和泉州召开的国际学术研讨会，是自党的十一届三中全会以来，我国海上丝绸之路研究的一个界标，此后，我国的海上丝绸之路研究走向深入化和系统化。

这一时期的研究虽然相对比较薄弱，但它涉及的内容还是比较广泛的，这为以后的研究奠定了基础。

首先是关于海上丝绸之路概念的讨论。张难生、叶显恩在《海上丝绸之路与广州》中，对海上丝绸之路的概念进行了简要的说明。作者认为"丝绸之路"这一名称"既包含着丝绸对世界文明史的意义，又带有浪漫的情调。因此，'丝绸之路'这一名称一经出现，便很快为人们所接受。中西方的海上商路也被称为'海上丝路'。应当指出，丝路是一广泛的概念。它并非专指具体的特定的航道，而是泛指大致的路线。它又非单指输运丝绸，而是商道的代称。”①

其次是关于海上丝绸之路的最早起点。这是一个非常有争议的问题，这一时期的研究中，研究者往往站在自己立场或自己所处的区域，以自己的“故乡”作为海上丝绸之路的起点加以认证，有些认证比较详细，有些则缺少详细的认证。朱少伟在《古代海上丝绸之路》一文中认为海上丝绸之路的起点在广州：“很多人可能不知道，在古代还有一条与横跨欧亚大陆的丝绸之路并行的海上商路。这就是我国通往西方的海上丝绸之路。海上丝绸之路，顾名思义就是运送丝绸的海上通道。它的得名是由于当时我国从海路出口的商品和陆上丝绸之路一样，相当一部分也是丝绸。海上丝绸之路是当时海上航线的泛称，不是仅指某一条具体的航线。海上丝绸之路的起点在我国东南沿海，主要是广州，终点在非洲东北部埃及沿海港口。海上丝绸之路虽然不像陆上丝绸之路那样普遍地为人们所知，但在历史上，它却是一条比陆路更重要的商业运输线，即使在今天也仍然是东西方贸易交往的重要通道。这条海上丝绸之路的历史，可以远溯到千百年前。”②同时，作者认为海上丝绸之路起源于西汉，在唐代达到了繁盛。蔡人群主编的《富饶的珠江三角洲》也持同样的观点：“早在秦汉以前，广州就已有港市萌芽。秦统一岭南以后，海外交通日渐发达，广州成为我国南方的外贸中心。汉代我国北方有一条沿河西走廊经新疆出西域的陆上‘丝绸之路’，而南方的则有出南海达印度洋和波斯湾沿岸的海上‘丝绸之路’，这条丝绸之路以广州为起点。汉武帝时，海外贸易有很大发展，出于加强海外贸易的需要，汉武帝派遣官员，带着黄金、丝织品等从海路入印度洋，逐渐形成东西方之间的海上‘丝绸之路’。来往官员和客商大多取道广州。《汉书·地

---

① 张难生、叶显恩：《海上丝绸之路与广州》，载广东省人民政府外事办公室、广东省社会科学院编：《广州与海上丝绸之路》，广州：广东省社会科学院出版 1991 年，第 1 页。此文后收入作者论文集《徽州与粤海论稿》（叶显恩：《徽州与粤海论稿》，合肥：安徽大学出版社 2004 年版。）

② 朱少伟：《古代海上丝绸之路》，《海洋》1982 年第 3 期，后载入中国海洋学会科普委员会编：《海洋科普文选》，北京：海洋出版社 1985 年，第 207 页。

理志》中说：‘中国往商贾者，多取富焉。番禺，其一都会也。’可见广州（古称番禺）已成为一个与海外贸易的繁荣港市了。”[①]

柯世绵在《海上丝绸之路的发祥地——丰州六朝古港》中认为，泉州是我国“最早最大的对外贸易城市。泉州在历史发展过程中，丰州居有重要的地位。”[②]从文章的标题来看，作者认为丰州是海上丝绸之路的发祥地，但是作者在文章内容中缺少论证。

1987 年出版的《黄海明珠芝罘》则认为海上丝绸之路的起点在山东芝罘：“据《禹贡》载：‘莱夷作牧，厥篚采丝’，可见，早在三千多年前，胶东就已养蚕缫丝。到了唐代，宁海、登州等地缫丝织绸业已相当发达。芝罘地处海口，又联结胶东腹地，丝绸制品和缫丝织绸技术以及冶铁术经芝罘传往国外。所以，芝罘港称得上是我国海上‘丝绸之路’的起点。”[③]

林宝光等人则认为海上丝绸之路的起点在徐闻和合浦。“这条‘海上的丝绸之路’便是继上古‘越裳国’来朝之后逐渐形成的。它的起点便是今广东雷州半岛的徐闻和广西的合浦北海港。”[④]

---

① 蔡人群：《富饶的珠江三角洲》，广州：广东人民出版社 1986 年，第 29 页。
② 柯世绵：《海上丝绸之路的发祥地——丰州六朝古港》，载中国人民政协会议福建省南安县委员会文史资料委员会编：《南安文史资料》（第 12 辑），1990 年 12 月，第 7 页。
③《黄海明珠芝罘》，济南：山东省出版总社烟台分社 1987 年，第 135 页。
④ 林宝光、许家铨、黄家蕃、等：《大西南的门户——北海》，北京：海洋出版社 1985 年，第 36 页。

第二章　20世纪90年代至21世纪的海上丝绸之路研究

1987年，联合国教科文组织发起并制订“丝绸之路——对话之路综合考察”十年计划，对于推动我国的海上丝绸之路研究起到非常重要的推动作用。在此以后，特别是进入20世纪90年代以后，我国的海上丝绸之路研究逐步走向深入化和系统化，成果也越来越丰富。由于此后全国各沿海省市都积极展开了海上丝绸之路的研究，而且都取得了比较丰硕的成果，为了叙述方便，下面先介绍这一时期关于海上丝绸之路的综合研究，然后以各省（区、市）为单位进行归纳和总结。

第一节　综合研究

1991年，重庆出版社出版了由王戎笙主编的《马克思主义历史观与中华文明》一书，该书以马克思主义唯物史观为基本方法论，对数千年的中华文明进行了多侧面、多层次的考察，阐明建设具有中国特色的社会主义新文化是数千年中华文明发展的必由之路。该书第十一章《海上丝绸之路》

是由我国著名中外关系史专家陈高华执笔。[①] 陈先生写道："海上丝绸之路，是指中国与世界其他地区之间海上交通的路线。……19 世纪下半期，德国的地理学者称中国与西方的陆上交通路线为丝绸之路，此说一出，很快便得到了国际学术界的公认。此后，有的学者又进而引申，称东西方海上交通路线为海上丝绸之路，也有一些学者根据海道贸易的特点称之为陶瓷之路，或香（药）瓷之路。20 世纪 80 年代，联合国教科文组织主持开展大规模的丝绸之路考察活动，把海上路线列为其中的一部分。这样，海上丝绸之路一名已为各国学术界广泛接受。"在这里，陈先生只是把海上丝绸之路概括为"中国与世界其他地区之间海上交通的路线"，而且主要借用了已有的对海上丝绸之路的说法。

但是，在海上丝绸之路的阶段划分上，作者却花费了不少工夫和篇幅来阐述。作者把海上丝绸之路划分为六个阶段。第一，海上丝绸之路的准备阶段。春秋战国时期（公元前 8—前 3 世纪）是我国历史上一个巨大变革的时期，社会生产力有巨大的进步，社会生活各方面都发生剧烈的变化。这一时期可以称为海上丝绸之路的准备阶段。第二，从秦汉到魏晋南北朝（公元前 221—公元 589 年）可以称为海上丝绸之路的形成阶段。从秦汉到魏晋南北朝时期形成了两条航线：由中国出发向西延伸的海上航线可称为南海航线，是海上丝绸之路的主线；与此同时，还存在由中国向东前往朝鲜半岛和日本列岛的海上航线，可以称为东海航线，在海上丝路中占次要地位。第二，隋唐五代（公元 589—960 年）时期是我国海上丝绸之路的繁荣时期。这一时期，海上丝绸之路迅速发展，出现了前所未有的繁荣。第四，宋、元和明代前期（公元 960—1435 年），海上丝绸之路的发展到了顶峰，可以称为鼎盛时期。宋元时期，我国海上航线取得了重要的成就，其突出表现为：①对大食诸国（元代的"回回田地"）和东非地区有更多的接触和了解；②与菲律宾群岛开始发生联系；③海上航线所及地区远比前代为多。第五，海上丝绸之路的衰落。从明朝中期开始，海上丝绸之路

①王戎笙：《马克思主义历史观与中华文明》，重庆：重庆出版社 1991 年，第 394-425 页。

趋于衰落。第六，海上丝绸之路的余波（16—19 世纪初）。作者认为，就在原有的海上丝路日趋衰落、西方殖民者横行海上之时，出现了一条奇特的新航线。在 16 世纪，开辟了沟通菲律宾群岛与墨西哥的太平洋航路，逐步形成了中国（埠州、月港、广州）—菲律宾群岛（马尼拉）—墨西哥（西岸阿卡普尔特港）的贸易路线。这条航线的丝银贸易持续了 200 余年，在 19 世纪初才告终止。太平洋新航路与历史上的海上丝路在性质上是有区别的，但两者之间存在一定的渊源关系，可以称为海上丝路的余波。由此可以看出，作者把海上丝绸之路的下限时间界定于鸦片战争前，而中国与拉美之间这条特殊的航线则只是当时特殊环境下海上丝绸之路的余波。

1991 年，陈高华等的《海上丝绸之路》一书出版。[①] 该书以丰富的内容、翔实的史料，向人们介绍了海上丝绸之路的产生、发展、鼎盛和衰落，并围绕着海上丝绸之路，叙述了古代中国和海外诸国在经济、政治、文化等方面的联系，以及一些海外国家的风土、人情，使人们对海上丝路在中国对外关系史上的地位有一个全面的了解。该著作第一次系统地研究了海上丝绸之路从兴起到衰落的发展史。作者认为，先秦至汉代是海上丝绸之路的开辟时期，魏晋至唐、五代是海上丝绸之路的持续发展时期，宋元是海上丝绸之路空前繁荣的时期，明代是海上丝绸之路由盛转衰的时期，清代是海上丝绸之路停滞与逐渐衰落的时期。

同年，刘如仲等的《海上丝绸之路的友好使者——西洋篇》出版，书中介绍了为开辟海上丝绸之路和发展中外文化交流作出贡献的 8 位历史名人：法显、义净、杜环、周达观、汪大渊、郑和、马可·波罗、伊本·巴图泰。[②] 同时，出版的还有它的姊妹篇《海上丝绸之路的友好使者——东洋篇》，该书介绍了中日两国之间为开辟海上交通和实现中日文化交流作出过杰出贡献的 15 位历史名人：小野妹子、裴世清、阿倍仲麻吕、吉备真备、

①陈高华、吴泰、郭松义：《海上丝绸之路》，北京：海洋出版社 1991 年版。
②刘如仲、陈瑞德、傅冰、等：《海上丝绸之路的友好使者——西洋篇》，北京：海洋出版社 1991 年版。

空海和尚、鉴真和尚、奝然、荣西、兰溪道隆、无学祖元、一山一宁、雪舟等扬、策彦周良、朱舜水、隐元隆琦等。①

1992年，韩振华出版论文集《中国与东南亚关系史研究》，收入作者15篇论文，其中《魏晋南北时期海上丝绸之路的航线研究》，主要依据万震《南州异物志》与《太清金液神丹经》，把横越马来半岛地峡及其东通扶南、交州，西通印度、大秦，远至阿拉伯隐章这一条路线，其间所经诸地一一进行考释。认为在7世纪穆罕默德创立伊斯兰教之前，阿拉伯半岛、红海之滨的隐章早已与斯调（今斯里兰卡）有海上交通和贸易往来，由斯里兰卡的师汉再航行至句稚，横越马来西亚半岛至典逊，出涨海（南中国海）到扶南（今柬埔寨）、林邑（越南中部），最后抵达南中国的萧梁国，这就是自阿拉伯半岛航行至中国的海上丝绸之路。②

1994年，东北朝鲜民族教育出版社出版了苏冰的《海上丝绸之路——西洋篇》和张建国的《海上丝绸之路——东洋篇》，这两本书与1991年出版的刘如仲等的《海上丝绸之路的友好使者——西洋篇》和夏应元的《海上丝绸之路的友好使者——东洋篇》类似。1995年，刘迎胜的《丝路文化（海上卷）》出版，该著是《丝路文化》丛书四卷本（吐蕃卷、草原卷、西南卷、海上卷）之一。③作为参加海上丝绸之路意大利威尼斯至我国广州路段考察活动的中国专家，作者对此次考察“感受最深的是，中国的确是一个有着光荣历史和灿烂文化的文明古国，是世界上的一个文化大国，中国古老文明的影响遍及海上丝绸之路。”④在该著中，作者系统地探讨了海上丝绸之路的产生、发展过程、海上丝绸之路上的文化交流、海上丝绸之路的鼎盛及其衰落。该著作从宏观和整体的角度，高屋建瓴而又系统完整地论述了中国海上丝绸之路，这是我国学者研究海上丝绸之路的重要著作，它不仅摒弃了一些学者对个别沿海港口城市的片面强调，真正做到了评价

①夏应元：《海上丝绸之路的友好使者——东洋篇》，北京：海洋出版社1991年版。
②韩振华：《中国与东南亚关系史研究》，南宁：广西人民出版社1992年，第53-73页。
③刘迎胜：《丝路文化·（海上卷）》，杭州：浙江人民出版社1995年版。
④刘迎胜：《丝路文化（海上卷）》，杭州：浙江人民出版社1995年，绪论，第8页。

的公正客观，充分显示出一位杰出历史学家的睿智和胸怀，而且史料翔实准确，充分显示出作者深厚的学术功底。因此，该著作在海上丝绸之路研究史上占有重要的地位。

1995年，姚楠出版了自选集《南天余墨》，收录了作者论文、序言及随笔23篇。[①] 其中，《海上丝绸之路的主要路线及其与新马的关系》探讨了海上丝绸之路特别是南海丝绸之路的主要路线及其与新加坡和马来西亚的关系。

1996年，陈炎教授的《海上丝绸之路与中外文化交流》出版，这部论文集收录了陈先生多年研究海上丝绸之路的代表作和一些主要的论文20余篇，作者通过大量的文献考据、考古论证、实地调查、对比分析，把连接中外的海上丝绸之路的发生、发展及由此对世界文明的贡献进行了充分的论述。季羡林先生在其序言中认为："本书材料翔实、立论公允，不像现在学坛上某些论著大言惑众、资料歪曲、空疏浮泛、立论无据。这是一部值得信赖的书。"姚楠在其序言中认为该书"既对'海上丝绸之路'从各条路线加以考证研究，更着重于中外文化交流，则其论著自较专门研究航海路线与历史地理更胜一筹，且材料丰富、语出有据，可供研究中外关系史的学者作为重要参考书籍。"该著作的很多论点、结论为后来学者们广泛使用和引用，在学术界产生了一定的影响，因此，它是我国海上丝绸之路研究的重要代表作之一。[②] 同年，林士民在《论东方航线的拓展与东亚贸易圈》中认为，自唐代开始，由于航海事业的蓬勃发展，推进了东亚中、韩、日三国的文化交流与通商贸易。尤其是以中国明州港为中心的南北洋分界的中转大埠，腹地辽阔，通过国内江河水路可直达国都长安，中国对韩、日的海上交通，使得三国真正变成一衣带水的近邻。[③]

①姚楠：《南天余墨》，沈阳：辽宁大学出版社1995年版。

②陈炎：《海上丝绸之路与中外文化交流》，北京：北京大学出版社1996年第一版，2006年第二版，姚楠序。

③林士民：《论东方航线的拓展与东亚贸易圈》，《韩国研究》（第3辑），杭州：杭州出版社1996年，第338-335页。

1998年，作为《中国文化史知识丛书》之一的《古代中西文化交流史话》出版，《海上丝绸之路的勃兴与繁荣》作为其中之一部分加以论述。[①]1999年，作为杨国桢主编的《海洋与中国》丛书之一的《海洋迷思：中国海洋观的传统与变迁》出版，该书把海上丝绸之路作为中国海洋观的一部分加以论述，“海上丝绸之路的开辟真正见于官方史书记载是在汉代。……岭南的海外交通和海外贸易迅速发展起来，海上丝绸之路由此而闻名于世。……这是中国丝绸作为商品外传到上述国家的最早记录。”“除了上述这条由南海起航的主干线之外，有的学者认为当时还有由东海（今黄海）起航至朝鲜半岛和日本的海上丝绸之路，以及中国丝绸经越南和缅甸从海路传播到印尼、印度而且也是传播到欧洲的另一条途径。”作者认为：“秦汉时期海外交通的发展和海上丝绸之路的开辟。既是社会经济政治变动的结果，也是中国人面向海洋、重视海洋的思想观念得到进一步发展的产物。”[②]

从20世纪90年代中期起，作为历史专业重要学科领域的历史地理学越来越受到重视，我国出版过一些重要的历史地理学教材，其中海上丝绸之路作为历史地理学的重要内容之一，也被纳入其中，但教材中的海上丝绸之路内容基本上都只是介绍性的，缺少深入研究，这也是它作为教材性质而决定的。[③]

①何芳川、万明：《古代中西文化交流史话》，北京：商务印书馆1998年，第54-58页。
②黄顺力：《海洋迷思：中国海洋观的传统与变迁》，南昌：江西高校出版社1999年，第30-32页。
③主要的中国历史地理学教材有：李恩军：《中国历史地理学》，北京：人民交通出版社1995年版；陈代光：《中国历史地理》，广州：广东高等教育出版社1997年版；蓝勇：《中国历史地理学》，北京：高等教育出版社2002年版。

第二节　山东省的海上丝绸之路研究

山东省是我国海上丝绸之路尤其是东海海上丝绸之路的重要出发地。但是，这一时期对山东省的海上丝绸之路研究不如其他沿海地区（特别是福建和广东）那样引人注目，专门研讨海上丝绸之路的学术会议、著作也不如对福建和广东沿海地区的成果突出。

对山东的海上丝绸之路研究最早主要集中在对徐福的研究，如前所述，早在 20 世纪 80 年代，台湾学者彭双松就出版过《徐福研究》。1990 年 10 月 10—12 日，由山东省社会科学院、山东师范大学、龙口市人民政府发起召开的“徐福籍贯学术讨论会”在龙口市举行。来自江苏、天津、辽宁、河南、山东等省市的专家学者共五十余人参加了会议。与会专家学者参观了徐乡城古遗址，围绕徐福籍贯问题进行了学术交流，经过热烈的讨论，一致认定司马迁《史记》记载的徐福是秦齐郡黄县徐乡人，今龙口市乡城镇古城遗址即为汉徐乡城——徐福家乡。①

1991 年 4 月 27 日龙口市徐福研究会成立。同年 7 月，山东省徐福研究会、龙口市徐福研究会编辑出版了《徐福研究》论文集，收录论文 18 篇，“文章大都是作者长期研究的成果，重史实、重证据，不崇尚空谈、不凭主观臆测，所以有较强的说服力。”② 其中直接探讨徐福与日本关系的论文 9 篇，包括李继涛的《徐福故里及东渡启航港和航行路线》、朱亚非的《徐福东渡与山东沿海早期对外交往》、朱言的《古代山东与日本——从徐福东渡谈起》、孙光圻的《以徐福为代表的秦人大规模东渡日本》、李江浙的《徐福东渡考》、唐禄庭的《徐福东渡启航港新探》、林仙庭和李步青的《徐福东渡动因考》、王国昌和索勤民的《浅议徐福东渡日本》、

①中国国际徐福文化交流协会秘书处、龙口市徐福研究会办公室：《龙口市徐福研究大事记长编 1990—1999 年》，2000 年，第 1 页。

②山东省徐福研究会、龙口市徐福研究会：《徐福研究》，青岛：青岛海洋大学 1991 年，序。

李永先的《徐福故里及东渡的探索》。9月10—13日，山东龙口举办第二届徐福学术研讨会大家根据历史文献和考古资料，通过深入地研讨，对确认徐福故里的条件达成了共识，大家一致认为：徐福故里即秦齐郡黄县（今龙口市）徐乡，从而使徐福故里龙口说得到了充分肯定。

1992年7月21日，由龙口市徐福研究会办公室编印的《徐福研究动态》创刊。9月龙口市徐福研究会和山东省徐福研究会编印的《徐福传说》，由香港亚洲通讯出版社出版。①

1993年，山东省徐福研究会、龙口市徐福研究会编辑的《徐福研究2》出版，收录论文25篇，直接探讨徐福与中日交流的文章有15篇，其中，朱亚非的《山东早期的纺织业与北方海上丝绸之路》从早期山东纺织业的发展状况阐述了它与北方海上丝绸之路的关系。作者认为，齐地丝织业的发展从西周以后才开始，到春秋战国时期山东纺织业已有相当基础。秦时，齐人徐福率数千童男童女自这条航线东渡日本，成为较大规模的移民集团，为海上丝绸之路的发展和繁荣奠定了基础，以山东为源头的北方海上丝绸之路开始于先秦时期，兴盛于秦汉魏晋时期。它与汉代通西域的丝绸之路是互相联系、互为影响的。南北朝时期山东纺织业仍在持续发展着，这种发展为盛唐时期山东纺织业全面恢复活力，为陆上和海上丝绸之路重新兴旺奠定了基础。②9月19日，中国国际徐福文化交流协会在北京举行成立大会，马仪当选为协会会长。

1994年，由中国国际徐福文化交流协会主编的《徐福文化交流》创刊。8月12—13日，第三届国际徐福学术研讨会举办，与会代表共向大会提交论文31篇，会中发言交流21篇。

1996年，龙口市徐福研究会办公室出版《徐福文化集成》，共5卷，125万字。其中研究卷3卷，主要收录了68位中外专家、学者的研究论文，

---

①中国国际徐福文化交流协会秘书处、龙口市徐福研究会办公室：《龙口市徐福研究大事记长编1990—1999年》，2000年，第1页。

②朱亚非：《山东早期的纺织业与北方海上丝绸之路》，载山东省徐福研究会、龙口市徐福研究会编：《徐福研究2》，青岛：青岛海洋大学出版社1993年，第267-280页。

另包括文学卷和戏曲民俗卷。《徐福文化集成》中真正涉及徐福与中日交流内容的只有其中的两卷，一是《徐福文化集成》之二《徐福东渡钩沉》，[①] 一是《徐福文化集成》之三《徐福文化的思索》，[②] 这两卷都是论文集。同年，日本学者壹岐一郎的《徐福集团东渡与古代日本》在中国翻译出版。[③]

第三节　江苏省的海上丝绸之路研究

江苏沿海的重要港口，特别是扬州和连云港也是我国海上丝绸之路的重要出发港。但是，从整体上来看，学术界对它们的系统研究起步时间不是很早。

1990 年张殿臣等人出版了《连云港与海上丝绸之路》。[④] 该书收集了北京、连云港两地专家、学者和理论工作者多年潜心钻研的 20 多篇论文。本书对连云港地区的经济史演变过程、古代中外交通、陆上丝绸之路的东延、在海上丝绸之路上的地位、佛教遗址和文化，以及连云港在现代和未来丝绸之路的突出地位和作用等方面作了深入探讨。本书的重要贡献在于，不仅把人们熟知的陆上丝绸之路向东作了延伸，揭示了一条由长安经洛阳、徐州、海州至日本、朝鲜、东南亚诸国的海上丝绸之路的奥秘，更重要的是对以陇海兰新铁路为纽带的第二亚欧大陆桥的形成，新的现代丝绸之路的前景作了深入研究。

周绍良在序言中对连云港在海上丝绸之路中的地位和作用进行了概括。周先生还认为："海上丝绸之路的开辟可能早于张骞开辟陆上丝绸之路。公元前 219 年，秦始皇统一六国后，为了向海外发展曾派方士徐福率童男

①吴廷璆、李永先，等：《徐福东渡钩沉》，济南：山东友谊出版社 1996 年版。
②杨正光、朱亚非：《徐福文化的思索》，济南：山东友谊出版社 1996 年版。
③壹岐一郎：《徐福集团东渡与古代日本》，天津：天津人民出版社 1996 年版。
④张殿臣、白化文、顾涧清：《连云港与海上丝绸之路》，北京：海洋出版社 1990 年版。

童女寻找仙山，采取长生不老仙药。当然，海上丝绸之路又可以分为东方航线和西方航线，这里指的是东方航线。我们不妨称徐福为海上丝绸之路的开拓者，是徐福向东方带去了中国的农耕、养蚕和医药技术。当今日本的金立神社，仍把徐福奉为司农耕、蚕桑和医药的大神，还每年举行隆重的'徐福大祭'。"①这种提法具有一定的新颖性。

全书包括三部分：第一部分"地区经济史和古代丝绸之路"包括七篇论文，这七篇论文虽然各论述一个主题，但又有内在联系，它们探讨了连云港自远古以来的海上丝绸之路的发展历程，并讨论了东方丝绸之路的形成、发展，以及陆上丝绸之路的东延问题。第二部分"北京历史考古学家论连云港"包括七篇论文，它们从不同的角度对连云港在海上丝绸之路中的地位进行了研讨。第三部分"连云港和现代未来丝绸之路"包括7篇论文，主要对新的现代丝绸之路及连云港在现代丝绸之路中的地位和作用进行了探讨。

1990年，李洪甫的《连云港地方史稿》出版，其中有介绍汉代朐港与海上丝绸之路的内容。②

1992年5月，中外关系史学会第四次学术讨论会在扬州召开，会议的主题是关于扬州港史和东南沿海的对外关系史。会后，由天津古籍出版社出版了《中外关系史论丛》（第4辑），③收录与会者论文13篇，论文摘要6篇。其中，"海上丝绸之路研究"专题收录论文4篇，纪宗安的《试论南方丝绸之路与海上丝绸之路的关系》从总体上对丝绸之路在我国东南、西南两个区域内的路线进行了总体考释，认为丝绸之路的出现本是古代中国与其他国家、地区、民族之间物质文化和精神文化互相交往的产物，是东西方文明相互撞击的结果，亦是历史上中华民族充满开拓精神，实行开明、开放政策的记载。卢苇的《郑和下西洋与海上丝绸之路的繁荣》认为

①张殿臣、白化文、顾涧清：《连云港与海上丝绸之路》，序。
②李洪甫：《连云港地方史稿》，上海：上海社会科学院出版社1990年，第87-90页。
③中国中外关系史学会：《中外关系史论丛》（第4辑），天津：天津古籍出版社1994年版。

15世纪初期海上丝绸之路的兴起和繁荣，无疑和郑和七下西洋有密切关系。首先，郑和下西洋是适应了当时东西方交往需求而作出的重大贡献；其次，郑和下西洋直接为海上丝路各国提供了丰富产品和广阔市场；第三，郑和下西洋沟通和加强了海上丝路各个地区的联系；第四，通过郑和七下西洋以纵横交错的各条航线形成了海上丝路的交通网；最后，郑和下西洋掀起了中西文化交流的新高潮。

同年，朱江发表了《扬州、海上丝绸之路与阿拉伯》一文，探讨了阿拉伯世界与扬州的海上交流，证明从公元7世纪上半叶到15世纪末叶，扬州与阿拉伯国家的海上交往一直没有中断。①

第四节　浙江省的海上丝绸之路研究

这一时期对浙江的海上丝绸之路研究远不如对福建和广东的研究深入。作为中国古代最重要的海上丝绸之路港口之一的宁波港成为学者研究的重要内容之一。1990年，林士民的《海上丝绸之路的著名海港——明州》出版。②该书比较详细地介绍了明州（今宁波市）的形成、发展、繁盛与演变过程，生动地叙述了古代宁波地区先民的生产、生活、信仰、造船、航海等情况以及明州在海上丝绸之路中的贡献。同年，他在《论东方航线的拓展与东亚贸易圈》中特别强调了以明州港为中心的地区对南北洋分界的中转地位。③林士民的《北洋航路拓展与朝鲜半岛制瓷文化的交流》运用陶瓷考古资料来探索了浙东越窑制瓷文化与朝鲜半岛的交流与影响。④

①朱江：《扬州、海上丝绸之路与阿拉伯》，《阿拉伯世界研究》1992年第2期。
②林士民：《海上丝绸之路的著名海港——明州》，北京：海洋出版社1990年版。
③林士民：《论东方航线的拓展与东亚贸易圈》，《韩国研究》（第3辑），杭州：杭州出版社1996年，第338-335页。
④林士民：《北洋航路拓展与朝鲜半岛制瓷文化的交流》，载中国中外关系史学会编：《中外关系史论丛》（第4辑），天津：天津古籍出版社1994年，第184-196页。

值得注意的是，有学者开始注意乍浦港在海上丝绸之路中的重要地位。1993 年，刘序枫发表了《清代的乍浦港与中日贸易》，对清代乍浦港与日本的海上贸易进行了比较系统的研究，文中引用了一些唐船风说等原始文献，具有一定的学术价值。①1994 年，查一飞发表了《谈〈红楼梦〉最早从乍浦出海的历史原因》，对乍浦港地理与历史沿革进行了介绍，以及对清代前期清日贸易的情况作了分析，认为这些是《红楼梦》从这里出海的重要原因及背景，作者认为最早从乍浦传入日本的《红楼梦》版本可能是苏州东观阁九部十八套《红楼梦》。②1997 年，徐明德发表了《论清代中国的东方明珠——浙江乍浦港》，讨论了乍浦港的天然地理优势及海防地位，分析了它在清代成为国际贸易大港的原因，并展示了它在清代的对外贸易盛况。③

第五节　福建省的海上丝绸之路研究

福建的泉州是我国著名的海上丝绸之路港口，这里对海上丝绸之路的研究起步在全国都是较早的。后来，联合国教科文组织开展的综合考察活动把泉州作为考察的重点之一，这更进一步推动了福建省（特别是泉州）的海上丝绸之路研究。

1990 年 12 月，《南安文史资料》（第 12 辑）出版，其中收录有专门讨论海上丝绸之路的论文 4 篇。柯世绵在《海上丝绸之路的发祥地——丰州六朝古港》中认为，泉州是我国“最早最大的对外贸易城市。泉州在历

①刘序枫：《清代的乍浦港与中日贸易》，载张彬村、刘石吉主编：《中国海洋发展史论文集》（第五辑），台北：中央研究院中山人文社会科学研究所 1993 年，第 187-244 页。
②查一飞：《谈〈红楼梦〉最早从乍浦出海的历史原因》，《红楼梦学刊》1994 年第 1 期。
③徐明德：《论清代中国的东方明珠——浙江乍浦港》，《清史研究》1997 年第 3 期。

史发展过程中，丰州居有重要的地位。”① 但是对于丰州作为海上丝绸之路的发祥地却缺少论证。黄宝玲的《南安的水路交通对开辟“海上丝绸之路”的贡献》认为“泉州港‘海上丝绸之路’的开辟，南安境内的水路交通起到了很大的作用。特别是境内东西溪和石井港，更是泉州交通的枢纽。”② 王志云的《九日山祈风石刻与“海上丝绸之路”祈风制度》以九日山摩崖石刻为基础，对宋代祈风制度中的祈风日期、地点、参加的官员、祈风仪式进行了探讨。③ 陈宗沛的《略谈海上丝绸之路“祈风”仪典》同样以九日山摩崖石刻为基础，对祈风的缘由、季节、场所和仪典进行了分析。④

1992年陈侨森主编的《漳州对外经济贸易简史》出版，其中第二章“月港与海上丝绸之路”专门探讨月港与海上丝绸之路的关系，比较详细地探讨了月港的兴起、对外贸易的繁荣以及月港的衰落。⑤ 郑山玉在《华侨与海上丝绸之路——部分侨乡族谱中的海外移民资料分析》中认为中国的海外移民（亦即华侨）及其对侨居地的开发建设，促进中外友好关系、交通贸易和科技文化交流等方面，成为“海上丝绸之路”的重要组成部分。作者对部分侨乡族谱中的海外移民资料进行了整理和分析。

1987年，联合国教科文组织开始发起并制订“丝绸之路——对话之路综合考察”十年计划（1987—1997年），目的在于深化认识古代联结东西

①柯世绵：《海上丝绸之路的发祥地——丰州六朝古港》，载中国人民政协会议福建省南安县委员会文史资料委员会编：《南安文史资料》（第12辑），1990年12月，第7页。

②黄宝玲：《南安的水路交通对开辟“海上丝绸之路”的贡献》，载中国人民政协会议福建省南安县委员会文史资料委员会编：《南安文史资料》（第12辑），1990年12月，第57页。

③王志云：《九日山祈风石刻与“海上丝绸之路”祈风制度》，载中国人民政协会议福建省南安县委员会文史资料委员会编：《南安文史资料》（第12辑），1990年12月，第96-106页。

④陈宗沛：《略谈海上丝绸之路“祈风”仪典》，载中国人民政协会议福建省南安县委员会文史资料委员会编：《南安文史资料》（第12辑），1990年12月，第107-110页。

⑤陈侨森：《漳州对外经济贸易简史》，厦门：鹭江出版社1992年，第8-43页。

方的海上丝绸之路，增进东西方自古以来的密切联系，加强东西方人民之间的对话。1989年1月，联合国教科文组织在阿曼苏丹国东岸霍尔木兹海峡口的港口城市马斯喀特（Muscat），召开“丝绸之路综合研究专家咨询委员会”全体会议，决定在1990年10月至1991年2月，组织国际海上丝绸之路综合考察，由阿曼苏丹国建造一艘名为“和平方舟”号的仿古木帆船，作为综合考察的交通工具。1990年10月，联合国教科文组织的海上丝绸之路综合考察队，按计划由意大利水上名城威尼斯出发。“和平方舟”号考察船载着包括中国在内的30个国家的50多位专家，在阿曼护卫舰的护送下，由西而东沿海上丝绸之路进行综合考察。航行路线是：威尼斯—雅典—摩沙达索—亚历山大—开罗—红海—阿拉伯半岛南岸；塞拉莱—马斯喀特—卡拉奇—果阿—马德拉斯—马来半岛；普吉—马六甲—泗水—曼谷—文莱—马尼拉—广州—泉州—朝鲜；庆州—日本；伯方—大阪—奈良。全程共历时138天。1991年2月14日，考察队抵达中国泉州，泉州也是这次远航沿途4个重点考察海港之一。考察队在泉州海外交通史博物馆参观了出土的宋代海船，举行了“中国与海上丝绸之路”国际学术讨论会。

“中国与海上丝绸之路”国际学术讨论会于1991年2月17—20日在华侨大学陈嘉庚纪念堂召开。这是整个海路丝绸之路考察过程中计划召开的一系列国际学术讨论会中的一个，其主题为“中国与海上丝绸之路”。这次会议在中国社会科学院的指导下，由中国海外交通史研究会、中国航海学会、华侨大学、福建省社会科学联合会、福建社会科学院、福建省考古博物馆学会和福建省泉州海外交通史博物馆联合组成组织委员会，并由泉州海外交通史博物馆和中国海交史研究会主持秘书处具体工作。参加这次会议的，有中国的学者和海路考察队的各国专家学者以及由组织委员会直接邀请的来自美国、加拿大、英国、法国、德国、意大利、瑞典、澳大利亚、日本、新加坡等国家及中国香港特区的学者，共一百余人，提交会议的论文50篇。会后，福建人民出版社出版了名为《中国与海上丝绸之路》的会议论文集，收录论文共计41篇，内容涉及海上丝绸之路与中外文化交流、海上丝绸之路概念的界定、地名的考证、海外贸易与世界市场。

陈炎在《论海上丝绸之路与中外文化交流》中划分了海上丝绸之路的时期及它对世界文明的意义。金秋鹏在《海事活动中的中外科技文化交流》中探讨了历史上海事活动中，中国与古代印度、伊朗、阿拉伯之间在导航技术，火药和火药武器制造技术、制糖技术上的交流。张毅的《南方丝绸之路与海上丝绸之路》对古代地名 Thinai 及其在丝绸之路中的地位和作用进行了考证。陈尚胜在《明清时期海上丝绸之路与世界市场》中，从世界市场的角度，对明清时期的海上丝绸之路和中外经济交流进行了考察，认为世界市场既为海上丝绸之路的空前繁荣创造了条件，又为其衰落埋下了种子。庄国土的《论明季海外中国丝绸贸易》对明代百年间中国丝绸的海外贸易市场、贩运途径和贸易商、丝绸贸易与中国海商的关系进行了探讨。谢方在《16—17 世纪的中国海盗与海上丝路略论》一文中探讨了 16—17 世纪中国海盗与海上丝绸之路的关系，认为从海上丝绸之路的整个历史来看，到 16 世纪以后，它已经进入了末期阶段，中国商人在海上丝路贸易的地位开始由主动变为被动，最后逐渐成为西方殖民者经济掠夺的对象，到 18 世纪中叶以后，大宗的鸦片贸易出现，海上丝绸之路实际上已经完全消亡了。澳大利亚学者肯尼思·麦克费森的《19 世纪之前中国与印度洋贸易》一文叙述了古代中国与印度洋之间贸易的基本历程。邓端本的《论‘广货’在海上丝绸之路的崛起》认为，生产于广东而又具有代表性商品的“广货”历史悠久，大概在明朝中期便形成了自己的特色，到明末，更进一步在国际市场上大放异彩，并崛起了诸如佛山那样的闻名全国的手工业都会。早期“广货”的崛起，显示了广州这个港口城市在海上丝绸之路的重要地位和作用。日本学者高良仓吉的《琉球在东洋海上贸易史上的历史地位》认为在 14 世纪末—16 世纪，琉球王国的贸易范围相当大，与中国、日本、朝鲜以及东南亚各国之间都有贸易往来，后来，琉球王国有了自己的海外贸易政策，制定了自己的原则。琉球的贸易有自己的特点，它在世界性的海上贸易路线（即海上丝绸之路）上起了极其重要的作用。李知宴的《海上丝绸之路的开拓对中国陶瓷发展的贡献》认为，海上丝绸之路的开通对中国陶瓷的发展起到了非常重要的作用，如它加快了陶瓷手工业的发展，使陶瓷造型和装饰艺术更加丰富多彩，对沿海地区陶瓷生产起到了积极促进作用等。蔡景峰《海上丝绸之路与古代医药交流》研究了海上丝绸之路开通以后到鸦片战争前，中国与外国的医学和药物交流情况。闵宗殿《海上丝绸之路和海外农作物的传入》归纳了海上丝绸之路开通以后，海外农作物传入我国的情况和我国农作物传入外国的情况，并探讨了海外农作物传入我国对我国农业生产的影响。王耀华的《中国音乐文化对日本冲绳（古琉球）音乐文化的影响及其特点——海上丝绸之路音乐一隅》探讨了中国音乐文化（包括乐器、乐谱、音阶、曲目）对日本冲绳（古琉球）音乐文化的影响，以及日本冲绳（古琉球）音乐对中国音乐文化受容的特点。华涛在《伊本·忽尔答兹贝关于中国海上丝绸之路的记载及其在阿拉伯—伊斯兰地理文献中的地位》对9—10世纪著名的阿拉伯地理学家伊本·忽尔答兹贝进行了研究，认为他在穆斯林航海史占有地位，对于研究海上丝绸之路具有重要意义。李玉昆《略论海上丝绸之路的保护神》分析介绍了海上丝绸之路上的宗教，包括以妈祖为代表的海上保护神，各种地区性的保护神以及各种宗教祈求的海上保护神。陈达生《中国东南沿海地区伊斯兰碑铭研究纲要》比较详细分析了近百年来东南沿海地区伊斯兰碑铭的研究状况，按阿拉伯文碑铭的比较研究、汉文碑铭的比较研究和阿拉伯文和汉文碑铭综合比较研究三大类，提出了十二项可行性研究课题，并认为它们都是对东南沿海地区伊斯兰的整体研究具有重大影响，而又亟待解决的课题。庄景辉的《陈埭丁氏宗祠的建立及其祖先崇拜》调查研究了聚居在陈埭的丁氏回族。丁氏回族是宋元时期由海上丝绸之路来华侨居沿海港市的西域穆斯林之后裔，是长期生产生活于汉族社会中遂被“同化”的回民群体。在他们的生存空间里，至今还不难看到伊斯兰教习俗的遗迹和民族意识的反映，具有既显现闽南汉文化之共性，又蕴含伊斯兰教之遗俗而构成的文化特点。杨钦章的《元代泉州与南印度关系新证》通过考古调查所获的部分印度教石刻，教寺建筑构件，考察了它们的历史背景，并深入研究了它们的传承途径和价值，进一步阐明通过著名的海上丝绸之路，泉州与南印度之间深远的友好关系。孙光圻的《中国航海技术的发展与“海上丝绸之路”的演进》和杨焙《中国古代航海技术的发展与海上丝绸之路》分别从古代中国的航海技术的角度阐述了它与海上丝绸之路的关系。韩振华的《魏晋南北朝海上丝绸之路的航线研究——兼论横越泰国、马来半岛的路线》对南海丝绸之路上的一些古地名进行了考释，对其航行里数、日数进行了计算。席龙飞的《开辟海上丝绸之路的中国古船》从船的角度探讨了中国古船对海上丝绸之路开辟的贡献，作者认为中国古船的船型、构造、属具和建造法式等均自成体系，有其独自的特点和优点，它为开辟海上丝绸之路作出了卓越贡献。李万权、朱鉴秋的《〈郑和航海图〉的综合研究》对《郑和航海图》的特点、《新编郑和航海图集》进行了介绍，并对《郑和航海图》的地名进行了考释。武定国的《郑和下西洋在航海上的伟大成就》从微观上对郑和下西洋中的航海技术的伟大成就进行了探讨，包括特混编队、航海图、航行和定位方法、导航方法等。吴玉贤、王振镛的《史前中国东南沿海海上交通的考古学观察》从亚洲大陆东南部及沿海岛屿乃至南太平洋诸岛的史前考古发现，探讨了中国东南沿海史前人类进行海上交通的可能性。何翠媚的《从考古学证据看1500年以前存在于南部泰国的华人》，介绍了1987年泰国考古部和芝加哥自然史野生博物馆进行的联合田野计划，调查了南部泰国与外国之间的早期交往和交通，重点介绍了南部泰国的华人。德国学者傅吾康·弗兰克在《中文碑铭所反映的1264—1800年中国与东南亚的海外交往》中介绍了若干残存于东南亚国家联盟各国的碑铭资料，补充或确证了其他记载中的有关1264—1800年中国与东南亚的海上交往的资料。林蔚文的《先秦秦汉南中国海外玻璃的输入》根据对现有的文献和考古资料的分析，认为先秦秦汉时期南中国海外玻璃器的输入不在少数，无论是数量或是质量，都可与自产的铅钡玻璃媲美，这种状况在秦汉时期尤为突出，从而对学术界盛行的国内出土的琉璃器属于中国自产的居多而海外输入的占少数的看法提出了质疑。傅宗文在《论刺桐港对海上丝绸之路的双向支撑》中认为刺桐港在10—14世纪前期长达数百年的时间内，正是欧亚两大洲海上交通辐射格局的极其重要的东方支撑点，刺桐港依据国家雄厚的物质基础，推动海上“丝绸之路”臻于繁荣。庄为玑的《泉州宋船为蒲家私船考》经过考证后认为1973年发现的泉州宋船是泉州海商世家蒲家的私船，而非学术界通常认为的由南外所造。许在全的《唐宋时期泉州汉族与阿拉伯民族关系》考察唐宋时期泉州汉族与阿拉伯民族之间融洽、和睦、亲善团结的民族关系。陈泗东的《泉州海外交通与海神信仰》讨论了泉州海外交通与泛信仰问题，主要包括四部分：妈祖的成神与泉州海外交通的关系、泉州天后宫从祀诸神、宋代泉州海神通远王、宋代泉州的医药环境与吴真人的成神。美国学者休·克拉克的《泉州贸易和泉州市舶司的设立》包括三部分：第一部分着眼于11世纪70年代之前的泉州贸易。认为宋代政府以市舶司的职能，制定了对港口的限制性的贸易法，凡经过泉州港和其他任何港口的贸易一旦超越市舶司，都是不合法的。11世纪中叶，北宋出现财政危机，王安石改革派在朝时，开始重视这类不纳税的非法贸易。但是，1074年修订贸易法之后，泉州的商人仍然要通过广州市舶司，因此，这次贸易法的修订未能挡住非法贸易的潮流。第二部分认为，反改革派本身与地方商人势力早已打成一片，当他们控制朝廷以后，贸易一如既往，并且开办了一个地方市舶司。第三部分探讨了泉州市舶司对贸易模式的影响。作者通过对有关市舶司的全部税收资料的研究，揭示了到1087年，泉州已经设立了与广州大致相等的市舶司，推论出市舶司实际上对泉州贸易模式所起的作用极小。朱江的《扬州与“海上丝绸之路”》介绍了扬州在海上丝绸之路中的地位，但非常遗憾的是，扬州与海上丝绸之路的关系及其重要地位却被国际社会和学术界忽视了，甚至连与扬州有过亲密贸易伙伴关系的阿拉伯世界也遗忘了。新加坡学者邱新民在《1819年前海上丝绸之路的新加坡》中介绍了新加坡在海上丝绸之路中的地位。郑山玉的《华侨与海上丝绸之路——部分侨乡族谱中的海外移民资料分析》对华侨大学正在搜集整理的侨乡族谱进行了介绍，特别是对其中具有代表性的永春《鹏翔郑氏族谱》进行了研究，从而证明中国的海外移民在海上丝路中的杰出活动和历史性贡献。法国学者克洛蒂娜·苏尔梦在《18—19 世纪东爪哇韩氏家族——企业家与政治家》中论述了韩氏家族在印度尼西亚东爪哇兴起和发展的历史，从而认证了华人对印度尼西亚的贡献。美国学者杜垒在《中国海上丝绸之路沿线的穆斯林后裔的当代特性》中，对泉州市晋江县陈埭镇丁氏进行了具体考察。蔡渭洲、陈苍松的《中国古代海关管理与丝绸之路的发展》对中国古代海关对海上丝绸之路的进出境管理及其所起的作用进行了介绍。

香港学者陈佳荣在《古代香瓷之路刍议》中认为："对于古代中国同西方之间的海上通道，近年来一些中外学者多称之为'海上丝绸之路'（Marine Silk Route）。然此名虽颇具浪漫色彩却未尽贴切，容易使人对唐、宋以后海外贸易的实际情况产生误解。在唐代及其前，中国的出口货物无疑是以丝绸为大宗，……不过这种情况到了唐代，开始发生变化。……海外贸易的出口逐渐过渡到以陶瓷为其特征。一般来说，作为'沙漠之舟'的骆驼，比较适宜于运载丝绸、布帛，沉重易损的陶瓷器显然不适合陆道远距离运输；但真正的'海上之舟'却不同，它能装载形状、大小不同的货品，包括陶瓷、香料等。因此，随着中国手工业的发展，在唐代便开创了陶瓷大量由海路出国之历史。……考古发掘证明，……唐代陶瓷器大量外销之事实。及至宋代，情况又发生了根本性的转折：一方面，制瓷业日益发达，使瓷器在外贸商品中越来越居首位；另一方面，海路交通空前发达，并在中外交往中始终居首要地位。这就说明，宋代及其后的海外交通、贸易同陶瓷器的外销，实有难分难解之联系。……比起华丽的丝绸来，陶瓷显得质朴而淡雅，但它虽易破碎却不会腐烂。由海外各国出土的晶莹清秀的瓷器或其碎片，……说明自八九世纪以后，东西方贸易的中心路线已经由陆上转移到海上。在上古时代，丝绸无疑是东西方之间陆上交通的重要象征；而到了中古时期，陶瓷却成了连结东西方之纽带，是为东西海路交通之桥梁。过去外国人曾因丝绸而称中国为丝国（Serice），后来却用中国（China）之名来称瓷器，这些都是中西交通之佳话。难怪有些学者要把中外交通海路称为‘陶瓷之路’（China Route）或‘丝瓷之路’（Silk-china Route）了。当中国海船装载着精美的陶瓷以及丝绸绫罗、名酒米粟、金银铅锡西运的时候，由西方东来的蕃舶或返航的中国船只也绝非放空而驶。而在各国东航的船舱中，堆放得最多的商品要算香料了。……唐以后，香料渐由权贵的奢侈品推广到民间而成为社会必需品，因此进口量剧增。……鉴于香料为中古时代中国进口货之大宗，所以宋元时横亘万里的中西海上交通线，也被称为‘香料之路’（Spice Route）。当然，无论是‘丝绸之路’‘陶瓷之路’或‘香料之路’，都只是对中外交通的象征性称呼。不过既然采用象征手法，自须抓住主要的特征来表示。窃谓对中古时代的海上交通，如一定要命个名，似将出口、进口综合而考虑为佳，若是以观则唐宋以降的海上中外交通途径，莫若称为‘香瓷之路’（Spice-china Route）。但如上溯至秦汉，则以‘丝瓷之路’（Silk-china Route）来概括整个古代的中外海上交通道路，较为准确，比单纯称为‘海上丝绸之路’优越。”①

1992 年联合国教科文组织为加强国际间的交流联系，建立丝绸之路综合研究国际网络，中国与海上丝绸之路研究中心（以下简称“海丝”中心）成为国际网络的中国代表机构。“海丝”中心的总部设在福州，在泉州设立分部。“海丝”中心把开拓国际交流市场，为我国的文化、经济、贸易、旅游等各方面服务作为主要任务；致力于国际性科学研究与合作，编辑出版有关学术论著、译著，培养海上丝绸之路跨学科的青年学者。成立以来，在国内外已享有很高知名度，与国外近百个学术机构建立了交流合作关系。“海丝”中心的成立，对于推动我国（特别是福建）海上丝绸之路研究起到了非常积极的作用。“海丝”中心还初步拟订了南中国海宏观比较学研

①陈佳荣：《古代香瓷之路刍议》，载联合国教科文组织海上丝绸之路综合考察泉州国际学术讨论会组织委：《中国与海上丝绸之路》，福州：福建人民出版社 1991 年，第 17-19 页。

究项目，包括有九个方面：一、历史、考古、地理（疆域、地名研究）；二、政治、军事、战争、和平以及对外关系；三、民族与宗教（人类学研究、华人移民）；四、文化与艺术（语言、文字、音乐、舞蹈、绘画、书法）；五、教育、科学与技术［重点本世纪（20世纪）末的人才培养体制］；六、工业、农业、商业（重点多种经济成分并存共同发展）；七、财政、金融的宏观调控（重点通货膨胀率与经济增长率的关系）；八、海底资源的开发以及跨国集团（公司）的作用；九、21世纪我国对南中国海的发展策略。同时对海上丝绸之路研究跨世纪队伍的培养模式进行了探讨：首先必须改变坐等任务的模式，应当主动寻求社会的需要和热点。其次要打破研究机构互相之间的壁垒，建立研究领域网络，在必要时能够集中最强大的力量完成突击性的任务，形成能与国际水平相抗衡的研究集团。最后要开拓与国际学术机构、人员、基金组织的合作渠道，接受最新的信息和研究手段，多开辟以中国问题为主要内容，或占相当比例的合作项目，发挥国内学者在这方面的优势，逐步使中国学者在国际论坛上站稳脚。此外，应密切与国内三资企业的联系，为其提供咨询服务，从而调动国内各方面的资金和力量，逐步建立起民间的研究基金。概括来说，必须拥有新颖的研究项目、融洽的协作环境、高水准的国际交流舞台以及必要的经济基础，才能稳定并造就一支跨世纪高水平的海上丝绸之路研究队伍。①

1993年，许在全出版了专门研究泉州的论文集《刺桐探骊录》，其中包括作者专门研讨泉州与海上丝绸之路关系的8篇论文：《泉州港与海上丝绸之路》《泉州吏治与海上丝绸之路》《泉州市舶司与海上丝绸之路》《泉州海商与海上丝绸之路》《泉州民族与海上丝绸之路》《泉州宗教与海上丝绸之路》《泉州陶瓷与海上丝绸之路》《泉州名胜与海上丝绸之路》，②从标题中就可以看出，作者探讨的内容涉及泉州与海上丝绸之路相关的政

①陈达生：《中国海上丝绸之路研究的策略》，载潮汕历史文化研究中心、汕头大学潮汕文化研究中心编：《潮学研究》（第3辑），汕头：汕头大学出版社1995年，第295-296页。

②许在全：《刺桐探骊录》，北京：红旗出版社1993年，第80-135页。

治、经济、机构设置、海上贸易、民族关系、宗教及对外文化交流等全方面的内容，对泉州与海上丝绸之路的关系进行了系统的研究。

1994 年，福建人民出版社出版了《中国与海上丝绸之路：联合国教科文组织海上丝绸之路综合考察泉州国际学术讨论会（1991.2.17—20）论文集（续集）》，收录论文共计 11 篇，[①] 包括王连茂的《泉州海外交通史研究概述》，意大利学者伯罗・柯拉迪尼的《元朝在泉州的意大利人》，英国学者约翰・盖伊的《纳格伯蒂纳姆和泉州已消失的寺庙》，卢苇的《唐代丝路的变化和海上丝路的兴起》，瑞典学者翁拙瑞的《摩尼教——海上丝绸之路与陆上丝绸之路的纽带》，日本学者斯波义信的《明朝长江下游的经济和东亚海上贸易网：16 世纪过渡时期的重大意义》，陈高华的《元朝与高丽的海上交通》，日本学者柳洋子的《东南亚发掘的中国外销瓷器》，江润祥、宋岘、陈达生的《〈回回药方〉与阿拉伯医学主流的亲缘关系》，刘迎胜的《〈诸蕃志〉中南印度“南毗”国名考》，法国学者纪可梅的《中国，一个神奇而又真实的传说》等。

1994 年 2 月 21—26 日，为配合联合国教科文组织海上丝绸之路考察泉州三周年纪念活动，联合国教科文组织丝绸之路项目机构、中国与海上丝绸之路研究中心等八个主办机构联合在福建省泉州市召开了“海上丝绸之路与伊斯兰文化”国际学术讨论会。出席会议的正式代表 46 人，其中外国代表 30 人，来自塞内加尔、法国、阿曼、科威特、马来西亚、印度尼西亚、菲律宾、土耳其、巴基斯坦、伊朗、日本、韩国、德国、澳大利亚、法国、英国、美国、以色列；国内代表 16 人。特邀国内领导代表 22 人（不包含泉州市）。会议收到论文 38 篇，其中国内 17 篇，国外 21 篇。论文内容涉及海上丝绸之路与伊斯兰有关的政治、经济、贸易、航线、航海技术、民族、移民、历史、考古、文化、出版、教育、宗教传播、宗教

①联合国教科文组织海上丝绸之路综合考察泉州国际学术讨论会组织委：《中国与海上丝绸之路：联合国教科文组织海上丝绸之路综合考察泉州国际学术讨论会（1991.2.17—20）论文集（续集）》，福州：福建人民出版社 1994 年版。

事务、国际关系、国际旅游、未来国际合作等方面，这次“海上丝绸之路与伊斯兰文化”国际学术讨论会的召开，对推动中外学者开展以中国与伊斯兰世界的国际合作为背景的研究，对加强中国与国外学者（尤其是阿拉伯地区、东南亚伊斯兰国家的学者）对中国伊斯兰研究的合作交流，作出了积极的贡献。[①]1997 年，由陈达生、王连茂主编的这次会议的论文集《海上丝绸之路研究（1）——海上丝绸之路与伊斯兰文化》出版，收录与会论文 23 篇，其中由中国学者撰写的直接与海上丝绸之路密切相关的包括陆芸的《陈埭丁姓穆斯林后裔》，陈达生的《泉州与文莱早期伊斯兰的联系以及宋元时期的海上通道》，郑一钧、蒋铁民的《郑和下西洋时期伊斯兰文化的传播对海上丝绸之路的贡献》，王连茂、丁毓玲的《福建海上丝绸之路研究的思考》。《福建海上丝绸之路研究的思考》对福建海上丝绸之路研究进行了比较系统的研究、介绍和展望。作者认为，福建海上丝绸之路历史主要有以下特点：第一，海外贸易的持续性和港口中心的交替转移；第二，以航运业为主导的经济模式；第三，福建海商具有开拓性与家庭性；第四，海上丝绸之路推动了福建的移民浪潮。同时，作者还分析了从事的福建海上丝绸之路研究的现实意义：第一，为决策者提供必要的咨询；第二，利用海上丝绸之路文化遗存发展旅游事业；第三，运用文化优势促进对外经贸活动。最后，作者对福建海上丝绸之路研究的发展前景作了展望。[②]

1997 年，林金水主编的《福建对外文化交流史》出版，该著作比较详细地探讨了从唐到近代以来福建的对外文化交流。在涉及海上丝绸之路的内容中，作者主要介绍了宋元时期福建海上丝绸之路的兴盛，以及福建—菲律宾—美洲的海上丝绸之路。特别是福建—菲律宾—美洲的海上丝绸之路是以前学者涉及不多的领域，因此显得格外引人注目。作者认为：“明清之际，在福建的对外海上交通中，还有一条颇为引人注目的航路，即由

①郑一钧：《“海上丝绸之路与伊斯兰文化”国际学术讨论会述要》，《中国史研究动态》1994 年第 8 期。

②陈达生、王连茂：《海上丝绸之路研究（1）——海上丝绸之路与伊斯兰文化》，福州：福建教育出版社 1997 年，第 206-213 页。

西班牙人控制的福建—菲律宾—美洲的海上丝绸之路。在这条航线上，福建通过与菲律宾的大帆船贸易，以及菲律宾与墨西哥的中转贸易，与美洲国家建立贸易往来和文化交流。”① 作者讨论了这一条路线及其在文化交流上的影响。

为纪念联合国教科文组织“世界文化发展十年”与“丝绸之路综合研究十年”（1987—1997 年）活动的圆满结束，1997 年 12 月 1—4 日在泉州海外交通史博物馆举办“中国与东南亚”国际学术讨论会，以及“两个十年”纪念活动。“中国与东南亚”国际学术讨论会由中国海外交通史研究会与联合国教科文组织、中国联合国教科文组织全国委员会、法国远东学院、泉州市人民政府、福建社会科学院、福建省海上丝绸之路研究会联合主办，中国与海上丝绸之路研究中心、泉州海外交通史博物馆共同承办。联合国教科文组织的官员以及法国、加拿大、美国、荷兰、英国、马来西亚、泰国和中国各省市的专家、学者 130 多人出席会议，共计提交论文及论文提要 80 多篇，有 40 人在会上作专题报告。论文大致分为两类，一是对东南亚与中国之间历史交往的探讨；二是对现实问题的研究，即当代东南亚政治、经济、文化状况以及当前中国与东南亚关系的研究分析。会后，出版了会议论文集《海上丝绸之路研究 2——中国与东南亚》，收录主要论文 16 篇。② 陈达生在《福建省海上丝绸之路研究十年》中回顾了 10 年来福建省的海上丝绸之路研究历程。

1988 年，当联合国教科文组织“海上丝绸之路研究”项目一经确定，立即引起福建省有关学术机构，特别是福建社会科学院和泉州海外交通史博物馆的高度重视，并展开争取参与主办权的先期准备工作。在中国联合国教科文组织全国委员会，福建省委、省政府，泉州市委、市政府的支持下，联合国教科文组织丝绸之路项目专家委员会全面评估了泉州的历史地位、国际作用以及福建海上丝绸之路综合研究的实力和成果，确定泉州作为联

①林金水：《福建对外文化交流史》，福州：福建教育出版社 1997 年，第 138 页。
②陈达生，等：《海上丝绸之路研究 2——中国与东南亚》，福州：福建教育出版社 1999 年版。

合国教科文组织海上丝绸之路考察船在中国的停泊港口，并在此举办“中国与海上丝绸之路”国际学术讨论会。从此拉开了福建参与联合国教科文组织国际性学术活动的序幕。

1991年春，福建省海上丝绸之路研究会正式成立，进一步协调了福建省海上丝绸之路研究的各路力量。1991年冬，中国与海上丝绸之路研究中心在福建社科院成立，并被中国联合国教科文组织全委会指定为中国参与联合国教科文组织丝绸之路综合研究国际网络的中国代表机构。1994年9月，法国远东学院福州中心成立，进一步加强了福建与欧洲学术界的合作研究。上述研究机构的建立，使福建省海上丝绸之路研究更具国际性和代表性。

1990年秋—1991年春，福建省有两名学者作为联合国教科文组织“海上丝绸之路”国际考察队队员参加了从威尼斯至泉州的科学考察活动。1991年春节，阿曼“和平号”方舟满载联合国教科文组织国际考察队队员驶入泉州后渚港，27个国家近百名专家实地考察了泉州有关海上丝绸之路的历史遗迹，并出席了“中国与海上丝绸之路”国际学术讨论会，提交会议论文80多篇。1992年10月，福建省接待了欧洲4国24名学者组成的“中国东南沿海地区陶瓷与宗教文化”国际学术考察队。考察队访问了我国9个城市，并在西安、扬州、泉州举办学术座谈会。1994年元宵节，联合国教科文组织第二次与福建省合作在泉州举办“海上丝绸之路与伊斯兰文化”国际学术讨论会和福建伊斯兰文物古迹游活动，18个国家70余名专家出席会议，提交会议论文38篇，会议期间考察了泉州海上丝绸之路和伊斯兰文物古迹。会后，10个国家13名学者组成“中国东南沿海伊斯兰文化”国际考察队访问了我国10个城市的伊斯兰古迹和宗教团体。1995年11月，在福州举行福建省海上丝绸之路研究会第二次会员代表大会暨“海上丝绸之路与福建”学术讨论会，提交论文18篇。这是联合国教科文组织第三次与福建省合作在泉州举办“海上丝绸之路研究”系列国际会议。

此外，福建省还主办或参与主办了1991年2月泉州“中国海上丝绸之路文物展”、1992年9月意大利热那亚“国际船舶展”、1993年2月新加坡“海上丝绸之路文物展”、1994年1月“泉州海上丝绸之路民俗文化展”、1994年2月泉州“海上丝绸之路摄影展”、1994年汕头“潮汕文化与海上丝绸之路”国际学术讨论会、1995年2月泉州“中国古代船模展”，以及“丝绸之路考察摄影展”等；出版了一批学术论著，其中有《中国与海上丝绸之路论文集》上下卷、《海上丝绸之路与福建》《海上丝绸之路研究·第1辑·海上丝绸之路与伊斯兰文化》《中国阿拉伯波斯碑铭集·福建卷》《海交史研究》半年刊等。

福建海上丝绸之路研究的成功得益于“一会、一馆、一中心、一论丛”四位一体的协作模式：“一会”即福建省海上丝绸之路研究会，“一馆”即泉州海外交通史博物馆，“一中心”即中国与海上丝绸之路研究中心，“一论丛”即《海上丝绸之路研究》论丛。从而把学术研究、大型活动、成果出版、对外宣传有机地结合起来。

福建海上丝绸之路研究的迅速发展得到了国内外学术界的支持和帮助，特别是中国海外交通史研究会的支持。此外，法国远东学院、英国剑桥大学、美国哈佛大学、日本东京大学、新加坡大学等许多外国学术机构也对福建海上丝绸之路研究予以帮助和合作。①

第六节 广东省的海上丝绸之路研究

由于联合国教科文组织的综合考察活动在中国只把泉州和广州作为考察的重点，因此，它对福建省和广东省的海上丝绸之路研究的推动最为直接。

1991年，广东省人民政府外事办公室和广东省社会科学院编辑的《广

①陈达生：《福建省海上丝绸之路研究十年》，载陈达生等主编：《海上丝绸之路研究2——中国与东南亚》，福州：福建教育出版社1999年，第15-17页。此处在摘录时有所删节。

州与海上丝绸之路》一书出版。随着该书出版，由联合国教科文组织秘书处和各国专家组成的考察队，正沿着千百年前古人开辟的“海上丝绸之路”进行考察，即将到达广州。为了参与这项综合研究并与各国专家学者进行学术交流，广东省将广州地区的专家学者对“海上丝绸之路”研究的最新成果集结成书，名为《广州与海上丝绸之路》，[①] 这是系统研究广州与海上丝绸之路的一本重要专著，收录论文14篇，包括张难生、叶显恩的《海上丝绸之路与广州》，姜伯勤的《广州与海上丝绸之路上的伊斯兰人：论遂溪的考古新发现》，曾昭璇、曾新、陈权英的《广州：古代海上丝绸之路的起点城市》，黄启臣的《广州海上丝绸之路的兴起与发展》，邓炳权的《海上丝绸之路的东方发祥地》，邓端本的《广州港市形成与海上丝绸之路的关系》，王贵忱、王大文的《从古代中外货币交流看广州海上丝绸之路》，杨鹤书的《从公元3—7世纪佛教在广州的传播看中外文化交流》，李庆新的《唐代广州的对外贸易》，赵立人的《宋元时期广州与泉州海外贸易比较》，谭棣华的《南海神庙与海上丝绸之路》，姜永兴的《广州：早期伊斯兰教的东方圣地——海上丝绸之路的结晶和见证》，马逢达的《广州话中的外来语——阿拉伯语》，王棣的《李殉与〈海药本草〉：唐代广州海外贸易对中国药物学的促进》。

1992年4月7—10日“雷州古城历史与发展学术研讨会”在海康（雷州）市举行，这次研讨会由华南师大地理系、暨南大学历史系、海康市名城办公室、海康市地方志办公室、海康市科委、海康市政协文史科、海康市博物馆等联合发起，共同举办。会后，由李建生、陈代光主编的会议论文集《南海“海上丝绸之路”始发港——雷州城》于1995年出版，论文集共收录与会论文18篇，其中，直接探讨雷州与海上丝绸之路关系的有4篇。李建生、周曾权的《海康县的海陆变迁与“海上丝绸之路”始发港》从地质学的角度考察了远古时代海康地区的地质变迁，但对于它为什么是海上丝绸之路

①广东省人民政府外事办公室、广东省社会科学院：《广州与海上丝绸之路》，广州：广东省社会科学院出版社1991年，前言。

的始发港却没有提到。黄家蕃、莫根远、张九皋的《南海“海上丝绸之路”始发港徐闻、合浦的形成条件》通过对南海海上丝绸之路航线时程与沿线各国的考证，探讨了古徐闻、合浦的交通和资源条件，认为“二港的形成不应始于汉武帝平南越国之后，而应在此之前”。但最后作者得出的结论是：“古代北部湾三港口形成于西汉时期既是事实，而作为‘一大都会’的番禺的海外贸易活动始终存在的事实亦不容置疑。《汉书》不载番禺而载‘日南、徐闻、合浦’，是因为通南亚、中亚‘海上丝绸之路’的西线相对活跃，而位处东路的番禺港不是航路的捷径，故口岸西移至北部港沿岸是顺理成章之事。尽管如此，并未削弱番禺亦是‘海上丝绸之路’上重要始发港口的地位。番禺作为始发港，其西输外运的物资，不能排除以徐闻港、含浦港作为中转港的可能，尤其是徐闻港。也就是徐闻、合浦港既是‘南海海上丝绸之路’的始发港．亦可作为番禺港外运航线上的中途补给港。这应是当前关于番禺港与徐闻港、合浦港在西汉‘海上丝绸之路’起航港口地位孰轻孰重、孰先孰后的论争中逐步建立起来的一种共识吧！”① 曾昭璇、曾宪珊的《徐闻——汉代“海上丝绸之路”起点历史地理初探》中认为海上丝绸之路起源于春秋末期，并从历史地理变迁角度探讨了徐闻成为海上丝绸之路起点的条件。② 陈代光在《略论秦汉时代合浦、徐闻、番禺在南海“海上丝绸之路”上的地位》中分别讨论了合浦、徐闻、番禺在海上丝绸之路中的作用和地位。

联合国教科文组织的考察活动结束后，广州市国家历史文化名城发展中心、广州历史文化名城研究会和广州古都学会又编辑出版了系统研究广州与海上丝绸之路的论文集《论广州与海上丝绸之路》，③ 该论文集包括

①黄家蕃、莫根远、张九皋：《南海“海上丝绸之路”始发港徐闻、合浦的形成条件》，载李建生、陈代光主编：《南海“海上丝绸之路”始发港——雷州城》，北京：海洋出版社 1995 年，第 16 页。

②曾昭璇、曾宪珊：《徐闻——汉代“海上丝绸之路”起点历史地理初探》，李建生、陈代光主编：《南海“海上丝绸之路”始发港——雷州城》，北京：海洋出版社 1995 年，第 17-23 页。

③广州市国家历史文化名城发展中心、广州历史文化名城研究会、广州古都学会：《论广州与海上丝绸之路》，广州：中山大学出版社 1993 年版。

五部分内容：第一，海上“丝绸之路”的兴起与发展，主要有邓端本的《广州与海上“丝绸之路”的兴起与发展》、黄启臣的《广州成为海上“丝绸之路”起点的地理经济条件》、王长庆的《以广州为起点的海上“丝绸之路”航线》、钟永宁的《义净对勃兴海上“丝绸之路”的卓越贡献》、杨棠的《光塔——广州海上“丝绸之路”的丰碑》。第二，海上“丝绸之路”与中外贸易及文化交流，主要有袁钟仁的《广州在海上“丝绸之路”中的地位和作用》、陈坚红的《广州古代对外贸易的主要商品——丝绸、陶瓷和茶叶》、何礼荣的《清朝“一口通商”时期广州的对外贸易与海上交通》，丘华的《广州怀远驿与海上“丝绸之路”》、史彦的《广州十三行与海上“丝绸之路”》、邓端本的《广州是海上“丝绸之路”东西方文化交流的门户》、黄启臣的《明清时期中国文化经广州海上“丝绸之路”对西欧国家的传播和影响》、邓其生的《广州建筑与海上“丝绸之路”》、杨棠的《海上“丝绸之路”对教门习俗的形成和影响》。第三，海上“丝绸之路”有关的人物、文物、遗址与名胜古迹，包括夏丰的《与海上“丝绸之路”有关的人物》、钟声的《与海上“丝绸之路”有关的文物》、日生的《与海上“丝绸之路”有关的遗址和名胜古迹》。第四，海上“丝绸之路”精神在当代的弘扬与发展，包括何礼荣、林康裕的《海上“丝绸之路”——当代国际性考察研究的大热门》，李中、区盘根的《黄埔南岗与海上“丝绸之路”》。第五，海上“丝绸之路”大事记。

王贵忱、王大文的《从古代中外货币交流探讨广州海上丝绸之路》一文根据广东出土的三批波斯萨珊朝银币的特征，论证了岭南地区从南朝至唐代期间曾是外国金银币的流通之地。①

1992年汕头市潮汕历史文化研究中心和汕头大学潮汕文化研究中心筛选了1990年11月召开的“中国历史文献研究会第11届年会暨潮汕历史文献与文化学术讨论会”论文31篇结集出版。赵海在《潮汕历史文物与海

①王贵忱、王大文：《从古代中外货币交流探讨广州海上丝绸之路》，中国钱币学会：《中国钱币论文集》，北京：中国金融出版社1992年版。

上丝绸之路》中分析了潮汕地区在海上丝绸之路研究中不受注意的原因，如正史缺少记载、不曾设立市舶司之类的机构、地理环境和政治地位等，分析了潮州窑在中国陶瓷史上的作用和地位以及潮州窑在海上丝绸之路中的重要地位。①

1994 年 8 月 18—22 日，由中国海外交通史研究会、潮汕历史文化研究中心、汕头大学潮汕文化研究中心和南澳县联合举办的“海上丝绸之路与潮汕文化”国际学术研究会在汕头大学和南澳岛举行。来自日本、法国、英国、香港及全国各地 90 多名专家、学者提交了 60 多篇论文。会后，出版了《南澳文史·第 3 辑：〈海上丝绸之路与潮汕文化〉学术研讨会选辑》，收录与南澳关系密切的论文 8 篇，论文节选、提要 11 篇。②1998 年，这次会议提交的论文又重新集结，由杜经国、吴奎信主编，命名为《海上丝绸之路与潮汕文化》。③该论文集收录了与会代表的 62 篇论文（选）及 1 篇会议综述。论文包括饶宗颐的《南澳：台海与大陆间的跳板》，杜松年的《海上丝绸之路对潮汕文化有巨大影响》，廖大珂的《略论明代之前潮州港的发展》，施伟青的《试论促进明代后期潮州地区私人海上贸易发展的若干因素》，冷东、李春颖的《十六世纪历史变化中的潮汕海上“盗商”》，连心豪的《近代潮汕地区的走私问题》，蔡英豪的《樟林港考古》，陆集源的《宋元时期潮州海运贸易的发展》，陈香白的《郑若曾〈筹海图编〉论柘林港形势》，杜瑜的《闽粤间对外窗口——兼论明清时期潮汕漳厦港口发展的局限》，郭伟川的《明代东南沿海倭患与潮州军民的英勇抗击》，马楚坚的《南澳之交通地位及其于明代海防线上转变为走私》，林仁川的《明清时期南澳港的海上贸易》，徐明德的《南澳岛在明清中外关系史上的重

①赵海：《潮汕历史文物与海上丝绸之路》，载汕头市潮汕历史文化研究中心、汕头大学潮汕文化研究中心编：《潮汕文化论丛初集》，广州：广东高等教育出版社 1992 年，第 137-147 页。

②广东省南澳县政协文史委员会：《南澳文史·第 3 辑：〈海上丝绸之路与潮汕文化〉学术研讨会选辑》，1995 年 12 月。

③杜经国、吴奎信：《海上丝绸之路与潮汕文化》，汕头：汕头出版社 1998 年版。

要地位》，柯世伦的《南澳海防史在海外交通史中的地位》，吴奎信的《南澳设总兵置镇前后的海交与海防》，朱鉴秋的《南澳岛在古代海防史和海外交通史上的地位》，陈自强的《论明代以南澳岛为中心的漳潮海外贸易区》，黄培佳的《南澳成为出海口之历史根源——对南澳早期海上贸易的初步探讨》，张益欣的《从南澳出土的古币，看南澳古代海上交通贸易》，黄迎涛的《海上丝绸之路的南澳航标——从出土陶瓷看南澳在海上丝绸之路中的地位》，黄绮文的《殖民者在南澳的“猪仔”贸易》，陈伟名的《华工出洋的中转站——南澳》，傅锦章的《南澳灯塔在海上交通中的重要性》，林金枝的《海外华人与潮汕地区的经济发展》，杜桂芳的《从侨批看潮汕文化“引力场”》，吴风斌的《近代潮汕海外交通与移民》，林伦伦的《海上丝路与潮汕方言词》，陈历明的《万历潮州海事考》，林俊聪的《对台海上交通与潮汕文化在彼岸的传播》，陈华新的《试论潮汕文化的特征》，丁旭光的《近现代潮汕华侨与潮汕文化》，张富强的《海外潮人热心支援家乡建设（节录）》，李金明的《试论明代海外贸易港的兴衰》，赵春晨的《汕头开埠与美国》，罗宗真的《六朝时期岭南地区海上丝绸之路的开辟》，袁晓春的《中国古代海外交通史文物又一重大发现——韩国出土中国宋朝独木舟》，李江的《明嘉靖间市舶司停罢蠡测》，杜经国、黄挺的《潮汕地区古代海上对外贸易（提要）》，邱立诚、杨式挺的《从文物考古资料探索潮汕地区的古代“海外丝绸之路”（提要）》，沈定平的《论明中叶潮州经济和文化的发展（提要）》，王冠倬的《中国古代南澳岛的航海地位（提要）》，汤开建、陈文源的《明代南澳史事初探（提要）》，聂德宁的《明清时期南澳港的民间海外贸易（提要）》，叶恩典、丁毓玲的《浅析明清时期闽南人向粤东地区的移动（提要）》，陈达生的《中国海上丝绸之路研究之策略（提要）》，蔡志祥的《从遗嘱看近代潮汕家族企业的发展——以乾泰隆·黉利陈氏家族为例》，徐光华的《榕江——潮汕最早的丝绸之路（提要）》，伊原弘的《关于潮州都市发展的转机（提要）》，陈佳荣的《甲子门、屯门之今昔比较（提要）》，陈尚胜的《论壬辰援朝御倭战争对晚明海交政策的影响（提要）》，晁中辰的《明后期隆庆开放与华南经济（提要）》，庄景辉的《明末清初的福建海商与陶瓷贸易（提要）》，黄启臣的《桥梁的角色——论广东在16—19世纪中外文化交流中的地位（提要）》，陈延检（执笔）、许笃超、薛梅丽的《从舟船文物看粤闽舟船和海上交通的发展（提要）》，刘淼的《明清沿海荡地开发的传统结构（提要）》，金秋鹏的《略论牵星板（提要）》，陈希育的《清朝与阮朝的外贸政策初探（提要）》，庄国土的《茶叶和白银：略论18世纪中西贸易的基本结构（提要）》，李剑雄的《佛教僧人取经求法的活动与古代广州的海外交通（提要）》，土肥杏占子的《试论在中琉贸易中王银被敲诈之事件（提要）——历史宝案第一集》。这些论文主要围绕海上丝绸之路，论述海上交通、商贸与海外移民的关系；潮汕港口与东南沿海港口的关系；政治地理环境与港口盛衰的关系；海外移民与潮汕文化及经济发展的关系；海上贸易性质的转变与倭夷关系；南澳岛在海上交通商贸的地位以及潮汕文化对增强海外潮人与祖籍联系的作用等。具体而言，会议主要围绕三个问题展开：第一，关于港口的研讨。主要包括港口的兴衰与变迁；港口的贸易特点、性质；港口之间的联系与制约；港口航线航点与进出口货物变化；对某一港口的全面探讨。第二，关于南澳岛在海上交通贸易的地位，这是本次学术会议的重要议题之一，与会学者从多方面对南澳岛在历史上海上交通贸易和海防的重要地位进行了深入的研讨。第三，关于海上交通商贸与移民活动对促进中外经济文化交流的作用。

1994年，曾昭璇出版了《岭南史地与民俗》一书，比较详细地探讨了岭南史地与民俗，主要包括两大部分，第一，两广及其边缘地区。第二，南海诸岛及海南岛。该书论述海上丝绸之路的内容主要有两篇：《广州——古代“海上丝绸之路”的起点》和《徐闻——汉代“海上丝绸之路”的起航点》。在前文中，作者使用的是狭义的海上丝绸之路的说法，“即把‘海上丝绸之路’看成是我国通向西亚的贸易航道的统称。具体说，凡与东南亚、印度半岛（包斯里兰卡）、阿拉伯海沿岸地方的海路交通，都纳入‘海上丝绸之路’范围。因为这条海上贸易大道与‘陆上丝绸之路’性质相同，同为我国主要的外贸路线。”作者认为，“古代‘海上丝绸之路’都是以广州为主要起点城市，其他沿海名城，实为‘海上丝绸之路’在国境以内的延长。”广州海上丝绸之路兴起于先秦时代，并把广州海上丝绸之路的发展归纳为四个时期：①先秦时代——海上丝绸之路孕育期；②西汉时代——海上丝绸之路形成期；③唐代——海上丝绸之路全盛期；④宋、元时代——海上丝绸之路发展期。[①] 在《徐闻——汉代“海上丝绸之路”的起航点》中作者认为，“‘海上丝绸之路’起源于春秋末期”，“汉代‘海上丝绸之路’的起点之一——徐闻”。“我国海上丝绸之路是在春秋时代已经成立，虽未明言番禺为起航地点，但可能已成为口岸之一。文字记载则以汉代记录的徐闻为航路起点。即徐闻已是当时的口岸，远洋海运集中在这里出口，当然，当时作为外贸城市，广州仍是主要的。”接着，作者讨论了汉代海上丝绸之路起点选在徐闻的原因，并分析认为徐闻在今天的海康县。[②]

1996年，杨万秀、钟卓安主编的《广州简史》出版，认为：“海上丝绸之路主要是指从中国南方沿海地区出发，经过南海、马六甲海峡、印度洋、波斯湾、红海等海域，抵达东南亚、南亚、西亚、欧洲、非洲等地的海上贸易交通线。它开始于秦汉时期。”[③]“它最早的起点是广州。”[④]“15世纪末16世纪初的‘地理大发现’，引起了航海事业的大发展，为欧洲资本主义进行海外殖民掠夺提供了方便。……因此，在明、清两代，广州形成了四通八达的海运航线，海上丝绸之路开始向全球扩展。……由广州起航，经澳门出海，形成了三条与世界许多国家交往的航线。第一条航线是广州至东南亚各国航线。……第二条航线是广州至欧洲航线。……广州

①曾昭璇：《岭南史地与民俗》，广州：广东人民出版社1994年，第47-73页。
②曾昭璇：《岭南史地与民俗》，广州：广东人民出版社1994年，第74-85页。
③杨万秀、钟卓安主编：《广州简史》，广州：广东人民出版社1996年，第42-43页。
④杨万秀、钟卓安主编：《广州简史》，广州：广东人民出版社1996年，第191页。

是广南东路及其他一些地方食盐的主要集散地，盐市规模很大。”[①] 作者没有明确指出第三条航线。

1998 年，广东省澄海市政协出版了《澄海文史资料》（第 17 辑），蔡英豪发表了《南方海上丝绸之路的重要港口》，作者认为：“北方有丝绸之路，陕、甘、新是主要通道，而南方海上丝绸之路（瓷器之路），却以泉州—广州为主要基点，并以苏、浙之宁波及粤东之潮汕为交叉辅点。然而，位于中国东南沿海的潮汕过去并未引起重视，也未有人做过系统查考，人民共和国成立之后，才引起史学界的关注，一九六〇年起，我的前辈和我们才下决心攻克，终于在我们的手头得到了突破，现在在泉州与广州之间海上丝绸之路粤东航道已有个约略的脉络：唐（潮州城）—北宋（凤岭古港）—南宋（辟望古港）—明清（樟林古港）—鸦片战争后至今（汕头港）。这些港口，除潮州城外，余皆在原澄海县的地域。即同一条韩江的三大干流出海口的商贸。口岸之移易，故汕头所在地澄海素有‘港邑侨乡’和粤东海商业文化中心之誉。”[②] 接着作者介绍了自己的考察结果：第一，考察汕头港之祖港——宋代风岭古港，把汕头海运史提早一千年；第二，系统考察了汕头港之前身——明清粤东通洋总汇樟林古港，显示了樟林港的重要历史作用；第三，外向型陶瓷工业的考察与出土钱币流通渠道的剖析，特别是韩江明清百个民窑商号的考古重大发现填补了古代外向型陶瓷史的空白。

1998 年，陈乃良出版了研究岭南文化的专著《封中史话：岭南文化古都之盛衰》，收录作者关于岭南地方文化史论文 27 篇。在《“海上丝绸之路”始发港的历史悬谜》中，讨论了两汉、三国、两晋时代，即从公元前 111 年至公元 280 年的将近 400 年间，在中国早期航海和外贸史上一段辉煌的岁月里，偏偏没有秦汉时就非常著名的番禺的片语只字的记录。对于这一历史之谜，作者经过详细的考证认为，没有“番禺”的记载的原因是西汉

---

①杨万秀、钟卓安主编：《广州简史》，广州：广东人民出版社 1996 年，第 191-192 页。
②广东省澄海市人民政府侨务办公室、广东省澄海市政协文史资料委员会：《澄海文史资料》（第 17 辑），澄海市人民印刷厂 1998 年，第 174 页。

灭南越时番禺被火燹，汉政治中心西移和“封中”崛起，潇水—封水线成了当时南北交通的最佳选择。①

2000 年，湛江市政协编辑的《湛江文史》（第 19 辑）出版，其中，收录有关湛江的海上丝绸之路论文 6 篇。阮应祺的《海上丝绸之路沿线的湛江主港口》考察了不同时期，作为海上丝绸之路的湛江的主港口的变化，自汉代中期至清代后期湛江主港口从雷州半岛南端逐步向北择优选址迁移。在汉代海上丝绸之路的创始时期；其主港口在徐闻港，在唐宋这一海上丝绸之路的鼎盛时期，其主港口在雷州港；到明清这一海上丝绸之路的转变时期，其主港口在赤坎港。② 其他 5 篇分别是陈立新的《从海上丝路到海上瓷路》，邓开朝、吴凯的《丝路探秘五十年》和《徐闻汉代文物的发现和研究》，黄果心的《四洲之人以徐闻为咽喉》，吴凯的《明清代徐闻的会馆》。

2000 年，广东省博物馆编辑出版了《广东省博物馆开馆四十周年纪念文集 1995—1999 年》，收录论文 40 多篇。其中包括邓炳权的《广州与海上丝绸之路》和王贵忱、王大文的《从古代中外货币交流看广州海上丝绸之路》。③ 此二文前面已经有所介绍，不再重复。

第七节　广西壮族自治区的海上丝绸之路研究

21 世纪之前，广西壮族自治区的海上丝绸之路研究主要体现在广西沿

①陈乃良：《封中史话：岭南文化古都之盛衰》，广州：广东省地图出版社 1998 年，第 64-75 页。

②阮应祺：《海上丝绸之路沿线的湛江主港口》，中国人民政治协商会议湛江市委员会学习文史委员会编：《湛江文史》（第 19 辑），湛江：广东省湛江市人民印刷总厂 2000 年，第 143-152 页。

③广东省博物馆：《广东省博物馆开馆四十周年纪念文集 1995—1999 年》，广州：广东人民出版社 2000 年，第 145-144 页、第 155-162 页。

海港口城市的地方文史研究中。

1991 年，北海市政府为了介绍其沿海盛产南珠珍珠，黄家蕃等人写了《南珠春秋》一书。该书认为合浦是海上丝绸之路的起点："合浦与南海地区同步开发较早，固然有历史的政治的与自然地理的诸多因素，但更主要的是经济地理的某种优势。西汉时期，合浦地区（含雷州半岛，海南岛北部）的海外贸易，却比'岭南都会'番禺先走一步，被称为'南海海上丝绸之路'的起点。是因为合浦不但有'江海舟楫之便'的自然地理条件，还因为'多犀、象、玳瑁、珠玑、银、铜、果、布之凑'等特产。"①作者在这里只是介绍性的，并没有对它进行深入的探讨。

1996 年，北海市政协文史资料委员会出版了《北海文史》（第 9 辑），包括三个专题内容，其中第一个专题就是海上丝绸之路研究，收录研究北海与海上丝绸之路关系的论文 5 篇。唐嘉弘、张建华在《海上丝绸之路疏证》中从宏观的角度对海上丝绸之路进行了研究。作者认为"如果从合浦港——北海港的发展历史考察，秦汉以前，应该说大体上逐渐向原始港口行进；到了汉代，合浦港成为南海商贸和交通的中心之一；到了唐宋时期，仍然是一个经济与政治的中心。由于内河淤积和海岸自然变化，港口地址有逐步南移趋向，北海港日益显示其地位之重要，无疑将成为与南海各国的商贸大港。"接着作者考察了南海丝绸之路的具体线路及贸易情况，作者最后得出结论认为"海上丝绸之路从汉代开始，延续约二千年，并日益不断延伸与辐射，它和通过河西走廊向亚洲、非洲、欧洲通联的陆上丝绸之路，同样成为中国古代对外进行政治、经济、文化交流的大动脉，并成为黄河文明与长江文明的集中传播、摄纳的开放主义象征；体现了中国传统文化气势磅礴的宏阔胸怀、自强不息开拓进取的奋斗精神，给人类文明作出了重大贡献，为世界历史谱写了辉煌篇章。"②作者的论述高屋建瓴而又扎实有据，显得颇具说服力。王伟昭的《田野考古学所见汉代"海上丝绸

①黄家蕃、谈庆麟、张九皋：《南珠春秋》，南宁：广西人民出版社 1991 年，第 20 页。

②唐嘉弘、张建华：《海上丝绸之路疏证》，北海市政协文史资料委员会编：《北海文史》（第 9 辑），1996 年 4 月，第 3-16 页。

之路”》以考古发掘材料为基础，从考古学的角度论述了合浦港作为海上丝绸之路的始发港地位。曾祥文的《北海海交史一二事》认为北海应该容许“丝绸之路”“陶瓷之路”、甚至“茶叶之路”等各种提法、各种思路同时存在，并容许研究者从各自的思路出发进行研究，只有这样，北海海交史的研究才算全面。周家干的《汉代对外贸易的重要港口——合浦》通过对合浦港在历史上变迁的分析，认为合浦早在二千多年前便成为我国通往东南亚各国的重要港口，在历史上曾经起过重要的作用，但是经过千百年沧桑变化，合浦港由于泥沙淤塞，加上陆域的伸延，尤其是随着航海技术的提高、船舶吨位的增大以及陆路交通的发展，合浦港已经不再是航行东南亚各国的必经之路了。但是追溯合浦港的历史，对探讨和研究我国汉代与东南亚国家的交通贸易关系和我国的海防历史，都是有重要价值的。盛德叶的《地角岭古遗址发现记》通过对地角岭古遗址发现的介绍，为合浦的海上丝绸之路港口提供了考古证明。

1999 年，广西钦州市政协文史资料委员会出版了《钦州文史 第 6 辑 钦州得名 1400 年纪念专辑》。周中坚在《重建“海上丝绸之路”——钦州湾及钦州在中外交流史上的历史地位》中认为钦州是中国最早的海上丝绸之路始发地，“在中国一万多公里的大陆海岸线上，历史最早选择钦州湾（本文所用的是广义的钦州湾，其范围与当前常用的钦州湾地区相同，东起英罗港，西至北仑河口，包括广西沿海整个‘金三角’地区在内）作为通往海外的南大门，开辟了‘海上丝绸之路’。”作者还认为，钦州是中国古代对越贸易市场，是中国古代最大的一次海外移民（指 1679 年［康熙十八年］），明朝广东镇守龙门水陆等地方总兵杨彦迪率领部下和眷属 3 000 余人到越南避难）出发地。孙中山先生最先认识到钦州湾的价值。①

1999年，北海市政协文史资料委员会编辑出版了《北海文史》（第13辑），在《合浦、徐闻形成南海“海上丝绸之路”始发港的条件》中，专门讨论

①周中坚：《重建“海上丝绸之路”——钦州湾及钦州在中外交流史上的历史地位》，载广西钦州市政协文史资料委员会编：《钦州文史 第 6 辑 钦州得名 1400 年纪念专辑》，1999 年 4 月。

了徐闻、合浦成为始发港的条件，主要包括：从文献上来看，《汉书·地理志》的记载是“我国南海海上对外贸易的最早记录。”从交通和资源条件来看，“徐闻、合浦成为南海早期的外贸商港，是因为具备了交通、交通工具和资源这自然和经济的三大优势使之然。”[①]

第八节　该时期研究的主要特点及其动态

20 世纪 90 年代国内对海上丝绸之路研究是我国整个海上丝绸之路研究史中的一个重要时期，纵观这一时期的研究，我们可以发现主要有以下特点。

第一，海上丝绸之路的研究在这一时期取得了很大进步。这种进步主要表现在两方面：一是关于海上丝绸之路的学术会议在数量上的增加，在档次上的提高。特别是泉州和广州两市及其政府对海上丝绸之路研究的重视，推动了研究的深化。二是研究海上丝绸之路的沿海省市范围的扩大。从前面的叙述中可以看出，福建省和广东省的海上丝绸之路研究不但没有减弱，反而越来越受重视并深化，另外，其他沿海省市，如山东、浙江、澳门、广西等的海上丝绸之路研究也在加强。

第二，沿海各省市的研究很不平衡。从上面的述论中可以看出，福建和广东的海上丝绸之路研究仍然走在各省市的前面，它们的研究，无论是在深度、广度还是在影响力方面都远远超过其他沿海省市。相比之下，其他沿海省市在海上丝绸之路的研究方面都不如福建和广东，明显地显示出在海上丝绸之路研究方面的不平衡性。

这一时期海上丝绸之路研究的一些焦点问题是前一时期研究焦点的继续和扩大，它们主要包括海上丝绸之路的概念、海上丝绸之路的起始时间、

①北海市政协文史资料委员会编：《北海文史》（第 13 辑），1999 年，第 19-26 页。

海上丝绸之路的起点等，下面逐一述论。

在概念方面，很多学者仍然坚持“海上丝绸之路”这一提法。王连茂、丁毓玲在《福建海上丝绸之路研究的思考》中强调：“自上个世纪德国学者用‘丝绸之路’的概念来称呼公元前后由中国通往西域的著名商道以来，日本学者又于21世纪60年代提出‘海上丝绸之路’的名称以区分于陆上丝路。尽管有些学者更喜欢用各自不同的提法，如‘丝瓷之路’‘香料之路’‘陶瓷之路’‘香瓷之路’等，来命名中世纪东西方的海上交通。但‘海上丝绸之路’这一提法依然被学术界所普遍接受。尤其是1987年联合国教科文组织将‘丝绸之路研究项目’列入‘国际文化发展十年规划’，并发起规模空前的‘海上丝绸之路’综合考察活动，这一称呼越发变得时髦和无可替代。”[①]张难生、叶显恩在《海上丝绸之路与广州》一文中也认为“唐末以后，中国大量陶瓷经过这一海上商路源源不断地运往南海和印度洋沿岸各地，所以又有人称之为‘陶瓷之路’。到了清代雍乾时期，茶叶又取代丝、瓷成为主要输出商品，若称此商路为‘茶叶之路’亦未尝不可。总之，丝绸之路、陶瓷之路皆是商道的代称。”[②]陈达生在《中国海上丝绸之路研究的策略》中更进一步认为，“有的学者提议，应当以‘海上陶瓷香料之路研究’替代‘海上丝绸之路研究’，因为通过海路进行的国际贸易是以西来的香料和东去的陶瓷为主，并且在世界各地留下了丰富的遗物。从历史考古学的观点来看，这个意见是有道理的。但是，他们只是把这项研究单纯看成是对古代海外交通史或海上中外关系史的研究，却又是不全面的。今天所谓的‘海上丝绸之路研究’仅仅是借用已经被世界各国人民所认识并接受的、贯穿东西的陆上丝绸之路的名义，作为研究题目。联合国教科文组织于1987年把‘丝绸之路综合研究’正式列入‘联

①陈达生、王连茂：《海上丝绸之路研究（1）——海上丝绸之路与伊斯兰文化》，福州：福建教育出版社1997年，第206页。

②张难生、叶显恩：《海上丝绸之路与广州》，载广东省人民政府外事办公室、广东省社会科学院编：《广州与海上丝绸之路》，广州：广东省社会科学院出版1991年，第18页。

合国教科文组织国际文化发展十年规划’的重要组成部分，旨在推动东西方全方位的对话与交流，促进世界和平。联合国教科文组织对该项目的正式命名是‘丝绸之路—对话之路综合研究’，并在世界范围内开展了一系列的活动，受到各国政府、人民和学术界的欢迎和支持。所以，‘海上丝绸之路研究’实际上涉及人类通过海洋进行的种种国际性交往，其中包含交通、经济贸易、国家关系、政治、科学、文化、宗教、历史地理等方方面面，其领域之广泛、内容之丰富，无法一言以蔽之。”① 后来，陈达生在《福建省海上丝绸之路研究十年》中更加丰富了“海上丝绸之路”这一概念，他认为“‘海上丝绸之路研究’是借用已被普遍认同的、连接东西方的海上通道的名义作为研究题目。它涉及人类通过海洋进行的种种国际性交往，其中包含航海交通、经济贸易、国家关系、政治、科学、技术、文化、宗教、历史、地理、移民等方面，其领域十分广泛，内涵极为丰富，是一门跨学科综合性的研究”。②

邓端本认为“海上‘丝绸之路’主要是指通过南海、马六甲海峡，进而抵达印度洋、波斯湾、红海等地的海路。”③ 曾昭璇在《岭南史地与民俗》中说：“本文对我国‘海上丝绸之路’采用狭义的说法，即把‘海上丝绸之路’看成是我国通向西亚的贸易航道的统称。具体说，凡与东南亚、印度半岛（包斯里兰卡）、阿拉伯海沿岸地方的海路交通，都纳入‘海上丝绸之路’范围。因为这条海上贸易大道与‘陆上丝绸之路’性质相同，同为我国主要的外贸路线。”④

---

①陈达生：《中国海上丝绸之路研究的策略》，载潮汕历史文化研究中心、汕头大学潮汕文化研究中心编：《潮学研究》（第 3 辑），汕头：汕头大学出版社 1995 年，第 292 页。

②陈达生：《福建省海上丝绸之路研究十年》，载陈达生等主编《海上丝绸之路研究 2——中国与东南亚》，福州：福建教育出版社 1999 年，第 15 页。

③邓端本：《广州与海上“丝绸之路”的兴起与发展》，载广州市国家历史文化名城发展中心、广州历史文化名城研究会、广州古都学会编：《论广州与海上丝绸之路》，广州：中山大学出版社 1993 年，第 3 页。

④曾昭璇：《岭南史地与民俗》，广州：广东人民出版社 1994 年，第 47 页。

杨万秀则认为“海上丝绸之路主要是指从中国南方沿海地区出发，经过南海、马六甲海峡、印度洋、波斯湾、红海等海域，抵达东南亚、南亚、西亚、欧洲、非洲等地的海上贸易交通线，它开始于秦汉时期。”[①] 其后，他作了进一步的阐述，“海上丝绸之路在地理大发现以前，主要是指通过南海、马六甲海峡，进而抵达印度洋、波斯湾、红海等地的海上贸易路线。它最早的起点是广州。15世纪末16世纪初的‘地理大发现’，引起了航海事业的大发展，为欧洲资本主义进行海外殖民掠夺提供了方便。他们为加速原始资本积累，扩大商品流通，占领海外市场，而千方百计地企图开拓中国市场。因此，在明、清两代，广州形成了四通八达的海运航线，海上丝绸之路开始向全球扩展。明代，据洪武三年（公元1370年）设置泉州、宁波市舶司的规定：‘广州通占城、暹罗、西洋诸国’。嘉靖元年（公元1522年）又规定：‘广东船舶往诸番，出虎头门，始入大西洋分东西两路，东洋差近，西洋差远’。由广州启航，经澳门出海，形成了三条与世界许多国家交往的航线。第一条航线是广州至东南亚各国航线。这条航线从广州出发，经由七洲洋，占城附近海面南下，穿过加里曼丹西部的卡里马塔海峡，再沿爪哇海岸航行而至锦石，然后穿过泗水海峡至巴厘岛。东行经过龙目岛、松巴哇岛，东南折入松巴海峡，沿佛罗勒斯岛南面沿海航行，抵达帝汶岛。第二条航线是广州至欧洲航线。明以前，广州与欧洲的海上通商，多利用红海和波斯湾沿岸的海港，在贸易货物中，登流眉国（在今马来半岛）出产的沉水香‘气味馨郁，胜于诸蕃’。而海南岛沉水香的上品与登流眉的不相上下，其价格可同白金相比。广州是广南东路及其他一些地方食盐的主要集散地，盐市规模很大。食盐是政府专卖品。广州食盐集散办法主要有两种，一是由政府负责运输和售卖，称‘官办官卖’。转运司在产盐的广州东莞、新会两县从煮盐‘灶户’手中取得食盐后，向本路各州县（有时还包括邻近路州县）分发一定数量的食盐，各地政府将卖盐的收入用于本地财政；二是通商。宋朝印有一种买盐凭证‘盐钞’，当

①杨万秀：《广州简史》，广州：广东人民出版社1996年，第42-43页。

商人将政府需要的粮食及其他物品运至规定地点后，政府便发给盐钞，商人可持盐钞到广州领盐贩卖。当然商人也可以直接到广州向政府购盐贩卖，广州盐仓有专职管理人员，称‘都盐仓’。广州拥有岭南地区最大的米市。宋代广南东西路生产力水平还比较低，但因地广人稀，气候相宜，粮食自给有馀。广州聚集着众多长住居民和过往商客，又有便利的水陆交通，因此大批粮食从广州各属县，广南东路的其他州县和广南西路运至广州。这些粮食部分被广州本地消费，部分被转卖到别处。”①

黄顺力则认为，“除了由南海起航的主干线，有的学者认为当时还有由东海（今黄海）起航至朝鲜半岛和日本的海上丝绸之路，以及中国丝绸经越南和缅甸从海路传播到印尼、印度而且也是传播到欧洲的另一条途径。”②

在海上丝绸之路的起点方面，很多学者都认为海上丝绸之路的起点在广州。前面杨万秀在《广州简史》中也说得很明白，“它最早的起点是广州。”邓端本的《广州与海上“丝绸之路”的兴起与发展》也认为：“丝绸是我们祖先的伟大发明，我国的丝绸生产在相当长的历史时期内居于世界领先地位。由于丝绸的外传，形成了举世瞩目的‘丝绸之路’。‘丝绸之路’又分为陆上‘丝绸之路’和海上‘丝绸之路’。陆上‘丝绸之路’是指经过我国陇西高原、河西走廊和西域地区，进而抵达中亚、南亚、西亚和欧洲等地的交通线，它的起点是长安。海上‘丝绸之路’主要是指通过南海、马六甲海峡，进而抵达印度洋、波斯湾、红海等地的海路，它最早的起点是广州。”③黄启臣在《广州成为海上“丝绸之路”起点的地理经济条件》一文中也认为“广州是中国最早从海上对外贸易的南大门，是古代海上‘丝绸之路’最早的起点。……这与广州所处的地理经济环境的优异是分不开

①杨万秀：《广州简史》，广州：广东人民出版社 1994 年，第 191-192 页。
②黄顺力：《海洋迷思：中国海洋观的传统与变迁》，南昌：江西高校出版社 1999 年版。
③邓端本：《广州与海上“丝绸之路”的兴起与发展》，载广州市国家历史文化名城发展中心、广州历史文化名城研究会、广州古都学会编：《论广州与海上丝绸之路》，广州：中山大学出版社 1993 年，第 3 页。

的。”具体说来，第一，优异的地理环境，如它处于太平洋、印度洋、亚洲和澳洲之间海上航路的要冲；广州港口航道具有水位深、流量大、不淤浅的优良自然条件；广州地处西、北、东三江出海的汇合处；广州背负山险，使之得以成陆早和开发早；季风气候也是广州作为海上丝绸之路兴起的有利的自然条件。第二，广阔的经济腹地。首先，西、北、东三江入海水道形成的珠江三角洲，是广州海上“丝绸之路”的内层经济腹地。其次，西、北、东三江流域地区是广州海上“丝绸之路”的中层经济腹地。最后，珠江上游的云、贵、川、湘、赣等内地是广州海上“丝绸之路”的外层经济腹地。[①] 王长庆在《以广州为起点的海上“丝绸之路”航线》中认为“广州是南海海上‘丝绸之路’上最重要的港口城市，为我国海外交通和贸易的发展作出了重大贡献。”[②] 作者没有明确说广州就是海上丝绸之路的起点，但其倾向却很明显。曾昭璇认为：“古代‘海上丝绸之路’都是以广州为主要起点城市，其他沿海名城，实为‘海上丝绸之路’在国境以内的延长。”[③] 黄家蕃、莫根远、张九皋在《南海“海上丝绸之路”始发港徐闻、合浦的形成条件》中，认为“二港的形成不应始于汉武帝平南越国之后，而应在此之前”。但最后作者得出的结论是番禺是更重要的始发港。[④]

在海上丝绸之路的开辟和结束时间方面，曾昭璇认为，古代海上丝绸之路起源于先秦时代，结束于明代以前，即明初郑和航海以前。[⑤] 黄家蕃、莫根远、张九皋在《南海“海上丝绸之路”始发港徐闻、合浦的形成条件》

---

①黄启臣：《广州成为海上“丝绸之路”起点的地理经济条件》，载广州市国家历史文化名城发展中心、广州历史文化名城研究会、广州古都学会编：《论广州与海上丝绸之路》，第 30-36 页。

②王长庆：《以广州为起点的海上“丝绸之路”航线》，载广州市国家历史文化名城发展中心、广州历史文化名城研究会、广州古都学会编：《论广州与海上丝绸之路》，第 37 页。

③曾昭璇：《岭南史地与民俗》，广州：广东人民出版社 1994 年，第 47 页。

④黄家蕃、莫根远、张九皋：《南海“海上丝绸之路”始发港徐闻、合浦的形成条件》，载李建生、陈代光主编：《南海“海上丝绸之路”始发港——雷州城》，北京：海洋出版社 1995 年，第 16 页。

⑤曾昭璇：《岭南史地与民俗》，广州：广东人民出版社 1994 年，第 47 页。

中，通过对南海海上丝绸之路航线时程与沿线各国的考证，探讨了古徐闻、合浦的交通和资源条件，认为“二港的形成不应始于汉武帝平南越国之后，而应在此之前”。[①]阮应祺在《海上丝绸之路沿线的湛江主港口》中认为，“海上丝绸之路的开辟真正见于官方史书记载是在汉代。汉武帝元鼎六年（公元前111年）设郡县于南越，郡治所在番禺（今广州）亦其一都会也，……成为当时海外贸易的中心。岭南的海外交通和海外贸易迅速发展起来，海上丝绸之路由此而闻名于世。……史书记载这条海上丝绸之路所涉及的各个古地名虽经许多中外学者考证，还未能取得完全一致的意见，但对航行所经过国家与地区的认识却比较一致。这就是说，早在汉武帝时代，中国海船就从当时最南的郡县日南，或雷州半岛的徐闻、合浦出发，带了大批的黄金和丝织品（杂缯），经过今之越南、泰国、马来西亚、缅甸等地，远航到印度洋东海岸的黄支国，去换取珍珠、宝石等物产，然后，从斯里兰卡途经新加坡返航。这是中国丝绸作为商品外传到上述国家的最早记录。这条为丝绸贸易而开辟的海上航路，就是我们通常所说的海上丝绸之路。……1840年的鸦片战争，使中国进入了一个与前大不相同的时期，传统的古代海上丝绸之路历史也划上了句号。”[②]

---

①黄家蕃、莫根远、张九皋：《南海“海上丝绸之路”始发港徐闻、合浦的形成条件》，载李建生、陈代光主编：《南海“海上丝绸之路”始发港——雷州城》，第16页。

②阮应祺：《海上丝绸之路沿线的湛江主港口》，中国人民政治协商会议湛江市委员会学习文史委员会编：《湛江文史》（第19辑），湛江：广东省湛江市人民印刷总厂2000年9月，第152页。

第三章　21世纪以来的海上丝绸之路研究

进入21世纪以来，学术界特别是在中央及各省（区、市）政府的大力推动下，海上丝绸之路的研究更加深入。围绕这一主题展开的研究范围越来越广、内容越来越细，专著和论文的数量也越来越多。

第一节　21世纪以来关于海上丝绸之路的综合研究

进入21世纪后，我国的海上丝绸之路研究继续发展，不断深入。这一时期的研究与前面的研究并没有中断，也没有体现出明显的阶段特征，我们以时间顺序把它这样划分仅仅是为了叙述的方便。

2000年，朱玲玲在《文物与地理》一书中介绍海上丝绸之路，作者认为，“中国古代海上交通开辟较早，作为丝绸外运通道早在秦汉已开始。具体航线有两条：一条是通过东海（今黄海）向外输出，另一条经南海外传。”① 安京在《海疆开发史话》中认为，“唐代是我国海外贸易大发展的时期，形成了东西洋之间的海上丝绸之路。海外贸易能够带来丰厚的利润，不断充实国库，这就为朝廷提出了一个问题，即如何对海外贸易进行管理。著

①朱玲玲：《文物与地理》，北京：东方出版社2000年，第168页。

名学者韩愈建议说，若向岭南地区委派一个好的官吏，对海外贸易进行管理，那么海外的宝货就会源源不断地进入中国，珍珠、香料、象牙、犀角、玳瑁等将充斥中国市场。为了增加中央财政的收入，唐王朝决定在广州委派管理进出口贸易的官吏——市舶使。”[①] 显然，作者在这里是为了讨论市舶使，对海上丝绸之路的叙述缺乏谨慎的思考。秦天、霍小勇在《中华海权史论》中从海权发展的历程和角度叙述了古代中国海上丝绸之路的兴起。[②] 耿昇在《从法国安菲特利特号船远航中国看17—18世纪的海上丝绸之路》考察了在法国于17—18世纪兴起的“中国热”过程中，以希腊海洋女神命名的法国船舶安菲特利特号（L’Amphitirte，海神号）两次远航中国起的重要作用。安菲特利特号或海神号肯定是现在所知的第一艘在中国海岸停泊过的法国大船。自从耶稣会的教祖方洛各·沙勿略于1522年死于广东上川岛，巴黎外方传教会于1660年创建和路易十四于1685年派遣6名“国王的数学家”耶稣会士赴华（其中有5位于1687年莅华），于1688年创建了法国北京传教区以来，法国便在华开展了大量的文化和宗教活动。安菲特利特号船两航中国，既是法国长期在华活动的结果和形成的一次高潮，又为法国后来在华活动开辟了道路，特别是促进了海上丝绸之路的发展。作者利用原始文献对该船远航中国的动机、过程与结果进行了比较深入的研究。[③]

2001年10月29日—11月2日，由中国对外关系史学会、云南省社会科学院、广东省社会科学院、中国社会科学院边疆史地研究中心、云南大学西南边疆少数民族研究中心、云南省社会科学院主办的“西南、西北、海上丝绸之路比较研究学术讨论会”在昆明举行，来自中国大陆、中国台湾地区、香港地区、澳门地区，美国及葡萄牙的130多位专家、学者参加了这次会议，收到论文41篇。会上学者们分别就3条丝绸之路进行了深

①安京：《海疆开发史话》，北京：中国大百科全书出版社2000年，第40页。
②秦天、霍小勇：《中华海权史论》，北京：国防大学出版社2000年，第45-50页。
③耿昇：《从法国安菲特利特号船远航中国看17—18世纪的海上丝绸之路》，载阎纯德主编：《汉学研究》（第4集），北京：中华书局2000年，第321-345页。

入讨论。关于西南丝绸之路，具体阐述了公元前4世纪中国丝绸经该路传入印度的情况，分别研究了唐宋以至现代南方陆上丝绸之路的道路、交通、商贸及中国与东南亚关系的发展历史。西北丝绸之路的研究更多地结合语言学、考古学、宗教学、民族学等多学科展开。海上丝绸之路，学者们阐述了丝绸之路与传统海疆的形成，分析了海上丝绸之路兴起的原因，对北方海上丝绸之路及中朝、中韩、中日关系进行了分析研究。会议通过对各条丝绸之路及三条丝绸之路的比较，对丝绸之路的概念、研究方法、研究状况及未来等问题进行了探讨。

与会者充分肯定了丝绸之路在沟通中外经济联系、加强文化交流等方面的重要意义。海上丝绸之路方面，有学者阐述了丝绸之路与传统海疆的形成，分析了海上丝绸之路兴起的原因。海上丝路的断代研究主要涉及宋代和明清时期。有学者对宋朝市舶之利、海外贸易中白银流向的转变、广泉二州的地位进行了探讨。明清时期的研究成果最为集中，有关学者发掘、利用前人较少触及的私人文集、清代档案、葡文史料，在全球贸易和明清历史发展的广阔视野中，深入细致地审视明清时期的对外贸易及对外关系的历史性转变，对澳门在这一转变过程中扮演的特殊角色及影响进行了深入探讨。还有学者对北方海上丝绸之路及中朝、中韩、中日关系进行了分析研究。

这次会议，海内外学者聚集一堂，总结历史、面向未来、发掘新材料、应用新方法、拓展新视野、展示新成果，是一次历史与现实紧密结合、多学科长时段综合研究与专题研究并举的学术盛会。这次会议不仅对推动海上丝绸之路研究，而且对于推动整个丝绸之路研究都有重要意义。①

钱平桃、陈显泗主编的《东南亚历史舞台上的华人与华侨》中比较详细地介绍了华人与东南亚的交往与活动。②2001年11月，吴玉贵出版了《中

①王文成：《“西南、西北、海上丝绸之路比较研究学术讨论会”综述》，《云南社会科学》2002年第1期。

②钱平桃、陈显泗：《东南亚历史舞台上的华人与华侨》，太原：山西教育出版社2001年，第48-76页。

国风俗通史·隋唐五代卷》，探讨了海上丝绸之路的行旅方式（包括水上通道及设施、行旅法规及礼俗、出行工具等）和行旅风俗，从行旅习俗的角度对海上丝绸之路进行了研究，显得角度颇为新颖。[①]同样角度比较新颖的是金秋的《古丝绸之路乐舞文化交流史》，作者考察了丝绸之路上的乐舞文化交流，在第六章和第七章中，探讨的是中国与日本和朝鲜在从远古到明清时期的海上丝绸之路中的乐舞交流。[②]虽然在这里作者只讨论了中国通向朝鲜和日本的海上丝绸之路的交流情况，没有涉及南方海上丝绸之路的交流，但作者在新的领域对海上丝绸之路展开研究却具有重要意义，难怪有学者感慨："研究丝绸之路的中外学者论著颇丰，而研究丝绸之路乐舞的人却为凤毛麟角，因之这本书是填补了一个学术研究领域的空白，也可以说是开辟了一个乐舞研究的新领域，这是一项创新的工作。"[③]这个评价一点也不过分。

2001年，哈艳秋、鄢晨的《略论古"丝绸之路"的华夏文明传播》文中，作者从传播学的角度，从媒介分析、控制分析、内容分析、效果分析四个方面对丝绸之路上的华夏文明传播进行了分析。作者认为，从媒介分析方面看，丝绸之路本身作为一种高度具体化的技术手段，是华夏文明传播实现的现实途径和渠道，丝绸之路被认同并投入使用的最初动因是人们需要利用它进行物物交换，然而同时信息的传播也随着物质的交换在相同的时空产生，在这一过程中，我们还可以看到信息遵循了一种自高级文明部落向次高级文明部落流动的秩序。从控制分析方面来看，在漫长的历史长河中，丝绸之路上的商贾、使节、僧侣以及屯田戍边的官兵等各方人士，都做出了不同程度的贡献。从内容方面来看，通过丝绸之路，文明的传播经历了很多种形式，如实物的形式，如陶瓷、丝绸、漆器等器物；还有关于技术的传播，如造纸术、火药、印刷术、冶炼技术等，还有随着书籍的

---

①陈高华、徐吉军主编，吴玉贵：《中国风俗通史·隋唐五代卷》，上海：上海文艺出版社2001年，第246-310页。

②金秋：《古丝绸之路乐舞文化交流史》，上海：上海音乐出版社2002年，第202-291页。

③金秋：《古丝绸之路乐舞文化交流史》，上海：上海音乐出版社2002年，序。

传播而名扬海外的以儒家思想为主的中国传统文化，通过这些传播，华夏文明沿着丝绸之路不停地向着相对陌生的区域延伸。从效果方面来看，“丝绸之路”的开通，使中国与中亚、西亚、南亚的原有道路得以衔接起来，中国与上述地区的文化交流达到了空前规模。千百年来，中华民族以自己博大的胸怀，将自己数千年创造的文明贡献给了各国人民。频繁的交流、融合，丰富了各个国家的物质文化生活，促进了人类文明的发展。[①] 从文化传播学的角度，对丝绸之路进行重新认识，让人耳目一新。后来，作者又在《略论“海上丝绸之路”的中外文化传播与交流》中以同样的角度和方法对海上丝绸之路进行了研究，阐述了经由海上丝绸之路而发生的中外文化传播与交流以及研究海上丝绸之路中外文化传播与交流的意义。[②] 在这两篇论文中，作者所使用的材料并没有什么新颖独到之处，但作者所观察的角度是以前著述没有出现过的，因此，它显得特别有新意和有意义，这对于启迪我们对海上丝绸之路的研究具有重要意义。这两篇论文后来被收录到《中国新闻传播史研究：中国新闻传播史教学参考资料》一书中。[③]

2002年，陈炎的论文集《海上丝绸之路与中外文化交流》第二版出版。该书出版第二版的原因是“由于本书第一次出版只印3 000册，很快售完，许多热心读者纷纷来信，希望能再版以满足他们的要求。”[④] 由此可见该论文集在学术界的影响。前面对它有所叙述，这里不再重复。

2003年，张炜、方坤在《中国海疆通史》中从海疆开发的角度叙述了汉武帝巡海与汉代的海上丝绸之路的开辟。[⑤]

2004年，王介南在《中外文化交流史》中系统地研究了从西汉到明清

①哈艳秋、鄢晨：《略论古“丝绸之路”的华夏文明传播》，《国际新闻界》2001年第5期。
②哈艳秋、蓝红宇：《略论“海上丝绸之路”的中外文化传播与交流》，载《新闻春秋：第三届世界华文传媒与华夏文明传播国际学术研讨会论文集》，厦门：厦门大学出版社2004年，第3-8页。
③哈艳秋：《中国新闻传播史研究：中国新闻传播史教学参考资料》，北京：中国广播电视出版社2005年，第339-359页。
④陈炎：《海上丝绸之路与中外文化交流》，北京：北京大学出版社2002年，第470页。
⑤张炜、方坤主编：《中国海疆通史》，郑州：中州古籍出版社2003，第71-74页。

时期的海上丝绸之路与海外文化的交流。[①] 韩胜宝在《郑和之路》中介绍了台湾中华战略研究会秘书长谢台喜的观点。谢台喜认为郑和下西洋是明朝承袭了元朝的大陆性战略的体现，也颇受宋朝的南向战略的影响。其动机除了宣传明朝国威、缔结邦交、开拓海上贸易、促进文化交流，还在军事上开辟了海上丝绸之路战略航线，企图以海上的远征军，突破困境应变制敌。这是谢台喜对郑和下两洋战略问题的评说。

谢台喜考证，永乐时代国防战略思想及行动与朱元璋时代有极大的差别，朱棣对周边地区，无论西北或东南，都由守势战略改为攻势战略。郑和下西洋本为外交行动，属大战略的范围，包含外交、经贸、军事在内。所以，郑和下西洋应系一种攻势战略行动，与洪武时代的守势战略仅重海防完全相反。明成祖为何要派郑和下西洋，这是一个非常值得深入研究的战略问题。根据《明史》记载，明成祖的动机是“疑惠帝亡海外，欲踪迹之，且欲耀兵海外，示中国富强”。若果真如此，则未免小题大做，所以必然有更深入的战略考虑，否则不可能如此兴师动众。从战略观点看，这是一种“间接路线”，既有原始战略目的，也有长远战略目标。郑和打开海上丝绸之路战略通道，其战略意义是极其深远的。最后，谢台喜认为，郑和是世界上最早越洋跨洲航海舰队的指挥官，其在航海史上的贡献，可说古今第一人，不仅将中国航海及海外交通史推上了制高点，而且其成就惊动了全世界，在战略上大大地催化了西方航海冒险家的到来。郑和船队开辟的这条海上丝绸之路，不仅为亚太地区的经济发展与繁荣稳定带来极大的贡献，同时也是一条在战略上重要无比的战略航线，自古至今，各国都极为重视。[②] 这是对郑和下西洋的一种全新阐释。

同年，曲金良主编的《中国海洋文化研究》（第4—5合卷）出版，书中收录论文56篇。陈炎在《宁波“海上丝绸之路”文化遗存初探》中

①王介南：《中外文化交流史》，上海：书海出版社2004年版。
②韩胜宝：《郑和之路》，上海：上海科学技术文献出版社2005年，第119-120页。

探讨了宁波海上丝绸之路中的文化遗存。[①] 郑向敏、吴建华的《海上丝绸之路与饮食文化传播》探讨了海上丝绸之路与中外饮食文化的传播与交流。[②] 郑一钧、蒋铁民在《郑和下西洋时期伊斯兰文化的传播对海上丝绸之路的贡献》中讨论了郑和下西洋时期，伊斯兰文化的传播对海上丝绸之路的贡献。作者认为，郑和下西洋，使海上丝绸之路空前繁荣，进入发展的鼎盛时期；郑和下西洋还多次访问了亚洲沿海几乎所有的伊斯兰国家，因此，当时海上丝绸之路能获得较大的发展，与郑和航海有着非常密切的关系。[③]

2006年，李庆新的《海上丝绸之路》出版，该书从世界史角度详尽介绍了海上丝绸之路的发端和拓展的历史篇章，展示各国人民对海上丝绸之路发展的贡献，涵盖亚洲、欧洲、非洲、美洲和大洋洲等国航海史、海洋贸易史、港口史、造船史、移民史、国际关系史、宗教文化交流史等诸多内容，在结构上和观点上都有独到之处。[④]

2007年，王铭铭出版了《西方作为追他者：论中国“西方学”的谱系与意义》，这是一本“历史中的观念旅行”，它以神话与历史合一的西王母世界为出发点，进入秦汉帝国的“西域”与“东方”，再从东汉之后的印度佛国，进入高僧的理想世界，最后，从唐以后的“南海”及无以盾的“西洋”，到宋元以后，又随着海上丝绸之路的兴起与异域志的发达，渐渐出现“西洋”的概念，进入近代化的历史。通过这段“旅行”，作者所要呈现的，是一幅壮丽的文化图景——古代中国的世界视野。该书针对种种虚伪的“尊重他者”的“方法”，对社会科学研究中的西方中心主义倾向展开了严厉批判。该著作虽然是一部社会学著作，但在论及海上丝绸之路时，

①陈炎：《宁波“海上丝绸之路”文化遗存初探》，载曲金良主编：《中国海洋文化研究》（第4—5合卷），北京：海洋出版社2004年，第108-115页。
②郑向敏、吴建华：《海上丝绸之路与饮食文化传播》，载曲金良主编：《中国海洋文化研究》（第4—5合卷），北京：海洋出版社2004年，第161-165页。
③郑一钧、蒋铁民：《郑和下西洋时期伊斯兰文化的传播对海上丝绸之路的贡献》，载吴海鹰主编：《郑和与回族伊斯兰文化》，银川：宁夏人民出版社2005年，第3-8页。
④李庆新：《海上丝绸之路》，北京：五洲传播出版社2006年版。

把它与整个古代中国对“西方”的认识轨迹加以联系，颇具新意。①

2007年，黄顺力在1999年版的《海洋迷思：中国海洋观的传统与变迁》的基础上，再版了该书，分上、中、下三册出版，该著作虽不是专门研究海上丝绸之路的著作，但它涉及海上丝绸之路的内容却不少。②

2009年，吴伟峰、谢日万、范国君主编的《海上丝绸之路遗珍：越南出水陶瓷》一书出版。该书汇集了从通往东南亚、西亚、东非、欧洲的海上丝绸必经之路越南海域打捞沉船出水陶瓷器，包括在越南头顿、建江、占岛、金瓯、平顺等地已打捞的5艘沉船，仅头顿沉船出水中国清代康熙陶瓷就达6万多件套，金瓯沉船出水雍正陶瓷5万多件。出水陶瓷产地既有中国明清时期江西景德镇、福建等地区的青花瓷和蓝釉、白釉、酱釉、彩釉陶瓷器，也有15世纪越南海阳省朱豆窑、升龙窑、基窑、么老窑青花瓷、描金彩绘等陶瓷器，以及泰国宋加洛窑青瓷产品。该著作是关于海上丝绸之路水下考古的重要成果。③

2010年，张一平在《古代海上丝绸之路对南海区域的影响》中认为，学界对海上丝绸之路的重要作用虽然研究很多，但多集中于它对东西方交流的影响，因此作者主要探讨海上丝绸之路对南海区域（主要指南海海域及其周边国家和地区）的影响和作用。作者认为，这一区域至迟自汉代起，就形成了内部的联系性和统一性，海上丝绸之路对此产生了十分重要的作用。具体表现在：第一，加强了南海区域的贸易往来；第二，推动了南海区域的文化交流；第三，促进了南海区域的民族迁徙；第四，提升了南海区域的国际地位。总之，古代形成的海上丝绸之路，就像一条金色的纽带，把南海区域各民族紧密联系在一起，带动着南海区域各民族经济、政治、文化的交流和发展，维系着南海区域人民的共同利益和共同愿景，是区域

①王铭铭：《西方作为他者：论中国“西方学”的谱系与意义》，北京/西安：世界图书出版公司2007年，第101-114页。

②黄顺力：《海洋迷思：中国海洋观的传统与变迁》（上、中、下），南昌：江西高校出版社2007年版。

③吴伟峰、谢日万、范国君主编：《海上丝绸之路遗珍：越南出水陶瓷》，北京：科学出版社2009年版。

性经济社会发展的良好物质基础和不可缺少的历史渊源。[①]

2012年，周长山在《日本学界的南方海上丝绸之路研究》一文中，介绍了日本学术界对南方海上丝绸之路的研究情况，认为日本学界向来关注海上航线、海洋贸易等领域的研究，对南方海上丝绸之路，日本学界已由早期的人物研究、航线测定等进而深入至对文化交流、文明碰撞、网络形成等问题的探讨，关注人群也由学术界扩大至整个社会，海上丝绸之路热潮至今未消。[②]同年，戚畅的硕士学位论文《海禁与朝贡：明朝官方海外贸易研究（1368—1567）》对明代的官方海外贸易进行了研究。[③]作者认为，相较于历代，明代的朝贡关系以贸易为常态，极为特殊。为打击私人贸易，明朝建立伊始就厉行海禁，中外贸易失去了正常通道；为实现政府对海外贸易的控制，明廷又大力发展官方的朝贡贸易，由市舶司统一收购使团附载货物，以垄断朝贡贸易的利润。明代朝贡贸易和海禁的结合形成了明朝特殊的官方贸易垄断制度——朝贡贸易体制。该论文从明代朝贡贸易形式、明代市舶司制度和明代海禁制度及违禁物品管制三个方面进行分析，指出明朝实施海禁和朝贡贸易很大程度上是为了实现官方对海外贸易的垄断并意图从中获利。在对明代朝贡贸易和海禁这两种制度的分析基础之上，该文将1368—1567年明代朝贡贸易的发展划分为三个相互联系的阶段，并试图以香料贸易为线索，围绕着三佛齐事件、郑和下西洋以及琉球的海上中转贸易，论证明政府推进官方贸易的意图。明代特殊的官方贸易制度始建于洪武年间（1368—1398年），政府主要通过颁布海禁防止中国商民下海互市，以此保护官方朝贡贸易市场。永乐（1403—1424年）至宣德（1426—1435年）明政府主要通过大规模的远洋活动扩大朝贡贸易的范围，取得大量海外物品。明代官营贸易至此达到鼎盛，并形成了一套特殊的折俸制度。宣德后，明朝国力渐衰，海外国家入贡减少，这一时期的朝贡贸易主要依

①张一平：《古代海上丝绸之路对南海区域的影响》，《新东方》2010年第3期。
②周长山：《日本学界的南方海上丝绸之路研究》，《海交史研究》2012年第2期。
③戚畅：《海禁与朝贡：明朝官方海外贸易研究（1368—1567）》，硕士学位论文，暨南大学，2012年。

靠琉球的海上中转贸易维系。至隆庆（1567—1572年）开海以后，维持了近200年的明代朝贡贸易体制结束。

第二节 山东省的海上丝绸之路研究

进入21世纪以来，山东省的海上丝绸之路研究也取得了一定的进展。2004年8月21—22日，在山东蓬莱市举行了“登州港与中韩交流国际学术讨论会”。来自中国和韩国以及澳大利亚的50余名专家参加了这次学术讨论会，共收到论文42篇。这些论文多从新的视角、新的材料等方面，有的对登州港以及山东半岛在中韩交流史中的地位和作用作了深入的考察和研究，有的对中韩关系史的其他问题进行了细致的分析，进一步丰富了中韩交流史的研究内涵。会后，由陈尚胜主编的《登州港与中韩交流国际学术讨论会论文集》于2005年出版，文集收录与会论文34篇。朱龙、董韶华在《登州港与东方海上丝绸之路》中，首先叙述了登州港从公元707年兴起到1913年失去港口作用的长达1 206年的历史，然后分析了登州港对东方海上丝绸之路的贡献：第一，登州港是中国古代与朝、日政治邦交的纽带；第二，登州港是中国古代文化对外传播交流的北方门户；第三，登州港是中国古代对外贸易往来的口岸。作者认为在当今研究举世瞩目的海上丝绸之路和蓬莱当地正在恢复明代水城原貌之际，探索一下登州港在东方海上丝绸之路和中外海交史上的作用，借以弘扬蓬莱的区域优势及其向世界开放的优良传统，具有深远的现实意义。另外，研究登州港的海港沿革，鉴古知今，对研究蓬莱的港口文化亦有重大的现实意义。①

①朱龙、董韶华：《登州港与东方海上丝绸之路》，载陈尚胜主编：《登州港与中韩交流国际学术讨论会论文集》，济南：山东大学出版社2005年，第207-223页。此文曾发表于《中国海洋大学学报》2004年第4期，后收入此论文集。

2005年，李政、曾坚发表了《胶东传统民居与海上丝绸之路——文化生态学视野下的沿海聚落文化生成机理研究》一文。作者认为，历史上胶东地区是重要的海上贸易中心和交通枢纽，本地自然人文环境的制约与外来文化的熏陶成就了胶东民居南北融合的地域特色。作者运用文化生态学原理通过对胶东传统民居聚落形式与形态的实地考察，从微观角度入手，扩展到对人们的传统观念、习俗、生活方式以及社会经济、宗教等地域文化圈的宏观层次的分析和研究。从文化生态学视野来看，胶东传统民居形式的生成机理在于胶东独特的地理位置和历史变迁。从聚落生态学角度分析传统民居聚落的形成一般经历三个阶段：择地、适应和变异，择地是聚落形成的初始过程。从历史环境角度分析，胶东传统民居建筑以北方民居文化为基础在不断适应当地自然环境的过程中形成了一个比较完善的动态的聚落系统。在这个系统的发展过程中，“水运交通枢纽”和“海上贸易中心”的地位带来了大量的人口流动与文化交流，正是这条海上丝绸之路造就了胶东成为多种文化的交汇点并成为促使其本土文化不断发生“变异”的主要因素。从文化生态学的视野看，胶东民居文化系统包括三个层次的内容：从自然地理层次来看，它有着历史悠久的海上交通活动；从社会功能层次来看，它是海上丝绸之路的北线起点；从文化意识层次来看，它具有鲜明的“海洋文化”特征。①

2006年，青岛市政协文史资料委员会编辑出版了《青岛文史资料》（第15辑），王铎经过多年来对马濠运河的探索、考察、发现和研究，在《马濠运河是古代中国海上丝绸之路的“东方走廊”》中得出结论：马濠运河是古代中国海上丝绸之路的“东方走廊”，是一个见证了中国数千年历史的伟大军事工程，同时它又是古代中国的一条连接欧亚大陆、通往渤海、黄海、东海、南海、日本海、太平洋和印度洋的“黄金水道”。这项工程

①李政、曾坚：《胶东传统民居与海上丝绸之路——文化生态学视野下的沿海聚落文化生成机理研究》，《建筑师》2005年第3期。

自春秋时代开始开凿，后经元明两代的规模扩建，一直使用了两千多年。①

2007年，刘凤鸣出版了《山东半岛与东方海上丝绸之路》一书，该书在大量史料基础之上，系统地对山东半岛在不同历史时期中韩日三国贸易活动和友好交往中的重要地位作了论证说明，填补了“东方海上丝绸之路”研究（特别是山东省的海上丝绸之路研究）的空白。②我国著名丝绸之路研究专家耿昇认为，该书“对山东半岛不同历史时期中朝日三国的经贸、文化交流和友好往来，作了扎实、深入的探讨，它是一部有很高学术价值的力作”（第6页）。联合国丝绸之路区域项目技术总顾问侯伟泰博也在《前言》中对该书大加赞赏，说“它不仅谱写了该研究领域的新篇章，而且还提示了丝绸之路这一恒久模式在开展国际贸易、促进和平共存以及文化交流中的新象”（第11页）。耿昇认为该著作的特点、新点和突破点体现在以下几个方面：第一，作者立意鲜明地论述山东半岛与东方海上丝绸之路，在时代上可谓源远流长。作者以历史为经，从“东方海上丝绸之路”的角度着眼，全面论述了中朝日之间2 000多年的政治、经贸和文化交流的历史。这是国内外学术界过去的弱点，也是本书的重点，当然会形成一大亮点；第二，内容广泛、丰富而又扎实。作者以山东半岛的对外物质与非物质交流为纬。既覆盖多方位，又层次清晰，始终围绕“东方海上丝绸之路”的线条，将许多看起来杂乱无章的内容梳理得井井有条；第三，作者在作全面阐述的同时，也时刻不忘重点考证。全书有关山东半岛新罗人的阐述，着笔甚浓；第四，全书能文史结合。史学家在论述丝绸之路时，往往是重史轻文，对于文学资料运用甚为吝惜。该书在这方面作了不少成功的尝试；第五，典籍史料与考古文物结合，互相印证，也是该书的特色之一。特别是作者使用了某些有关沉船和瓷器的考古文物资料，从而为该书增色不少。

①王铎：《马濠运河是古代中国海上丝绸之路的“东方走廊”》，载青岛市政协文史资料委员会编：《青岛文史资料》（第15辑），青岛：中国海洋大学出版社2006年，第251-260页。

②刘凤鸣：《山东半岛与东方海上丝绸之路》，北京：人民出版社2007年版。

该著作出版后，在学术界获得了很好的评价，如王纪孔认为它是"'东方海上丝绸之路'研究的破题之作"。[①] 韩国学者金德洙先生从韩中贸易和友好的角度加以推崇。[②] 晁中辰认为该作的成功之处在于，第一，拓宽了中外关系史的现有研究领域；第二，梳理了历代纷然杂陈的以山东半岛为核心的中朝日三国关系史料；第三，史论结合，得出了诸多令学术界叹服的论断。[③] 李世惠则认为，第一，该书首开（山东半岛海上丝绸之路研究）先河，结论雄辩；第二，史料浩繁，中外互参；第三，以文证史，文物结合。李世惠还认为该书填补和加强了以往海上丝路研究中的空白与薄弱环节，首次对山东半岛与"海上丝路"作了全方位的系统研究，是迄今为止该研究领域的第一部专著，具有开创引领的意义。[④] 曹艳英从区域旅游文化研究的角度对之作了评价，认为它为发展山东半岛与东方海上丝绸之路的旅游文化提供了重要的历史资料，对探讨山东半岛与朝日乃至更大范围的旅游合作也将产生积极的影响。[⑤]

2007 年，朱亚非出版了《古代山东与海外交往史》一书，作者详细地探讨了从远古到明清时期山东的海外交往历史。[⑥]

2008 年 10 月 11—12 日，由联合国泛丝绸之路项目组、中国中外关系史学会、山东师范大学齐鲁文化研究中心、鲁东大学东方海上丝路研究所、蓬莱市人民政府五家联合主办，在山东蓬莱召开了"登州与海上丝绸之路国际学术研讨会"。来自中外代表近 60 余人出席了大会，大会提交论文 50 余篇。这次会议围绕古登州与海上丝绸之路、山东半岛与海上丝绸之路、

①王纪孔：《"东方海上丝绸之路"研究的破题之作——〈山东半岛与东方海上丝绸之路〉评介》，《中国社会经济史研究》2008 年第 2 期。

②金德洙：《韩中贸易往来和世代友好的历史见证——读刘凤鸣先生的〈山东半岛与东方海上丝绸之路〉》，《当代韩国》2008 年冬季号。

③晁中辰：《〈山东半岛与东方海上丝绸之路〉读后》，《东方论坛》2009 年第 1 期。

④李世惠：《"一部有很高学术价值的力作"——〈山东半岛与东方海上丝绸之路〉评介》，《山东工商学院学报》2008 年第 2 期。

⑤曹艳英：《谈〈山东半岛与东方海上丝绸之路〉一书的旅游文化价值》，《中州学刊》2008 年第 3 期。

⑥朱亚非：《古代山东与海外交往史》，青岛：中国海洋大学出版社 2007 年版。

山东半岛在中韩日关系史中的作用与地位等方面，展开了广泛而深入的研讨。2009年，由耿昇、刘凤鸣、张守禄主编的《登州与海上丝绸之路》论文集出版，收入与会论文等文章50余篇，该论文集共分为三部分：第一部分主要阐述了研讨会的主旨、意义及会议取得的成果及其影响。第二部分是与会代表的学术论文，内容分为“登州与海上丝绸之路”“山东半岛与海上丝绸之路”“泛海上丝绸之路”和“中韩、中日关系”四个单元，这些论文展示了登州与山东半岛悠久丰厚的历史文化底蕴，彰显出登州在中韩、中日漫长交往中的重要地位，反映了海上丝绸之路及中韩、中日关系史等方面研究的最新成果与动态，填补和加强了以往研究的空白与薄弱环节，具有很高的学术价值。第三部分是烟台日报记者撰写的会议综合评述，此评述被新华网、中国网、凤凰卫视网、中国经济网、中国国学网等许多全国性的知名网站转载，使本次国际学术研讨会在社会引起较大反响。

第二部分中四个单元的具体内容如下：第一单元“登州与海上丝绸之路”包括万明的《明代登州与海洋文明——城市空间的解读》，上田雄的《登州曾是隋唐的一个门户——开元寺所连接的历史的一环》，祁山的《登州在唐与新罗关系中的重要地位》，谢贵安的《〈明实录〉所见登州的对外往来》，李世惠、于清才的《蓬莱，“东方海上丝绸之路”的起航地》，曹承杰的《论唐代登州港的历史作用》，刘正的《〈登州府志〉的版本学研究》，李英魁的《海上丝绸之路（中国段）研究——兼谈登州的历史地位及其文化遗存的价值》，陈长文的《登州与明末中朝海上丝路的复航——以朝鲜贡使安璥〈驾海朝天录〉为文本》，蔡玉臻的《登州古港早期的港航活动》，袁晓春的《海上丝绸之路蓬莱史迹初探》，周霞的《元朝时期登州与高丽的海上交通》，刘晓东的《高丽外交家、文学家郑梦周的登州诗赏析》。第二单元“山东半岛与海上丝绸之路”包括林基中的《17世纪〈航海朝天图〉的形成与山东半岛》，王子今的《论杨仆击朝鲜楼船军“从齐浮渤海”及相关问题》，耿昇的《从英国传教士韦廉臣夫人的游记看19世纪下半叶的烟台与山东半岛》，金德洙的《张保皋与“东方海上丝绸之路”》，阿南史代的《圆仁法师在山东的足迹》，晁中辰的《海上丝路与旅韩华侨华人》，谢俊美的《高丽义天大师经山东密州来华弘法》，松浦章的《清末山东半岛与朝鲜半岛的经济交流》，朴现圭的《胶东半岛高丽戍考》，刘丹忱、刘明翰的《略论山东半岛与东方海上丝绸及“中学东渐”之路》，朱亚非的《论宋元时期山东半岛的对外交往》，曲金良的《从田横信仰圈看山东半岛与朝鲜半岛的海上交流》，连心豪的《清末民初龙口开埠设关论略》，曹艳英、李振兴的《关于胶东半岛打造“东方海上丝绸之路”旅游品牌的构想》，李文渭的《古代山东半岛航海发展之我见》，任晓礼的《从韩国炸酱面看山东半岛与朝鲜半岛的饮食文化交流》，王巨新的《清前期山东与中西关系》。第三单元“泛海上丝绸之路”包括成洛俊、金炳堇的《韩中古船舶货物装载方法比较研究》，曹永禄的《东亚海洋佛教故事与法华信仰》，时平的《关于徐福出海船舶的探讨》，李庆新的《海上丝绸之路研究的几个问题》，杨古城的《明代中日僧使外交与海上丝绸之路》，曲玉维的《徐福：中国海上丝绸之路的开启者》，陆芸的《试析海上丝绸之路在宗教文化传播中的作用》，王纪礼的《海上丝绸之路研究的经济学思考》。第四单元“中韩、中日关系”包括贺圣达的《东亚文化圈和东亚价值观的历史考察——以中日韩（朝）为主体的历史分析》、戴建兵的《浅议中国与朝鲜的货币文化交流》、邹振环的《毕拱辰及其译校的汉文西书》、徐作生的《唐新联合军百济王都泗沘城攻略校注》、田卫疆的《释慧超〈往五天竺国传〉里“西胡”习俗的记载》、王心喜的《五代吴越国与日本交往通论》、古永继的《明初的中日关系与寓滇日僧》、郑洁西的《万历朝鲜之役明军中的外国兵》、朱龙的《文化苦旅——对近代来登州传教士狄考文的理性思考》。

第三节　浙江省的海上丝绸之路研究

浙江省沿海港口是我国重要的海上丝绸之路出发港口，加强以宁波为主要对象的浙江省的海上丝绸之路研究具有重要意义。进入21世纪以来，浙江省在海上丝绸之路的研究方面也走在了全国的前列。

历史上位于宁波境内的双屿港是鸦片战争前中国与海外交流的重要港口，被号称为16世纪东亚最大的国际自由贸易港口。学术界对双屿港的研究一直很热烈，特别是改革开放以来，研究成果更多。对双屿港的研究学术界主要集中在两个方面：第一是对双屿港具体位置的考证，从20世纪80年代起直到今天，学者们发表了大量论文。它们主要包括方豪的《葡人在浙江沿海之侵扰》（载方豪著《中西交通史》，岳麓书社1987年版，第469-474页），俞品久的《关于双屿港畔文物遗址的调查》（《舟山史志》1997年第1期），舟山市文物管理办公室的《从六横文物探讨双屿港遗址问题》（1999年“迎澳门回归与双屿港研讨会”上发表），王建富的《明双屿港地望说》（《中国地名》2000年第4期），施存龙的《葡人私据浙东沿海Liampo——双屿港古今地望考实》（《中国边疆史地研究》2001年第2期），龚缨晏的《近年来LiamPo、双屿研究述评》（《中国史研究动态》2004年第4期），钱茂伟的《明代宁波双屿港区规模的重新解读》《“双屿港”（Porto Liampo）历史新探》（分别载张伟主编：《浙江海洋文化与经济》第一辑和第二辑，海洋出版社2007年版和2008年版，第152-158页、第70-89页），王慕民的《明代双屿国际贸易港港址研究》［《宁波大学学报》（人文科学版）2009年第5期］，方普儿、翁圣宬的《双屿港古今地望考证》（《浙江社会科学》2010年第6期）等。

第二是对于双屿港命运与海上经济贸易势力或体系的研究，主要论著包括杨翰球的《十五至十七世纪中叶中西航海贸易势力的兴衰》（《历史研究》1982年第5期）、包江雁主编的《双屿港研究》（北京文津出版社

2001 年版）、徐明德的《论明清时期的对外交流与边治》（浙江大学出版社 2006 年版，第 183-199 页）、廖大珂的《朱纨事件与东亚海上贸易体系的形成》（《文史哲》2009 年第 2 期）、王慕民的《明代中期宁波双屿港的兴衰与中日贸易方式的转变》《双屿国际贸易的规模及其对江南商品经济的积极影响》《双屿之役与明政府海洋政策评价》［前文载张伟主编：《浙江海洋文化与经济》（第二辑），海洋出版社 2008 年版，第 41-48 页；后两文均载张伟主编：《浙江海洋文化与经济》（第三辑），海洋出版社 2009 年版，第 275-286 页、第 287-300 页。］

当然，对于浙江省而言，古代最重要的海上丝绸之路港口仍然是宁波，它不仅在整个古代海上丝绸之路史上占有重要地位，更是浙江省最具代表性海上丝绸之路象征。

2002 年，林士民、沈建国出版了《万里丝路——宁波与海上丝绸之路》。作者认为，海上丝绸之路是泛指东西方通过蓝色的海洋进行商贸活动和文化交流的通道，并从宁波的角度出发，对海上丝绸之路进行了历史分期。作者认为：宁波在海上丝绸之路上的重要特点是向外散播，这一性质决定了其散落在世界各地的遗迹遗物相当丰富，影响面颇广。如果我们将这些人类文明遗存串联起来，从中可以看出明州（庆元、宁波）在举世瞩目的海上丝绸之路中曾经有过连绵不断的辉煌。这些辉煌历史要表现在：①海上丝路的启蒙期。主要是古越文化的交往。河姆渡先民所创造的稻作农业文明，通过海上原始工具或陆路，先后向周边诸国传播，成为亚洲稻作农业的发源地之一。②海上丝路开通期。主要是吴越先民尤其吴地工匠的东迁与东渡；佛教通过海道传入中国沿海地区。③海上丝路发展期。主要是大唐繁荣的经济与文化对周边诸国影响十分深刻，尤其唐与日本先民所开拓的航路，为遣唐使的派遣、商舶的活动、佛教文化的传播等种种文明沟通架起友谊的桥梁。④海上丝绸之路鼎盛期。主要表现之一是货币（铜钱）的流通，当时中国的货币实际上已成为局部地域公认的流通货币。随着佛教的东传，周边诸国所创的天台宗、禅宗、曹洞宗等都尊浙东国清寺、天童寺等为祖庙；在文化交往中将中国传统文化的各个领域直接或间接地传播到周边诸国，而且还把先进的建筑技术、制瓷工艺等科学技术知识带入这些国家。浙东越窑制瓷技术，科学层面上首先传播或引进的是朝鲜半岛的新罗（高丽）人民的技术。因此，高丽国由浙东越窑输入国一跃成为真正瓷器的输出国。浙东明州上林湖古窑场是越窑的中心地区，其烧造年代之早，唐代起输出地区之广，均不愧为“海上陶瓷之路”的先行者，以后所有瓷种的外输，都沿着越窑青瓷所开拓的海道一代一代地传下去。⑤海上丝路禁滞期。由于明廷“海禁”，使几个世纪繁荣的明州（庆元）港城，立即失去了宋元时代的繁华景象。但佛教文化的交往仍在继续，遣明使策彦、画圣雪舟、大明学者朱舜水与朝鲜学者崔溥，他们与明州（宁波）交往密切，并且还留下了不少历史遗迹，成为两国人民友谊的佳话。⑥海上丝路萎缩期。主要是鸦片战争前后直到中华人民共和国成立前。这时，宁波的海上丝绸之路可以分为三个阶段，第一阶段鸦片战争之前由于“海禁”，丝路萎缩；第二阶段是五口道商后，宁波在西方先进科学技术和管理模式的影响下，宁波港的建设出现了传统的模式与新鲜事物的交融，不但提高了丝路的拓展力度，而且丝路的内涵也更加丰富多彩；第三阶段，日本帝国主义侵略、占领宁波时期，海上丝路的一切活动处于停顿，从此，见不到一艘外洋的商船进港，到新中国成立前夕，宁波这座曾有着光辉历程的丝绸之路东方始发港，不但活动停止，而且港口的一切设备面临彻底崩溃的局面。⑦新海上丝路腾飞期。新中国成立以来经过半个世纪的建设，到20世纪末，宁波港城不但跨入了世界亿吨级大港行列，而且港城建设欣欣向荣。走向世界的宁波，友谊连接五大洲。[①]

从中不难看出，作者把海上丝绸之路划分为七个时期，时间跨度从浙江最早的先民开始，一直到今天，这与以前众多学者们把海上丝绸之路主要理解为古代海上丝绸之路不一样，具体不同主要有两点：第一，很多学

①林士民、沈建国：《万里丝路——宁波与海上丝绸之路》，宁波：宁波出版社2002年，前言。

者认为的古代海上丝绸之路的时间起点是在西汉，也有众多学者认为在秦汉时期，但本书作者却把它推前至史前时期（河姆渡时期）。第二，很多学者认为古代海上丝绸之路的时间下限在明清时期，最迟不会超过鸦片战争；而本书作者认为海上丝绸之路的时间一直持续到今天。虽然作者是从宁波的角度来划分海上丝绸之路的时期的，但对我们深入研究和理解整个海上丝绸之路也具有一定启发意义。

2001年12月8—11日，由中国中外关系史学会、浙江大学日本文化研究所、宁波市文化局主办的宁波与“海上丝绸之路”文化国际学术研讨会在宁波召开，宁波与“海上丝绸之路”论坛也同时设立。与会学者对以下主要问题进行了研讨：第一，围绕古代明州（宁波）海上丝绸之路的地位、作用，从不同角度、各个时代进行了全方位研讨与对比，进一步认定明州从唐代开始已是海上丝绸之路四大重要港口之一，尤其在东方海上丝绸之路中的作用、地位十分突出。代表性论文有《古代“海上丝绸之路”的著名海港——广州、泉州、明州（宁波）对比之研究》及《唐代四大海港之一“Djanfoou”是泉州还是明州之探索》。第二，围绕港口兴衰的主客观原因，进行对比研讨，一致认为海上丝绸之路的兴衰，除港口自身具有一定的优势外，在客观上很大程度取决于朝廷的政策。第三，该论坛中，北京大学的陈炎教授对宁波与海上丝绸之路的发展历史全面而精辟地进行了论述。他认为明州（宁波）是中国东方海上丝绸之路的始发港，它在中国海外交通史上的地位举足轻重。同时，从不同角度证实了历史上明州与海洋文化的渊源、明州与东方海上丝绸之路终点——日本——贸易伙伴的历史源头等。本次会议还一致通过了《宁波共识》[①]：①中国是世界文明古国之一，也是人类航海事业十分发达的国家之一。纵观中国海上丝绸之路发展史，在中国对外交通贸易和文化交流中具有不可替代的地位和影响。面向21世纪，在建构海洋文明和中国进入WTO的历史潮流中，大力弘扬源远流长的海上丝绸之路文化是历史的机遇和时代的选择。②中外古今港口的兴衰，除自身必须具备得天独厚的港口自然地理条件外，很大程度上取决于历代朝政的决策。观照中国3万多公里海岸线上珠串似的商港，在不同时期都曾经是海上丝绸之路上的著名港口，它们以其独有的价值，成为"海上丝路"的璀璨明珠。沧海桑田，经过自然和社会淘选，不少港口已经消失或虽犹在却失去了昔时的显赫地位。在留存下来的港口中，其影响仍在，历时长，迄今仍起着开放港口作用，且有史可考、有丰富遗迹可

① 《宁波共识》（Ningbo Consensus）是宁波市政府在主办"宁波国际友好城市博物馆联盟"活动中形成的。该活动项目以国际视野创新精神，运筹激活宁波国际友好城市的博物馆这一独特资源，特别邀请一批在当今博物馆领域十分活跃的宁波国际友好城市的博物馆馆长参加论坛，并策划发起宁波国际友好城市的博物馆之间建立双边、多边联盟，以求友好合作，共享双赢，闯一条博物馆国际化的新路径。2008年12月6日下午，宁波博物馆与5个宁波国际友好城市的9家博物馆馆长、文化官员联合签署了《关于发起建立宁波国际友好城市博物馆联盟共识》，即《宁波共识》。全文如下：当今，面对现代化和国际化的双重视域，博物馆这一追忆文明、保护元典、激发智慧的圣地正在走向国际化。源于对博物馆博大精深的探究，对各国间文化交流的翘盼，对人类文明自由延展的关照，我们出席"携手2010：宁波国际博物馆高峰论坛"的宁波国际友好城市博物馆馆长，以弘扬与共享为主旨，平等自愿结成双边或多边联盟，达成如下共识：一、21世纪是博物馆的全球化时代，国际博物馆协会近50年来相继对"保护遗产"和"服务社会"双重战略的调整与强化，既表明人类对博物馆本质属性的科学认知，又昭示世界博物馆在回归与繁盛中所具有的智慧。二、文化国际化不但是当今需求，更是时代潮流，为的是使各国、各民族文化之间形成不可分割的相互联系，并且在全球价值寻求中不断增大自身的元素与份额。三、文化多样性是人类共同遗产，致力于双边的伙伴关系，促成彼此间举办特别展览，拓展双方在专业人员培训、文物修复、期刊、出版物、资料交流、学术研究等多领域的跨文化交往与合作，则是对《世界文化多样性宣言》的忠实履行。四、积极发展多边合作，在更多的时间和地域，推出表现形式多样、研究领域广泛，诸如联合举办展览、研发课题、交流咨询、人员互访等项目，展示各自所承载的文化，与更多的人分享各国文明的成果。五、各国与会者对此次中国宁波市及宁波博物馆所表现出的胆识与气度深表赞赏，一致建议自2008年起每年举行联盟会议或论坛，并适时在联盟博物馆成员国轮流举行，并将本联盟联络处设在宁波博物馆。二〇〇八年十二月中国宁波。

寻、保护完好的，在南方海上丝绸之路中，当推广州，在东方海上丝绸之路中，当推宁波，介于两者之间的则为泉州。③宁波，历史悠久，文化昌盛，从7 000年前河姆渡文化时期进行的我国最早水上活动，到唐宋以来跻身中国著名港口之列，直至当代正在建设的东方大港，宁波海上丝绸之路文化源远流长，经久不衰。丰富的文化遗产，确凿的文献记载，科学的考古发掘，充分证实宁波是中国海洋文化的发源地和中国造船航海的发轫地之一。无愧为中国海上丝绸之路始发港和兴盛港之一。④广州、宁波、泉州同是国家级历史文化名城，作为港城都具有深厚的文化底蕴和巨大的发展潜力。城市中现存的有形和无形的海上丝绸之路文化遗存，应该而且必须不断地去寻找、发现、抢救、保护、利用、研究，使之达到最佳状态。鉴于目前三城市在海上丝绸之路文化遗产保护、利用方面态势良好，因此，本次会议建议条件成熟之后，由广州、宁波、泉州在达成共识的基础上，拟以中国海上丝绸之路始发港申报世界文化遗产是适宜的。⑤出席研讨会的中外学者将继续愿意通过各种有效途径，为宁波深入开展海上丝绸之路文化学术等研究提供智力支持和尽可能的帮助。[①]

2002年4月，宁波海上丝绸之路研究项目正式纳入2002—2003年度宁波市社会科学重点课题。结合宁波市开展的第三次文物普查，研究小组组织专家深入调研，对全市现有255处各级文物保护单位、文保点进行了梳理，精选30余处有关海上丝绸之路遗存进行评估分类，在剖析内在联系，梳理发展轨迹基础上，同年5月，第一次列出宁波海上丝绸之路有关文物保护单位名单，并编印了包含政治外交、经济贸易、港口交通、宗教文化、思想学说等内容的《中国·宁波“海上丝绸之路”文化遗存图录》。[②]

2003年12月，《千年海外寻珍——中国·宁波“海上丝绸之路”在日本、韩国的传播及影响》图录出版。同年，盛观熙发表《海上丝绸之路与明州港》一文，作者认为，“中国海上丝绸之路肇始于周，形成于秦汉，发展于唐宋，

①林士民：《宁波与“海上丝绸之路”文化国际学术研讨会召开》，《中国文物报》2002年1月11日。

②《中国·宁波“海上丝绸之路”文化遗存图录》，宁波市文化局编印2002年12月。

至元明为极盛时期，清代逐渐衰落。”①

2003 年 6 月，宁波市正式启动宁波海上丝绸之路文化遗产申报世界文化遗产工程，并下发《宁波市人民政府关于进一步加强宁波海上丝绸之路文化遗产保护管理的通知》，拉开了宁波市申报工作的序幕。2005—2006 年，国际古迹遗址理事会官员和国家重设《预备名单》专家组先后考察评估宁波市“海丝”遗存，并推荐其进入《预备名单》。2006 年，国家文物局重新公布了《中国申报世界文化遗产预备名单》，宁波海上丝绸之路文化遗产名列其中。

2004 年黄滋等编著的《中国古建筑文化之旅・浙江》中介绍了宁波海上丝绸之路的见证——庆安会馆。由于宁波是我国海上丝绸之路的重要港口，唐宋以降，经济繁荣，云集的商贾依托宁波港，逐渐形成以经营南北货为主的南北号两大商帮。清道光三年（1823 年）南号船帮在宁波三江口的东岸辟建安澜会馆。道光三十年至咸丰三年（1850—1853 年）、北号船帮又在安澜会馆北侧建造会馆，取名安庆（旋改庆安），意“海不扬校庆安澜”。庆安会馆作为甬埠行驶北洋的舶商、船工娱乐聚会及航运行业管理议事的重要场所，为我国当时的七大会馆之一。庆安会馆是研究妈祖文化和古代海外交通史的重要实例，也是宁波作为港口城市的历史见证和标志建筑。1997 年起，会馆经全面整修于 2000 年辟为宁波海事民俗博物馆，与对岸的江北天主教堂遥望，成为三江六岸景区优美的景点之一。2001 年，庆安会馆被公布为全国重点文物保护单位。②

同年，李英魁发表了《试论宁波“海上丝绸之路”兴起的历史上限》，作者先分析海上丝绸之路的概念及性质，认为海上丝绸之路是“泛指东西方通过海洋进行贸易活动的通道。一般说来主要是泛指亚欧两洲进行贸易的海洋通道，宁波、杭州等港口通往日本、高丽等国的航道，自然是其不可分割的组成部分。”其性质“是人类社会进入文明社会后国家与国家（包括国家的某一地区对另一国家某地区）商业贸易和政治、文化交流的海上

①盛观熙：《海上丝绸之路与明州港》，《内蒙古金融研究》2003 年 S3 期。
②黄滋，等：《中国古建筑文化之旅・浙江》，北京：知识产权出版社 2004 年，第 36 页。

通道，而发生于文明社会前的贸易与‘东西方文明对话’无关，不属‘海上丝绸之路’范畴。”作者在批判了海上丝绸之路兴起时期的各种观点（河姆渡时期、先秦说、秦汉说、中唐说）后，认为从海上丝绸之路整体情况、宁波地区东汉晚期造船、航海技术和丝织业发展水平及现存文化遗存等各方面情况看，宁波海上丝绸之路起始于东汉晚期—东吴赤乌时代。首先，从海上丝绸之路整体情况来看，海上“丝绸之路”最初起点在中国，最早发祥地一般认为在广东沿海，真正具有对外贸易含义（即有进出口经营业务）的海上丝绸之路始于西汉。第二，从造船航海技术和丝绸生产情况来看，浙江一带古代盛产丝绸，素有“丝绸之府”之称，同时又是造船和航海最发达的地区之一。第三，从现存文化遗存和遗物来看，东汉末及东吴、两晋时期，东南沿海地区先后兴建起一批佛寺，在宁波境内著名的有东吴时期慈城的普济寺和慈溪的五磊寺，西晋时期的阿育王寺、天童寺。这些遗存和遗物生动地展示和反映了东汉晚期以来宁波地区与海外文化交流的事实，是宁波海上丝绸之路历史上限为东汉晚期至东吴赤乌时代的直接证据。因此，关于宁波海上丝绸之路的形成，作者综合海上丝绸之路整体情况、宁波地区东汉晚期造船业、航海技术和丝绸纺织业水平和现存文物遗迹等方面情况，提出宁波海上丝绸之路兴起于东汉晚期至东吴赤乌时代的观点。关于海上丝绸之路形成的时间，作者倾向于唐显庆年间。据考证，显庆四年（659年），日本第四次遣唐使团在越州郎县港口登陆，也就是说此时的郎县港已成为了国际性港口。这是宁波海上丝绸之路的具有划时代意义的大事，应将其视为宁波海上丝绸之路形成的主要标志。开元二十六年（738年）建立明州、长庆元年（821年）州治迁置三江口，是宁波海上丝绸之路形成后进一步发展的历史必然。①

2005年，林浩在《东方博物》（第十五辑）发表《关于宁波“海上丝绸之路”各个时期特点的探讨》一文，作者认为，大量的文物史迹和考古资料证实，宁波海上丝绸之路的开通是在东汉晚期，至东吴、西晋已相当畅通，唐代是发展时期，到了宋元时期臻于繁荣鼎盛，进入明清时代，虽

①李英魁：《试论宁波“海上丝绸之路”兴起的历史上限》，《东方博物》2004年第4期。

然“海禁”使海上丝绸之路突然衰微，但就宁波而言，由于港口的特殊地位，其海上丝绸之路仍得到了后续发展。[①] 至于宁波海上丝绸之路的下限时间，作者没有明确指出，但作者描述了 17 世纪中期，宁波与日本的交往。

2005 年，许勤彪主编的《宁波历史文化二十六讲》出版，董贻安在《宁波“海上丝绸之路”史迹与申报〈世界文化遗产〉》对宁波海上丝绸之路及申报世界文化遗产工作进行了系统的介绍。在概述宁波海上丝绸之路的史迹时，作者认为：河姆渡遗址是宁波海上丝绸之路的源头，句章港是其发展基础，从汉代遗址中出土的为数甚多的舶来品，上林湖古窑址生产的大量外销陶瓷，则树起了一座新的对外交往的里程碑，它标志着宁波的海洋文化已经进入一个以东西方文明对话为核心的时代。海上丝绸之路的开通，强有力地推进了宁波政治、经济、文化等各方面的腾飞。在概括宁波海上丝绸之路的特征时，作者认为主要有三个显著特征：第一，时空跨度大。从 19 处史迹来看，自汉至近现代其跨度约 2 000 年，源远流长，经久不衰。第二，内涵丰富，文明样式众多。第三，双向交流，远播海外。在介绍宁波海上丝绸之路申报世界文化遗产工作时，作者首先介绍了世界文化遗产的提出与界定、申报与评选的相关渠道和程序，接着作者介绍了宁波海上丝绸之路史迹申报世界文化遗产的意义及宁波已经展开的工作。

宁波已经展开的工作包括：①召开国际学术研讨会和发表《宁波共识》。②举办三届宁波“海上丝绸之路”文化周。2001—2003 年的每年 12 月 8 － 15 日，宁波市文化局连续主办三届“海上丝绸之路”文化周。③做好各项基础工作。结合宁波市开展的第三次文物普查。组织专家组深入调研，对全市 30 余处有关“海上丝绸之路”遗存进行评估分类。在剖析内在联系、梳理发展轨迹基础上，于 2002 年 12 月编印《中国 • 宁波“海上丝绸之路”文化遗存图录》，从而取得基础工作的阶段性成果。④加强与国家文物局的衔接与汇报工作。⑤组织“千年海外寻珍”活动。2003

①林浩：《关于宁波“海上丝绸之路”各个时期特点的探讨》，《东方博物》（第十五辑）2005 年第 2 期。

年9月20日—10月8日，组织由专家、新闻记者和市民代表一行10人联合组成宁波“海外寻珍团”，对日本、韩国16座城市的43处与宁波“海上丝绸之路”有关的史迹进行了专题考察寻访。这是宁波有史以来，有组织地到海外进行的一次规模最大、时间最长的文化遗产调查活动，并且取得了圆满成功，为证明唐宋以来近千年间宁波在东亚地区始终居于的国际都市地位，为重识宁波文化地图提供了历史佐证，从而为宁波“海上丝绸之路”申遗工作打下了又一良好基础。⑥研究出版。宁波“海上丝绸之路”已列为2002—2003年度宁波市重点社科课题，继2002年12月编印《中国·宁波“海上丝绸之路”文化遗存图录》，2003年12月，在第三届宁波“海上丝绸之路”文化周期间又编辑出版《千年海外寻珍——中国·宁波“海上丝绸之路”在日本、韩国的传播及影响》图录。同时，该研究项目正争取申报国家文物局2003—2004年度重点人文课题。⑦争取纳入《宁波市城市总体规划》和《宁波市历史文化名城保护规划》。⑧学习、考察国内同类城市申遗工作。专程考察广州、泉州等有关名城，吸取先进做法，学习成功经验，并加强联系沟通。⑨成立宁波“海上丝绸之路”申遗领导机构。⑩加强法规建设。⑪完成申报材料的上报工作。⑫2004年6月29日—7月5日，宁波市以观察员身份应邀参加第28届世界遗产大会。⑬在国家文物局精心安排下，2004年7月中旬，国际古迹遗址理事会尤嘎先生一行对宁波市“海上丝路”史迹进行专题考察，对宁波先民伟大的创造给予高度评价。⑭2004年12月，在第四届宁波“海上丝路”文化周期间，宁波市组织召开“郑和下东洋600周年”学术报告会，首次把宁波“海上丝路”与人类航海史上伟大航海家郑和紧密联系，是宁波“海上丝路”研究的新突破。[①]

2005年12月第五届“海上丝绸之路”文化周在宁波举行，同时由中国中外关系史学会、浙江大学日本文化研究所、宁波市文化广电新闻出版

①董贻安：《宁波“海上丝绸之路”史迹与申报〈世界文化遗产〉》，载许勤彪主编：《宁波历史文化二十六讲》，宁波：宁波出版社2005年，第73-90页。

局联合举办的“宁波海上丝绸之路学术研讨会”国际学术会召开，来自国内外的60多位专家、学者参加了会议，发表论文50多篇。会议围绕宁波港口贸易、多元文化、宁波海上丝绸之路文化遗存、宁波港城的形成与浙东对外海上航路的开辟、明州在唐宋至明清时期海上航路与贸易、宁波与东亚国家的海上往来与文化交流、越窑瓷器的外销与制瓷技术的传播等大家共同关注的学术问题进行了深入探讨。本次研讨会取得了如下主要成果：

第一，确立宁波为中国海上丝绸之路核心港口之一，并就宁波港的历史地位达成进一步共识。

第二，对宁波海上丝绸之路文化遗存的研究更加科学、更具针对性。

第三，将宁波海上丝绸之路研究更自觉地纳入全球海上丝绸之路文化范畴之中来审视与考量，使宁波海上丝绸之路的研究视野更加宽广，并与联合国教科文组织和国家文物局所倡导的总体目标紧密接轨。

第四，大会通过的《宁波倡议》①，以一定的高度，较好体现了现今我国海上丝绸之路学术研究和申报世界文化遗产中的共同目标和一致意愿，为相关港口城市的海上丝绸之路进一步申报世界文化遗产提供学术声援和有力支撑。②

会后，会议论文集《宁波与海上丝绸之路》得以出版，共收录论文47篇。本论文集梳理了近10年来海交史研究和浙东史研究的大致轮廓，从港口与贸易、多元文化等多种角度揭示了海上丝绸之路宁波历史的发展轨迹和兴衰过程，揭示了古代宁波港（明州港）发展成国际贸易大港的历史轨迹，反映了宁波与海上丝绸之路研究的最新动态。③这次会议的主要讨论议题

---

①《宁波倡议》全文如下：21世纪是海洋世纪。中国“海上丝绸之路”是人类海洋文明重要的组成部分，是数千年来中外文通、贸易、文化交流的历史见证，是中华民族乃至整个人类的共同遗产与宝贵财富。进一步加强对中国“海上丝绸之路”的研究与保护是时代赋予我们崇高而又神圣的职责，是人类实现文明延续和可持续发展的必然要求。为了深入研究博大精深的“海上丝绸之路”文化力争在“十一五”期间使中国“海上丝绸之路”跻身世界文化遗产之列，我们倡议：一、要不失时机地积极贯彻落实2004年7月国家文物局在北京召开的全国9省市以“丝绸之路”名义联合捆绑方式申报世界文化遗产座谈会的原则精神，倡议以广州、泉州、宁波等我国“海上丝绸之路”核心港口城市为主体，以国内与“海上丝绸之路”相关港口城市为合作伙伴，目标一致，民主协商，以轮流执事的形式，建立东方神舟——中国“海上丝绸之路”论坛。二、借助东方神舟——中国“海上丝绸之路”论坛自2006年起每年不定期邀请有关国际组织官员、专家，国内外著名专家、学者发表演讲、学术报告和组织学术研讨等，旨在沟通信息动态，加强学术交流展示研究成果，追踪国际前沿，使之成为中国“海上丝绸之路”领域的学术研究权威的载体与平台，从而提升我国“海上丝绸之路”古迹遗址保护和学术研究整体水平。三、成立由我国著名专家、学者组成的中国“海上丝绸之路”学术委员会，自2006年起每年组织出版中国“海上丝绸之路”研究集刊和中国“海上丝绸之路”丛书及各类研究成果（具体事务由各执行城市负责实施）。四、会议充分注意到1976年宁二波市鄞州区出土的战国铜钺上的“羽人竞渡”纹饰，其内涵丰富、寓意深邃、造型独特、线条流畅，具有中华民族海洋文明的鲜明个性跨越时空的文化特质，充分反映自战国以来我国广袤海域的先民征服海洋、传播文明、追求和平与发展的超凡勇气和卓然气度，建议启用为中国“海上丝绸之路”的形象标志。五、出席本次研讨会的中外专家、学者，将通过各种途径和场合为履行本倡议提供智力支持和可能的帮助。（2005年12月11日宁波“海上丝绸之路”学术研讨会通过）

②《宁波“海上丝绸之路”学术研讨会》，《中国文化遗产》2006年第1期。

③宁波“海上丝绸之路”申报世界文化遗产办公室、宁波市文物保护管理所、宁波市文物考古研究所：《宁波与海上丝绸之路》，北京：科学出版社2006年版。

包括：[①]

1. 宁波海上丝绸之路的综合性研究及“申遗”问题

北京大学陈炎教授在《宁波“海上丝绸之路”文化遗存初探》一文中指出，海上丝绸之路泛指全球东西方通过海洋进行商贸往来和文化交流的通道，也是研究海洋文化的重要组成部分。宁波地处浙东平原、东海之滨，早在7 000年前，这里的先民就已活跃于海上，创造了河姆渡文化。宁波自古以来是我国最著名的三大海港之一，也是世界各国进行友好往来、商品贸易和文化交流的重要口岸。宁波在海上丝绸之路文化遗存中的显著特点是远播海外，又吸纳海外，内涵丰富，兼容并蓄。这一性质决定了现存于宁波和海外的遗迹、遗物众多，涉及面广，影响深远，把这些昭示人类文明的亮点串联起来，就可从中折射出宁波在海上丝绸之路中曾经有过的经久不衰、熠熠闪烁的辉煌，对探索海上丝绸之路的起源、形成和发展以及与海外各国的贸易往来和宗教文化的传播交流，均有重大的学术价值和意义。宁波市文物考古研究所研究员林士民在《浅谈宁波“海上丝绸之路”发展历史与分期》一文中认为，宁波早在春秋战国时句章港为我国著名九大军港之一；汉代句章港区逐渐由古句章港向东北变迁至甬江、姚江、奉化江之交汇的“三江口”一带；吴晋时这里不但是千里水道贯通的主要枢纽，中外物资交流的集散地，而且也是水师军事要塞，兵家必争之地。尤其到了经济繁荣、文化发达的唐代，“三江口”不但成为县、州治地，港口建设发展迅速，而且一跃跻身于大唐交州（现越南地）、广州、明州、扬州四大名港行列，成为与各国通商贸易和文化交流的主要口岸之一，一直延续了好几个世纪。作者把宁波的海上丝绸之路发展历史分为四个时期：一是东汉时期的吸纳开通期；二是隋唐五代的交融发展期；三是宋元时期的输出鼎盛期；四是明清时期的持续发展到鸦片战争五口通商宁波开埠后的吸纳期。

①鲍志成、林士民：《宁波“海上丝绸之路”学术研讨会综述》，载浙江省博物馆编：《东方博物》（第18辑），杭州：浙江大学出版社2006年，第112-119页。

浙江省博物馆研究员鲍志成《关于宁波“海上丝绸之路”及其历史文化遗产“申遗”工作的若干问题》一文，在首先厘清国际学术界关于“丝绸之路”及“海上丝绸之路”概念的提出和演变的前提下，从五个方面阐述了宁波在海上丝绸之路中的历史地位和主要特征，即：一是历经先秦、汉唐、宋元、明清，延续几千年而经久不衰，堪称是千年古港，历史悠久。二是海上航线，东至东瀛、海东，南经南洋，西达西洋乃至地中海和东北非，所达范围，十分广远。三是宁波是我国古代丝绸、陶瓷、茶叶三大宗外贸产品出口主要口岸，是古代远东地区的贸易大港。四是以佛教传播为主流，以文化艺术交流为特色，宁波自古以来就是东亚地区文化交流的重要窗口。五是宁波海上丝绸之路，影响深远，遗存丰富，在海内外都留下了宝贵的历史文化遗产。主要特征是：自然条件，得天独厚；起源较早，历时最久；辐射范围，既广且远；贸易文化，内容丰富；遗存众多，弥足珍贵；高度开放，兼容并蓄。并就宁波海上丝绸之路的时空范围作了新的探索和界定，认为确定上限应有四大标准：一是必须是文明社会的人员往来和交流；二是必须具有海外交往的特征；三是必须具有一定的形式和内容；四是必须有文献记载或考古发现作为印证，在“河姆渡时期说”“先秦时期说”“秦汉时期说”“东汉晚期至东吴赤乌时代说”“中唐时期说”等观点基础上，进一步提出了“春秋战国说”。关于下限问题，指出应以学术界传统的帆船贸易结束到鸦片战争前后为限，不能无限延长，把近代西方列强以武力战争为先导的所谓“文化交流”成果也纳入海上丝绸之路的范围中去。在地理范围上，强调应打破“港口论”“城区论”“市区论”的局限，以文化地理为范畴，以宁波为核心的浙东地区为中心地区，以北起长江口、南到温州地区的包括舟山、杭州、温州、乍浦等浙江古代港城和普陀山、天台山、径山等佛教名山以及以宁波为出口港的丝绸、茶叶、瓷器三大宗传统出口产品产区或经济腹地等为外围地区，旁及东亚日本列岛、朝鲜半岛及南洋、西洋地区等广大地域，极大拓展了宁波海上丝绸之路的地理范围。该文还就宁波申遗工作提出了一系列意见和建议。

此外，孙进己的《对海上丝绸之路研究的几点拙见》、白芳的《宁波与海上丝绸之路》、王连胜的《普陀山的新罗礁、高丽道头在“东亚海上丝绸之路”中重要地位》、靳维柏的《清代海防与海上丝绸之路》、储建国的《论丝绸之路的衍生物——东方货币圈》、孙泓的《宁波在东北亚的地位》等文，也就宁波与海上丝绸之路历史及研究等问题进行了探讨。

2. 宁波与海上丝绸之路发展历史及海外贸易的断代研究

浙江大学教授毛昭晰在《遣唐使时代五岛列岛和明州的关系》一文中认为，中日交往绵延不断，其间有两次高潮，一次是遣唐使时代日本向中国学习，还有一次是明治维新之后中国向日本学习。在遣唐使时代，中日海上航线经历了三个时期：初期（公元7世纪中）走的是北路，也称新罗道；中期（7世纪末到8世纪中）走的是南岛路；后期（公元8世纪后期到9世纪末）从第14次遣唐使开始采用南路，也称大洋路，这条从博多到五岛列岛、渡海到达明州或扬州的航海路线，不但是遣唐使时代的重要航线，就是在遣唐使结束之后也长期是中日两国之间交往的主要航线。从地位和作用来看，明州和五岛列岛之间存在着十分密切的关系。从地理位置来看，两者都很优越，而且距离也最近。从造船和航海的技术来看，明州是中国古代最重要的基地。从中日佛教传播和交流来看，明州是中国佛教传往日本的重要场所，而五岛列岛在佛教的传播中是非常重要的中继地。

中国社会科学院历史研究所研究员、著名历史学家陈高华在《宋元时期的明州（庆元）港》一文中，着重探讨了宁波港宋元鼎盛时期的港口、航线、贸易和文化交流等问题，指出：宋元时期的明州（庆元）港是官方指定的对外开放的海港，主要面向日本、高丽，同时也与南海地区有一定的往来。宋、元两代都在明州（庆元）设置专门的市舶管理机构。宋元时期，在明州（庆元）港与日本、高丽之间，有比较固定的航线，中外商船频繁在这个港口出入。通过明州（庆元）港出口的中国商品主要有纺织品和陶瓷，输入的商品种类繁多，有日本、高丽的特产，也有来自南海的香药。日本、高丽的僧人由明州（庆元）港登陆，来中国求法，中国僧人、工匠由此出海，前往日本、高丽，明州（庆元）港在宋元时期中外文化交流中起到了重要的作用。

杭州师范学院人文学院历史系王心喜在《五代吴越国时期宁波与日本海外贸易年次及特点探讨》一文中认为，五代十国时期，吴越国积极发展与日本的海外贸易关系，但日本国对此却持消极的态度，双方的贸易主要通过民间商船进行；吴越国商船大多从明州港（今宁波）出发，东渡至肥前国值嘉岛（今五岛）博多津（今日本福冈市博多港）登岸入日，开展经营贸易；吴越国商船单向通航，在与日本的贸易中处于被动地位；吴越国商船为此间的中日文化交流起到了沟通和桥梁的作用。

宁波市天一阁博物馆李军在《五代越窑青瓷的外销与制瓷技术的传播》一文中就五代吴越时期越窑青瓷外销等问题作了探讨，认为越窑位于吴越境内，吴越国时期，社会安定，经济繁荣，物产富庶，越窑生产获得了前所未有的发展，窑场不断扩展，产品产量与质量登峰造极，达到了有史以来的最高峰。所产“秘色瓷”被纳为钱氏皇族御用瓷，并被作为吴越贡物大量进奉中原朝廷；大批青瓷则通过唐所拓展的“海上陶瓷之路”畅销亚非各国与地区；制瓷技术远播朝鲜半岛。因此，五代是越窑发展史上最令人瞩目的时代，也是越窑青瓷外销史上最为鼎盛的时期。文章通过大量的国内外考古发掘与调查资料，并结合相关文献史料，对五代吴越时期越窑青瓷的生产规模、外销状况，包括窑场分布、青瓷主要输出港口、对外贸易管理机构及其所形成的国际贸易网络与海上交通航线等，作了系统全面的分析，并对五代越窑青瓷的外销与制瓷技术的传播作重点研究，这对于进一步研究我国古陶瓷外销、古代东西方贸易与文化交流及世界海交史发展等都将具有非常重要的意义。

宁波大学历史系李小红、谢兴志在《海外贸易与唐宋明州社会经济的发展》一文中指出，海外贸易在唐宋时期整个国家的社会经济中总体处于无足轻重的地位，但就作为局部地区的明州而言，海外贸易与该地区区域地位的提升、商贸的发展、产业结构的变化都有着莫大的关系。从这个角度而言，海外贸易是唐宋时期明州地区社会经济发展的外在推动力。

宁波大学文学院张伟的《略论明州在宋丽民间贸易中的地位》探索了北宋建立后明州和高丽的民间贸易，指出随着明州地区经济的发展，造船与航海技术的进步及受周边复杂的政治环境的影响，明州成为宋丽间民间贸易往来的主要港口；在宋丽民间互通有无的贸易交往过程中，明州港有着举足轻重的地位。

浙江工商大学日本文化研究所江静的《元日贸易特征论——以庆元港为考察对象》一文通过宁波港在元代与日本的贸易往来，考察了元代中日贸易的特征，指出元代中日贸易与前代及同时代的其他国家相比，具有三个明显的特点：日本商人唱主角；元朝政府对来华日商防范甚严；来华日商的寇盗性日渐增强。后两个特点，具有一定的因果关系，它们也决定了元日贸易始终伴随着冲突与摩擦。

宁波大学文学院王慕民在《明代宁波在中日经济交往中的地位——兼论官、民贸易方式的转变与嘉靖“大倭乱”的起因》中指出，作为专通日本的唯一港口，再加上拥有比较发达的江浙皖地区作为经济腹地，宁波在明代中日经济交往中占据了中心地位。文章着重从朝贡贸易和民间贸易两个方面论述了宁波的这一重要地位，同时研究分析了上述两种贸易方式转换的原因，指出海禁政策的失败引发了历时十余年的嘉靖“大倭乱”。

中国社会科学院历史所研究员万明的《明代宁波的“贡市”——以明末高宇泰〈敬止录〉为中心的探析》一文就明代宁波所谓“贡市”，根据明末鄞县人高宇泰纂《敬止录》四十卷作了深入探讨，并指出，迄今为止中外学者对于明朝与日本关系、宁波海上贸易、倭患与海防已有大量研究，但其中鲜见提及此书；实际上《敬止录》是明代宁波的珍贵资料集，《贡市考》不仅是明末当地人对于有明一代宁波“贡市”的总结性记录，特别是其中还保存有久已亡佚的永乐《鄞县志》文字，弥足珍贵。《贡市考》上卷主要是宁波“贡市”相关建置沿革、位置和物品，《贡市考》下卷是关于明代“贡市”兴衰的文献。该文从此书出发，结合其他明朝文献，探讨了明代宁波“贡市”在城市中的空间位置和运作与物品交流变化等实态，兼及论述了明代宁波海外贸易的历史地位以及“贡市”兴衰对宁波港市的影响等问题。

中国社会科学院历史所研究员耿昇在《千年宁波港，荣辱伴中华——西方人视野中的宁波地区》一文中指出，宁波及其毗邻的舟山地区在海上丝绸之路中的作用和地位问题，中文史料已经相当丰富了，但自16世纪以来，西方许多外交家、旅行家、航海家、科学家、商人、远征军将士和传教士，也都对宁波与舟山地区作过生动而又逼真的描述。他们之中有的人客观公正，忠实地刻画了宁波地区的真实面貌；有的人则是西方殖民主义远征军的成员，仰仗其坚船利炮，打开宁波港之后，又记录下了他们侵占宁波地区的丑恶行径。宁波港有辉煌的岁月，也有过忍辱负重和遭受侵略的历史。文章对不同西方人从不同角度对宁波地区留下的记述，略作钩沉，以再现千年宁波港的一部荣辱史，从而使人看到，宁波与中华民族的命运休戚相关，荣辱与共。

此外，毛阳光的《元代宁波在中日关系中的矛盾性格》、乐承耀的《明清宁波与日本的经济交往》，就元明清时期宁波与日本的经济交流作了一些探讨。

3. 宁波对外文化交流史专题或断代研究

浙江工商大学日本文化研究所王勇的《唐代明州与中日交流》一文，对以往关于遣唐使与明州关系的几个问题，如《日本书纪》中的明州岛屿、晁衡《望乡诗》的吟咏地、鉴真与阿育王信仰、最澄与明州牒等，通过介绍比较可信的史料，进一步加以确认和考定。

宋代是浙江与日本文化交流十分频繁的时期，在中日文化交流史上占有重要的地位。当时浙江是全国经济、文化最为发达的地区，而日本的文化也有了很大的进步，因此双方的文化交流呈现出全方位、多层次的特点。杭州出版社徐吉军《论宋代浙江与日本的文化交流》一文从佛教、儒学、书画艺术、武士道、医药学、茶与茶道、丝绸纺织、印刷术、建筑、造船与航海以及文学、语言、雕塑及风俗等方面，就宋代浙江与日本的文化交流问题作了探讨。

佛教文化的传播是海上丝绸之路的重要内容之一。宁波港是海上丝绸之路佛教传播的重要港口，中、日、朝僧侣通过宁波进行佛教文化交流，宁波的寺院在佛教文化交流中发挥重要的作用。泉州海交史博物馆李玉昆《海上丝绸之路与宁波佛教》一文，从宁波是海上丝绸之路佛教传播的重要港口，宁波寺院与中日、中朝文化交流，宁波港与中日、中朝典籍的交流三个方面，对这个问题进行了专题研究。北宋妈祖信仰的出现，对中国海上丝绸之路的开拓、发展起到了一定的作用，同时又借助海上丝绸之路使妈祖信仰在世界各地，特别是我国沿海与东南亚一带得以广泛传播。宁波与妈祖信仰源远流长，关系密切。天一阁博物馆黄浙苏《论妈祖信仰对宁波海上丝绸之路发展的作用》，就妈祖信仰与对宁波海上丝绸之路形成的影响，以及妈祖信仰的载体——庆安会馆作了专门论述。

浙江工商大学郭万平《来宋日僧成寻与宁波商人陈咏》以宋神宗熙宁年间来华的日本僧人成寻与明州（今宁波）商人陈咏的交往为中心，探讨宋日关系中僧侣与商人的互动关系。

处于繁华喧嚣的东京市中心一角的后乐园，林木蓊郁，静谧平和，景色秀丽胜画。园中有山有水有碑，也有桥梁、瀑布、建筑，还有竹木花草、农圃桑梓。庭院作环游式，既有巧夺天工的人为建筑物，又有富有田园情趣的自然风光。布局匠心独运、山重水复、曲径通幽、步移景异、小桥流水、围透空漏、豁然开朗，中国古典园林追求文人山水画的意境在这里表现得淋漓尽致。余姚市博物馆鲁怒放《“实理实学”的实践——朱舜水与日本“后乐园”》一文，以朱舜水建造后乐园为例，阐述了朱舜水在流亡日本时期对他倡导的“实理实学”的实践。

唐《令》是唐朝四大法典——律、令、格、式之一。自宋以后，除唐律尚存外，令、格、式均已散佚，仅在史籍中存有片断。唐《令》对日本古代法典——“养老令”有重大影响，后者基本上取自前者。现存日本《令》

也残缺最后数卷。宋《令》也在后世失传。天一阁博物馆虞浩旭《天一阁藏明抄本〈官品令〉与中日律令制度的研究》一文，就天一阁藏《官品令》作了深入研究，指出该书虽仅存十卷，却是两令中的最重要部分，有关经济方面的法规都在这十卷中，其中许多条文是过去没有见过的。这个抄本无论对唐宋历史的研究，对我国古代法制历史的研究，或是对日本古代律令制度的研究，都具有非常重大的意义。

绍兴文理学院考古与文物保护技术研究所张志立、绍兴市博物馆彭云在《中国江南与朝鲜半岛海上文化交流》中认为，自古以来海上航路从中国浙江地区出发通过东中国海、济州海海域，到达朝鲜半岛，中国江南地区的物品也顺势流入朝鲜半岛。在历史的长河中，中国江南地区与朝鲜半岛的海上文化交流与友好往来为世界人类文明与经济发展作出了不可磨灭的贡献。

中国的书籍传到日本是在公元 3 世纪末，应神天皇从朝鲜半岛请来博学的汉人王仁担任太子的老师，他“携《论语》十卷，《千字文》一卷，计携书十一卷来日本”。梁时百济人段杨尔又将《诗》《书》《易》《春秋》等中国的儒家典籍传入日本，对日本产生了很大的影响，尤其在 645 年大化革新和 701 年仿唐朝律令《大宝律令》的颁布，中国文化在日本的朝野占据了主导地位，在贵族官宦中形成了对中国文化的崇尚心理，他们上千年来不畏艰险，孜孜不倦地求取中国文化典籍，来发展和繁荣大和民族。贺宇红在《宁波与中日“海上书籍之路”》一文中认为，在隋唐之前，书籍主要是通过朝鲜半岛传入日本；随着“海上书籍之路”的兴起，作为传播中介的朝鲜半岛虽然还在发挥作用，事实上书籍传播的途径，已由间接转向直接，由陆路转向海路，宁波港作为“海上书籍之路”始发港口之一日渐显示出它的特殊地位，在书籍向日本流布过程中承担了极其重要的角色。该文还就日藏宁波刊刻的书籍和宁波藏书楼藏“和刻本”作了介绍。

刊印书报、开办学校和医院是新教入华传教的重要方法和特点。华花圣经书房是美国新教长老会传教士在宁波建立的一家印刷出版机构，也称宁波华花书房，1845年创办，1860年其主要设备迁往上海美华书馆。华花书房历时不算长久，但在中国印刷史、出版史和中西文化交流史上却占有一席之地。浙江大学黄时鉴《宁波华花书房刊本知见略述》就宁波华花书房刊本作了独到介绍。此外，周萍萍的《近代来华传教士丁韪良与宁波——读〈花甲记忆〉》，龚缨晏的《东海之滨谈天学——明清之际宁波天主教徒朱宗元的思想》，谢振声的《来甬传教士的文化活动初探》，徐良雄、汪岚的《明清间来宁波天主教传教士考略》，分别就有关问题作了探讨。

4. 宁波港发展史及与其他港口的比较研究

论及中国古代对外交通之港口，向来以广州、泉州、明州鼎足而立。广州自汉唐以降至近代，向来是中国首要的海外贸易重镇；泉州在宋元时代，一度是全国乃至全球最大的航运港口，但后来趋于衰落；至于明州，开港也甚早，持续时间长，且有自己独特的专门航线——北上对朝、日之交通。中外关系史学会名誉会长陈佳荣《明州航线最早有使用罗盘之记录》从设立市舶司及使用罗盘之早，探索了明州对外航海路线的历史地位，指出明州是中国古代最重要的对外交通贸易港口之一，其设置市舶司及采用罗盘导航的时间均仅次于广州。至于其长期稳定专向东北的特有航线，以及保持最早以罗盘指引该线航船安全行驶的记录，更是对中国古代海外交通史难能可贵的贡献。

宁波三江地区沿海聚落和城市出现较早，而且发展过程较具连续性，其中，港城的发展历史尤为引人注目，关于宁波港城地位确立的时间也是众说纷纭。宁波大学文学院刘恒武、宁波市文物考古研究所王力军的《试论宁波港城的形成与浙东对外海上航路的开辟》在吸收前人研究成果的基础上，从三江沿岸聚落与城邑的发展以及浙东海上航路的开辟两条线索探讨宁波港城的形成过程。

日本相爱大学山崎觉士的《9—10世纪东亚海域与钱塘江河口的改观》一文，通过9—10世纪的东亚海域交易、钱塘江河口地区与吴越国和杭州的改观三个方面，研究了唐、五代杭州湾的地理、海潮变迁，以及其在东亚海域航线中的地位，认为唐代后期的东亚海域曾经呈现为从渤海湾至朝鲜半岛、渤海，并包括日本在内的东亚海交易圈，与从东南亚经广州，沿着海岸一直延伸到长江河口附近的南海交易圈，在以扬州为中心的长江河口地区汇集。而黄河吐出的泥沙导致长江河口向东延伸，从而使扬州功能不全，使两大贸易圈的枢纽转向了由于同样的沙泥而不断陆地化的以杭州为中心的钱塘江河口地区。当时成立的吴越国作为海上国家在东亚海域交易圈中树立了霸权，力图通过贸易增进国家利益。杭州作为这样的吴越国的首都，当然反映了吴越国的特征，具有了作为港湾城市的面貌。并且由于成为首都，联接起了以往就与海域相连的浙东地区以及位于内陆、运河沿岸的浙西地区，这些地方唐代以前还属两个行政区，可是经过吴越国，到了宋代形成了两浙路单一行政区。由于杭州具有了港湾功能，成为两浙地区的核心城市，两浙地区互相依存，逐步形成为一个运河、内陆与海域相连，密不可分的地区，为日后的市舶司体制、南宋帝都奠定了基础。

武汉理工大学交通学院席龙飞的《宁波的造船业与海上丝绸之路》通过有段石锛及其传播、河姆渡雕花木桨与跨湖桥独木舟等考古资料，“于越献舟”“以船为车，以楫为马”文献记载，以及鄞县出土的战国青铜钺与中国风帆起源、唐代造船业的发展对海上交通的促进作用、航行在海上的客船和客船队始于北宋宁波的神舟和客舟、宁波船具有良好的航海性能为考古学所证明等方面，论证了宁波造船业对海上丝绸之路发展的巨大贡献，认为宁波是中国舟船文化重要的发祥地，精湛繁盛的古代造船业是对以宁波为起点的海上丝绸之路的有力支撑。

交通部水运研究所施存龙的《两宋时期明州为枢纽港的中朝航海》以两宋为断代，以明州为核心的南路航线为对象，论述了两宋特别是北宋与朝鲜半岛统一国家之间形成的以两国首都为起迄点的航线的形成背景、一次典型的航行及其在这一历史时期两国政府和民间的政治、经济、文化交往中所起的作用，以及这一段航海历史遗留至今的遗迹。

天一阁博物馆王宏星在《唐至北宋明州港南下航路与贸易》一文中认

为，唐代明州港已经是一个对外航运贸易的重要港口，与东南亚、波斯湾、北非等国家都有通商贸易关系，越窑青瓷和长沙窑绘瓷在宁波海运码头和通商各国港口出土，就证明了这一事实。据《宋宝庆四明志》记载，北宋明州已设立市舶司，管理对外海运贸易事务。明州的清真寺和波斯巷则是北宋时期阿拉伯人通商贸易的重要标志。唐宋时期明州（宁波）作为我国四大通商口岸之一，是海上丝绸之路主要始发港，与朝鲜半岛、日本航运贸易频繁，经济联系非常密切。另一条南下去东南亚和波斯湾各国，航运贸易的数量也非常可观，是支撑明州港兴旺繁荣的重要因素之一，明州与广州、扬州等港口一起筑起了一条海上丝绸之路。这条海上丝绸之路的形成，比陆路持续时间更长，交流物资品种更丰富，到达国家和地区更多更广，在历史上影响也更大。

广州暨南大学历史学系王元林在《广州、宁波等中国沿海外贸港口比较刍议》中指出，中国对外贸易港口虽地理位置各异，港口自然条件不一，存在一定的地域性差异，故腹地与外贸国家不同。近地理之便，登州、扬州等港口多东北亚的新罗（或高丽）、日本，而广州、泉州等港口多南洋各国。各对外贸易港口在中国对外贸易中，相互影响、相互补充，虽然各地管理对外贸易的机构废置不常，政策对外贸易港口有影响作用，但沿海居民自古善于舟楫，中国沿海各港口发展各有不同的轨迹，兴衰时间不一，作用不同，但中外商贸丰富的物质、文化交流，组成了一幅色彩斑斓的图卷，为海上丝绸之路赋予了更多丰富的内容。

广州、泉州、宁波是中国古代的著名港口。因地理位置、政府重视程度，以及港口本身的条件，这三个港口城市的发展呈现出各自的特点。福建社会科学院陆芸的《宁波、泉州的比较研究》从自然地理、政府政策、文化交流与移民三个方面，探讨了宁波、泉州的相同和不同之处，揭示出不同历史时期两个港口城市的发展轨迹。

马一虹的《异文化交流中的宁波——时代与人群、贸易》、施祖青的《宁波“海上丝绸之路”与移民关系初探》、沈登苗的《倭寇“新论”是中国大陆学者独立提出的》、黄晓峰的《澳门港与海上丝路——澳门〈文化杂志〉反映的研究成果》等论文，也分别就有关宁波港与海外移民、倭寇、澳门与海上丝绸之路等问题作了研究。

毛昭晰以《羽人与海上丝绸之路》、日本学者冈元司以《东亚的海域交流与日本传统文化的形成——以宁波为焦点》为题，分别就有关问题作了大会演讲，得到与会学者的热烈反响。

除了在上述领域的学术成果，与会学者就海上丝绸之路与东西方文明交流及历史文化遗产等问题，提出了许多精辟的意见和建议。主要有：一是海上丝绸之路研究不仅要以广州、泉州、宁波三大港为中心，而且也要深入普及到沿海其他历史港口，如蓬莱、塘沽、连云港、扬州、南京、苏州、上海、乍浦、杭州、温州、福州、长乐、漳州、厦门、潮州、汕头、徐闻、合浦等。二是要注意将中外文献史料与文物考古实物资料结合起来，把陆路和海路结合起来，把宏观研究与微观研究结合起来，把国内研究与国外研究结合起来。三是海上丝绸之路申报世界文化遗产要各港口联合起来，全国一盘棋，防止急功近利和相互排挤，克服地方主义，提倡团结合作，相互尊重，取长补短。四是澳门历史文化遗产可以纳入海上丝绸之路中来，其申遗成功经验值得各地参考和借鉴。五是鸦片战争后西方列强在铁舰利炮打开国门下的所谓“文化交流”及其遗存不能归属到“丝绸之路”文化遗产，因为那不是文明的、平等的、互利互惠的文化交流，与联合国倡导的东西方平等互利的“文明对话”宗旨和古代“丝绸之路”文化遗产“申遗”目标相违背。六是与会学者一致同意，以宁波会议为开始，设立“东方神舟”海上丝绸之路论坛，各港口轮流执事，定期举办学术会议，出版论文成果，启用“羽人竟渡”为申遗标志。

2007年，杨建华发表了《宁波与“海上丝绸之路”终点——平泉的交流》，作者通过比对日本东北地区平泉出土的大量陶瓷器、钱币、木屐等物品与宋代时期明州（宁波）港附近的出土物，得知这些物品皆由明州港输出，经值嘉岛航至日本博多港，通过濑户内海到达日本名城难波，再由难波通过海道抵达奥州平泉，而当时由平泉生产的砂金又大量输入大宋国。从而证明了早在12世纪，明州就与千里之遥的平泉开始了贸易交往。此外，在佛教和文化等方面也进行了广泛的交流和传播。可见平泉系海上丝绸之路在日本北部的终点。① 同年，林士民也发表了关于日本平泉的文章《明州与日本平泉"海上丝路"的开通》，认为作为海上丝绸之路的始发港之一，明州（今宁波）港与一衣带水的日本列岛从唐代开始就有着频繁的友好交往。考古发掘和相关遗存表明，在11世纪（宋代）明州与日本平泉已有交往，通过海上丝绸之路，两地架起了友谊的大桥。②

2008年，陈依元、钟昌标出版了《区域开放与社会经济发展——对宁波开放史的一个考察维度》，从区域开放的角度对宁波与海上丝绸之路的关系进行了探讨。③

为了推动中国"海上丝绸之路"文化遗产研究、保护、传承、利用并申报世界文化遗产的进程，由中国社会科学院与宁波市人民政府主办的"海上丝绸之路与世界文明进程"国际论坛于2011年12月10—11日在宁波举行。参加会议的代表包括中国社会科学院学者，宁波、广州、北海、扬州、泉州、蓬莱六市领导人，内地多家研究所和高等院校、博物馆、港澳台及国外专家、学者40多位，联合国科教文组织北京办事处文化专员于连·格莱纳到会讲话。论坛主要由六市领导人对各自城市在"海上丝绸之路"申报世界文化遗产中的条件、依据和作用作了充分的阐述；举行了《跨越海洋——"海上丝绸之路"六城市文化遗产精品联展》新闻发布会；举行了由宁波大学教授龚缨晏和刘恒武主编的《中国"海上丝绸之路"研究百年回顾》和《20世纪中国"海上丝绸之路"研究论文集萃》首发式。

专家学者们围绕海内外与"海上丝绸之路"相关的理论问题、历史背景、

①杨建华：《宁波与"海上丝绸之路"终点——平泉的交流》，载张伟主编：《浙江海洋文化与经济》，北京：海洋出版社2007年，第107-112页。

②林士民：《明州与日本平泉"海上丝路"的开通》，《三江论坛》2007年第2期。

③陈依元、钟昌标：《区域开放与社会经济发展——对宁波开放史的一个考察维度》，北京：经济科学出版社2008年版。

交通线路、郑和下西洋瓷器茶叶、天主教、佛教、妈祖信仰、婆罗门教、《雪尔登中国地图》《顺风相送》《西洋记》《通航一览》、鸦片走私、海运海关海疆，以及“海上丝绸之路”与文化遗产保护、与海洋经济、与城市人文精神、与生态文明等论题进行了深入的探讨和交流，尤其对新发现的《明代彩绘航海图》的真伪、价值进行了热烈的讨论。此次论坛论题广泛、探讨深入，可视为我国“海上丝绸之路”研究的继往开来，把中国“海上丝绸之路”申遗工作推向个新阶段。

除宁波外，浙江的乍浦港、舟山群岛及温州等重要海上丝绸之路港口也成为学者们关注的重要对象。2001 年冯佐哲发表了《乍浦港与清代中日贸易和文化交流》一文，① 作者介绍了乍浦港在清代的重要地位，并运用相关原始资料对该港在清代的中日贸易情况与文化广交情况进行了统计和分析。2014 年，王兴文、陈清发表了《清中前期江南沿海市镇的对日贸易——以乍浦港为中心》，作者认为，清代康熙开海以后，江南地区的对日贸易开始活跃起来。宽松的贸易环境，为江南商品经济发展提供了契机，同时也兴起了一大批对日贸易港口，其中以乍浦港最为典型。它自康熙开海后走向繁荣，到乾隆一朝达到鼎盛，成为中日贸易往来的重要港口，在清代中日贸易史上占据重要地位。乍浦港的兴起与繁荣得益于当时江南经济及国内其他区域经济的繁荣，同时也促进了清中前期国内区域经济的整合及对外联系。②

在对舟山群岛与海上丝绸之路的研究中，2003 年，王连胜发表了《海上丝绸之路——普陀山高丽道头探轶》，作者通过考证认为，普陀山向来有日僧慧锷于唐咸通年间请观音像滞留岛上而开山之说，近见宋人记载该山有高丽道头，为通商高丽、日本诸国，舟揖取道候风候潮之地，岛上洞穴峰岭、寺院古迹，皆以观音信仰得名。而韩国学术界亦有观点认为：普陀山观音像系“新罗贾人”所请，不肯去观音院乃新罗人模仿韩国洛山寺

---

①冯佐哲：《乍浦港与清代中日贸易和文化交流》，《明清论丛》（第二辑），北京：紫禁城出版社 2001 年版。

②王兴文、陈清：《清中前期江南沿海市镇的对日贸易——以乍浦港为中心》，《浙江学刊》2014 年第 2 期。

所创。其实这些正是唐宋时期中、日、韩三国使节、商贾来往，佛教文化和海洋文化频繁交流所藉普陀山海上丝绸之路的见证。①鉴于东亚海域的海上丝绸之路研究，学术界往往注重于山东、江苏、浙江宁波等地与朝鲜、日本的研究，对于作为海上丝绸之路中继站，被称为“海上敦煌”的舟山群岛没有引起足够的重视。2009 年 1 月，由浙江工商大学日本文化研究所和浙江舟山市普陀海洋文化研究会等单位主办的“东亚海域文化交流：以普陀为中心”的国际学术研讨会在舟山市普陀区举办，会后出版了论文集《舟山普陀与东亚海域文化交流》，②收录与会论文 20 篇，全面围绕普陀山与日本的海上交流展开了研究，发表了较多的高质量论文，对于研究东亚海上丝绸之路很具意义。

2013 年，伍显军在《论温州在“海上丝绸之路”史上的重要地位》一文中，介绍了温州港口优良的天然条件和悠久的舟船、港口历史。发达的造船业和先进的航海技术以及温州港口的输入和输出，包括人员的往来，瓯窑、龙泉窑瓷器、漆器、香料等商品的互通贸易，科技和文化的交流传播等，通过对这些明代以前文献记载及文物资料的整理研究，作者认为温州“海上丝绸之路”具有丰富的文化内涵和鲜明的区域特色，在古代中国“海上丝绸之路”史上具有重要地位。③

第四节　福建省的海上丝绸之路研究

进入 21 世纪后，福建省的海上丝绸之路研究仍然走在各沿海省（区、

①王连胜：《海上丝绸之路——普陀山高丽道头探轶》，《浙江海洋学院学报》（人文科学版）2002 年第 1 期。

②张捷、郭万平主编：《舟山普陀与东亚海域文化交流》，杭州：浙江大学出版社 2009 年版。

③伍显军：《论温州在“海上丝绸之路”史上的重要地位》，《福建文博》2013 年第 2 期。

市）的前列，其研究成果也颇引人注目。

2001 年，泉州市政协编辑出版了《泉州文史资料》（第 20 辑），其中收录了陈鹏的《联合国“海上丝绸之路”泉州考察缘起》对 1991 年联合国教科文组织的海上丝绸之路泉州考察的缘起作了回顾。从 1987 年 2 月，中国常驻联合国教科文组织代表团捎回该组织关于“丝绸之路整体研究”的初步规划，并要求国内研究后作出回应。考察活动从此时起，直到 1991 年底取得圆满成功为止，历时 4 年多。文中比较详细地介绍了 1987—1991 年中的每一年的主要准备活动和内容。这对于我们了解此次活动具有重要意义。[①] 同年，由福建上杭客家联谊会编的《上杭客家》（第 3 期）收录了钟巨蕃、周显贵关于汀江与海上丝绸之路关系的论文《浅谈汀江与海上丝绸之路》，作者认为，一方面，海上丝路传播和丰富了客家文化；另一方面，汀江流域对外贸易是冲破“闭关自守”政策发展起来的。在此基础上，作者得出了几点启示，第一，对外开放是发展区域经济的必由之路；第二，根据本地资源优势，发展品牌产品去开拓市场、活跃市场；第三，保护好汀江流域的生态环境，复活汀江航运，开发汀江旅游资源和水资源；第四，丰富的客家传统文化资源是上杭发展经济的强大优势。[②]

2002 年，中国航海学会和泉州市人民政府联合举办“泉州港与海上丝绸之路国际学术研讨会”，在会前编纂和出版了《泉州港与海上丝绸之路》文集，精选 50 余篇论文，内容涵盖了中世纪的中西文化和中西交通的方方面面，评价了宋元时期泉州港的历史地位和作用极其深远的影响，并揭示了中世纪人类文明交流的轨迹。这些论文史料翔实，内容丰富，或大处着笔、立足现实、贯通古今、思路开阔；或专题论述、细琢精雕、考证缜密、见识独具。历史养分突现，服务现实有益。该书既为当前的海上

①陈鹏：《联合国“海上丝绸之路”泉州考察缘起》，载中国人民政治协商会议福建省泉州市委员会文史资料委员会编：《泉州文史资料》（第 20 辑），2001 年 12 月，第 71-79 页。

②钟巨蕃、周显贵：《浅谈汀江与海上丝绸之路》，载福建上杭客家联谊会编：《上杭客家》（第 3 期），2001 年 12 月。

丝绸之路的研究作了简要总结，又为之后的海上丝绸之路研究起到了承前启后的作用。[①]

在2002年"'泉州港与海上丝绸之路'国际学术研讨会"和"中华域外文化互动暨'海上丝绸之路：泉州'学术研讨会"召开后，2003年，中国航海学会和泉州市人民政府又出版了这两次会议的论文集《泉州港与海上丝绸之路2》，收录论文43篇，再现了泉州从小城到世界大港的发展轨迹，内容涉及泉州港的各方面，如泉州港在海上丝绸之路中的历史地位及作用、港口建设、造船航海、通商贸易、文化交流等。该论文集既是"泉州港与海上丝绸之路"研究的最新成果，同时，它和第一辑一起，在某种程度上反映了半个世纪以来海交史研究和闽南文化史研究的大致轮廓。[②]会议研讨的主要内容集中在以下几个方面。

1. 泉州港的兴盛与历史地位

杨国桢在《宋元泉州与亚洲海洋经济世界的互动》中认为：宋元两代，东南中国是亚洲海洋经济最具活力的区域，以泉州为中心的航海贸易为龙头，与亚洲海域"北洋""东洋""西洋"实现了连接与互动，形成东方世界的海洋经济圈。作者主张以海洋为本位的视角，把海洋视为一个生存和发展的空间，重新发现泉州国际性多元化的历史内涵及其在世界海洋史的地位。魏启宇、高缜都在《泉州港的历史地位、作用与发展前景》中指出：泉州港在历史上发挥过重要作用，一是推动腹地经济的发展，二是推动泉州城市改进和扩建；三是促进腹地交通；四是促进中外文化交流。周中坚认为元代是泉州港极盛时期，泉州港跃居世界港口最前列，堪称历史奇迹。陈炎的《宋元时期泉州港与海上丝绸之路兼论对外贸易和中外文化交流》、黄天柱的《古泉州与海上丝路的关系》、王寒枫的《南宋时期泉州港地位的形成》、刘志成的《海上丝绸之路的重要港口——泉州》、刘浩然的《海

①中国航海学会、泉州市人民政府：《泉州港与海上丝绸之路》，北京：中国社会科学出版社2002年版。

②中国航海学会、泉州市人民政府：《泉州港与海上丝绸之路2》，北京：中国社会科学出版社2003年版。

交丝路的重要港口泉州》、李美美的《宋代泉州港的崛起》、叶恩典的《宋代泉州港若干问题刍议》、许宗音的《宋元泉州社会》、刘文波的《唐、五代泉州社会经济与海外贸易的兴起》、廖大珂的《宋元时期泉州与欧洲的交流》、郑炳山的《泉州与东南亚的交往》、陈鹏的《泉州与非洲的历史交往》、沈玉水的《泉州与日本的历史交往》等论文都应用大量的史实，论述了泉州港的兴盛及其历史地位。

2. 泉州港兴盛的原因

关于宋元时期泉州港的崛起和海外贸易兴盛的原因，与会学者更是从多方位、不间角度进行探讨，其中不乏有些新颖观点和独到见解。许在全在《泉州吏治与海上丝绸之路》中认为，泉州港的崛起，同吏治有一定的关系。当时的封建统治者相对来说，为了发展海上交通贸易，比较注意吏治，其主要表现有四个方面：一是加强法治；二是加强管理；三是加强廉政；四是惩治腐败。杜瑜在《泉州港历史地理研究》则从历史地理的角度探究泉州港兴盛的原因，认为泉州地区自然地理位置优越，是泉州港迅速发展的先决条件，而宋元时期泉州人口地理的变化，促进了经济发展，为泉州港兴盛提供了坚实的物质基础。藏显群在《唐代福建海外交通贸易史述论》中认为，唐宋之际泉州海外交通贸易地位变化的原因在于：首先，当地政府实行鼓励海外贸易政策；其次，唐末五代我国其他贸易港均不同程度遭到战乱破坏，而泉州港相对稳定；再次，当时泉州已逐渐成为东西洋海上贸易的交汇地。此外，福建经济的发展以及与内地交通条件的改善也是重要的原因之一。黄启臣在《探释元代泉州海上丝绸之路第一大港的原因》中认为：第一，在宋末元初的战乱中，广州遭到严重的破坏，泉州情况较好。第二，泉州相对广州离南宋都城临安和元大都较近，得地利之先。第三，元政府刻意扶持泉州，利用官本官船贸易制度向泉州投入足够的锭钞。第四，阿拉伯人蒲寿庚对市舶司的管理。陈培坤、黄浩栋在《试论宋元时期泉州港崛起的原因及其对泉州社会的影响》中认为，泉州港之所以会在宋元之际一跃而成为东方第一大港。其原因是中原、北方的长期战乱导致经济、政治重心逐渐南移和福建经济的迅速增长。不少学者专门就宋元时期泉州社会经济的繁荣与手工业生产的发展，来说明泉州海上丝绸之路形成的原因。叶文程在《古泉州地区陶瓷生产与海上“陶瓷之路”的形成》中指出，古泉州地区自六朝、唐五代及宋元明清，是生产陶瓷的重要地区，各种陶瓷产品，与该地的丝绸、茶叶一样，是宋元以来泉州港海外交通贸易的重要商品，也是泉州对外输出的大宗商品。李金明就“Zaitun”与“刺桐”两个概念的区别与联系作了深入考辨，成为一家之言。徐晓望在《明代福建丝织业考略》中指出明代福建形成泉州、漳州、福州三大丝织品生产中心，它的特点是从江南运入湖丝，然后织成各类丝织品，并向海外出售。袁冰凌在《德化白瓷及其文化背景》中介绍了德化瓷雕的精湛艺术极其深厚的历史文化背景。造船业的发展无疑也是海上丝绸之路形成的重要因素。席龙飞在《宋元时期泉州的造船与航海》中以出土在泉州湾的宋代货船和出土在韩国全罗南道木浦市新安海底的元代中国货船为实例，分析宋元时期泉州船舶在性能、结构、属具等诸方面的先进性，论述泉州宋元时期的造船技术处于当时中国领先地位。林孙伟、陈延杭也分析出宋元时期泉州先进造船技术是海上丝路最繁荣的决定因素。

3. 宋元泉州海外贸易的管理

由于宋元封建统治者对泉州海外贸易的重视，设置专门机构，制定严密的规章制度进行管理，有力地促进了泉州海外贸易的发展。部分学者很重视对市舶司这一海外贸易管理机构的研究。胡沧泽在《宋元时期泉州海外贸易的管理》中认为宋代泉州市舶司的职责主要有管理进出口船舶，发放“公凭”或“公验”一类出海贸易许可证，征收市舶税，对某些货物实行专买专卖，对市舶官员和商人实行奖惩等。元代市舶司职责除了基本上沿袭宋代市舶条法外，在增加国家收入和加强国家对海外贸易的垄断等方面有更为完备的规定。此外，宋元市舶司还有主持祈风仪典和祭祀天妃仪式的职责。王莉、孙利望、王杰的《宋代泉州等市舶机构的设置及其兴衰沿革考辨》，认为两宋时期是我国古代航海事业全面繁荣时期，也是市舶制度日趋完善的重要时期，它主要表现在：一是市舶机构地点的设置比较合理；二是市舶管理制度日益明确和条理化；三是关税征收与专卖规则更加详尽。张家瑜、林国强则对泉州市舶司的设置地点及其对海外贸易管理作用作了论述，并建议在原址修复建立市舶司或海关博物馆。

4. 泉州的国际性多元文化

海外交通贸易带来的古代波斯、阿拉伯、印度和东南亚各种文化。与极具包容性的本土文化交融汇合，形成异彩纷呈的国际性多元文化现象，使泉州赢得“世界宗教博物馆”的称誉。这也是大会讨论的热点问题。李亦园在《释论“海上丝绸之路”：泉州申报“世界文化遗产”之内在文化意涵》中认为泉州不仅有丰富而宝贵的文化遗迹，而且这些文化遗迹背后还蕴含着难得的文化特质，可以转化成为当前世界的“普世价值”。它早就应该成为教科文组织的世界文化遗产的认可对象。陈佳荣在《刺桐城成为“世界宗教博物馆”的启示》中指出，几乎各种世界宗教，都可以在泉州找到自身的影子，包括中国传统的儒、道、佛三教，伊斯兰教、基督教、婆罗门教、摩尼教、犹太教以及古埃及、古希腊的宗教。这充分表明了中华民族爱好和平、尊重其他民族文化的传统美德。陈水德在《“海上丝绸之路”与泉州外来宗教文化的传播》中进一步提出，泉州外来宗教文化的传播虽各有不同的历史情况，但从总体上来看，其历史命运与泉州海上丝绸之路的盛衰过程紧密相连。黄展岳在《摩尼教在泉州》中，论述了摩尼教传入泉州的历史背景、摩尼教在泉州的传播、泉州摩尼教的衰亡，并建议做好保护泉州摩尼教遗址的有关工作。徐心希在《摩尼教的传入、衍变与泉州港的兴盛》中，认为唐宋时期摩尼教以海路为主要渠道传入泉州之后，遂以秘密宗教“明教”的组织形式流传于闽浙一带。宋元时蔚为壮观，并渐趋本土化。活动区域向北扩展至闽浙交界处。由漳、泉、粤人传入台湾后，被称为“嘛呢教”。摩尼教在福建的广泛传播与宋元时期泉州港的兴盛有密切的关系。郭志超在《白奇回族伊斯兰式墓型的变迁》中指出白奇回族伊斯兰墓型变迁，表现在墓围、墓表石雕、纹饰、构造等方面，是明代以来东南社会变迁与回汉文化融合的历史反映。高明潭在《古代东方海洋文化港埠：泉州商工人文范式》中认为：泉州是古代东方海洋文化港埠，泉州具有商工人文范式，是海上丝绸之路的东端。此外，陆芸的《伊斯兰教在泉州》、詹石窗的《老君岩与海上丝路》、林德民的《从泉州发现的伊斯兰教文物看海上丝路的勃兴》、何绵山的《天主教在泉州的传播》、陈桂炳的《“泉州神女”与元代泉州海交》、陈丽华的《试论宋元时期泉州的重商意识》等分别论述了各种外来宗教在泉州的传播、发展与变迁。

5. 海交贸易历史名人、海商与华侨

在海外交通贸易历史上，产生过一些著名人物，祖籍西域的蒲寿庚无疑是其中的佼佼者。陈自强在《论蒲寿庚家族对泉州港海外交通贸易的贡献》中，用大量的史实介绍蒲氏对泉州海外贸易的作用。同时还分析蒲氏家族之所以发挥作用的两个外在因素，一是宋元政府重视海外交通贸易；二是宋元交替之际的社会现状，为蒲氏提供机遇和舞台。蔡尤作的《泉州三国时代畲族航海家蓝祥考》、张吉昌的《宋元时期发展泉州海交贸易若干人物略考》等，对推动泉州海外交通贸易发展的历史名人蓝祥、汪大猷、颜师鲁、真德秀、赵汝适、汪大渊等人作了考证和介绍。研究海外贸易史不可忽视对海商的研究。李玉昆在《海上丝绸之路与宋元泉州海商》中，探讨了宋元时期泉州海商的活动和作用。作者认为，宋元时期泉州海商的构成有舶商、绅商、儒商、僧人经商、海外宗子经商和散商等，他们具有勇于拼搏和讲求诚信的优良传统，为泉州海外贸易作出了很大贡献。庄国土在《14—17 世纪的东亚东南亚华商网络和泉州海商》中指出宋元时期泉州海商逐渐超过广东海商，主导中国海外贸易网络，明中叶以后，以漳州人为主的闽南海商成为中坚力量，明末到清末，以泉州人为主的闽南海商集团控制了东亚、东南亚华商网络。历史上华侨对海上丝路的开拓和发展，以及中外经济文化交流起到不可低估的作用。童家洲的《泉州港与菲律宾早期贸易及华侨》、李天锡的《从泉州华侨看泉州港在海上丝绸之路的历史地位》，在这方面都占有翔实的史料和精辟的论述。

6. 泉州海丝考古文物与中外海交文献

泉州文化积淀深厚，全市拥有各级重点文物保护单位 600 多处，其中国家级 14 处，省级 40 处。如何保护利用这些考古文物，是未来申报世界文化遗产的关键。郑国珍的《整合海丝文物资源、促进泉州可持续发展》一文，思路新颖、建议合理，很有前瞻性。杨式挺的《加强水下考古是重视泉州“海上丝绸之路”必由之路》，指出泉州后渚宋代海船的发现，揭开“海上丝路”研究的新篇章，泉州水下考古、海洋考古潜力很大，要使泉州“海上丝路”研究取得突破性成果，应当重视和加强水下考古工作的力度。廖渊泉在《吴文良先生遗著〈泉州宗教石刻〉对“海上丝绸之路”研究的重大学术贡献》中，指出吴文良先生长期搜集 200 多方宋元时期泉州各种外来宗教石刻，无偿捐献给国家。他还认真整理出版了《泉州宗教石刻》一书。该书内容丰富，图文并茂，是研究泉州海交史的首部奠基性考古巨著。并建议再版《泉州宗教石刻》增订本。加拿大学者理查德·皮尔逊等人在《泉州考古简评》中通过对泉州重要宗教遗址、陵墓、交通路线、造船业和制瓷遗址考古资料的研究，有力说明了泉州港兴于唐代，宋元时期发展为世界贸易大港。明万历年间，传教士艾儒略在泉州发现了极为罕见的一字架石。林金水的《艾儒略与泉州十字架石的发现》，向世人揭示了鲜为人知的泉州海交故事。此外，郑焕章的《中世纪西方三大旅行家笔下的元代泉州港》、吴乔生的《外国旅行家笔下的泉州》、徐斌的《从〈历代宝案〉看泉州与琉球的友好关系》，均从文献学的角度阐述了历史上泉州港在世界海交史上的地位。①

泉州港务局和泉州港口协会于 2005 年又出版了《泉州港与海上丝绸之路 3 ——纪念郑和下西洋六百周年论文集》，收录论文 55 篇，分别从航海、造船、天文、地理、海图、宗教、贸易、华侨、史迹等诸多方面，对

①汪征鲁：《“泉州港与海上丝绸之路”国际学术研讨会论文述论》，载中国航海学会、泉州市人民政府编：《泉州港与海上丝绸之路 2》，北京：中国社会科学出版社 2003 年，第 22-30 页。

泉州与海上丝绸之路，特别是对郑和下西洋进行了宽视野、深层次的研讨，发掘了不少新资料，印证了不少新史迹。重点就明代泉州海上丝绸之路的拓展，进行了分析探索，对郑和下西洋的历史贡献及其积极的现实意义，给予了充分的肯定。它与前二辑一起，成为研究泉州港与海上丝绸之路的重要系列成果。①

2002 年，为了配合泉州市开展申报海上丝绸之路“世遗”活动和庆祝丰泽区建区五周年、丰泽区政协成立五周年，泉州市丰泽区政协学习和文史委员会编印了《丰泽文史资料（第五辑）——“海丝”拾遗》，重点介绍丰泽区有关“海丝”方面的人文景观。编者认为，丰泽辖区的后渚港是闻名世界的海上丝绸之路的重要起点，历经千年，中华民族传统文化和外来文化在这里广融博纳，形成内涵丰富、风格独特的地域文化，凸现了古城泉州丰富的文化积淀和悠久的历史底蕴。②

2002 年 10 月，由中国社会科学院学术交流委员会、社会科学文献出版社、中国海外交通史学会、泉州市社会科学界联合会以及台湾喜马拉雅研究发展基金会联合举办的“中华文化与城外文化互动暨海上丝绸之路泉州学术讨论会”在历史文化名城福建省泉州市举行。来自海峡两岸以及美国等地的 60 多位专家、学者参加了这次学术讨论会。这次会议着重研讨了中华文化与城外文化互动的历史现象，从宏观层面探讨中外文化的互动、交融；同时研讨“泉州与海上丝绸之路”在中外文化交流互动中的历史地位、作用及意义，从地域微观层面将泉州作为中外文化交流与互动的一个典型城市来反观宏观层面上与外文化的互动、交融。例如，在这次研讨会上，有学者首次提出泉州港是中国的“阿拉伯走廊”，中国的士大夫通过泉州港接受了丰富的外来文化，尤其是对阿拉伯文化的认识和了解日益深入。因此可以说，泉州港是中国人认识阿拉伯、前往阿拉伯的通途，海上丝绸

①泉州港务局、泉州港口协会：《泉州港与海上丝绸之路 3——纪念郑和下西洋六百周年论文集》，北京：中国社会科学出版社 2005 年版。

②刘聚钗：《丰泽文史资料（第五辑）——“海丝”拾遗》，2002 年。

之路自古以来就是一条经贸之路、和平友谊之路和文明对话之路。还有学者就泉州申报“世界文化遗产”一事进行多方面的论证。2007年，这次学术讨论会的部分论文集结成《泉州文化与海上丝绸之路》，其中关于海上丝绸之路的主要论文包括何振良、李玉昆的《略论泉州与海上丝绸之路》①，戴泉明的《刺桐港考证及其申报“世遗”的文化意义》，李玉昆的《海上丝绸之路与泉州多元文化》，宋岘的《泉州港是中国的“阿拉伯走廊”》，许在全的《试谈泉州与阿拉伯的文化互动》，陈建中的《泉州的陶瓷贸易与东西方文化互动——以德化窑外销瓷为例》，李国宏的《试论宋元时期泉州港在中外文化交流中的地位》，何振良的《略论明清时期泉州人对台湾的开发和经营》等。②

2002年12月27日，“黄守恭与‘海上丝绸之路’”学术研讨会在福建省石狮市召开。黄守恭是唐代垂拱年间献桑园建泉州开元寺的长者。千年古桑现在仍郁郁葱葱，是泉州海上丝绸之路的活化石。黄守恭不仅植桑，而且从事丝绸的纺织，说明唐代泉州的纺织业已经相当发达。其五子的名字分别为黄经、黄纪、黄纲、黄纶、黄纬，与纺织有着密切关系。五人分别住在福建的南安、惠安、安溪、同安、绍安等地，如今后裔遍及海内外，达600余万人。黄守恭留下的史迹（开元寺、檀樾祠、古桑、古墓）是海上丝绸之路的一道亮丽风景线。会后，福建省姓氏源流研究会黄氏委员会编辑出版了《黄守恭与海上丝绸之路学术研究文集》，包括四部分内容：第一，黄守恭公学术研究论文；第二，海上丝绸之路与华侨、台湾亲缘研究；第三，黄守恭公诗词联语赞；第四，福建黄氏各支源流研究。③“海上丝绸之路与华侨、台湾亲缘研究”专题包括黄天柱的《古泉州港与海上丝绸

①此文后又收入福建省炎黄文化研究会、中国人民政治协商会议福州市委员会编：《福建海洋文化研究》，福州：海峡文艺出版社2009年版。

②李冀平、朱学群、王连茂：《泉州文化与海上丝绸之路》，北京：社会科学文献出版社2007年版。

③黄氏委员会：《黄守恭与海上丝绸之路学术研究文集》，福建省姓氏源流研究会黄氏委员会，2002年12月。

之路的关系》，李国宏的《试论泉州“海上丝绸之路”文化遗产的重要价值》，王寒枫的《宋元泉州大港地位的形成》，黄存仁、黄让秦的《泉州“海上丝绸之路”的佐证》，黄剑岚的《龙溪壶山黄氏源流及海上丝绸之路史迹考》，黄贺顺的《海上丝绸之路的一颗明珠——旅菲侨领黄秀烺与古檗山庄》，郑炳山的《泉州黄氏乡亲在东南亚的著名华侨华人》，吴远鹏的《安溪〈参内二房黄氏族谱〉华侨史料剖析》，李国宏的《泉台铺景黄姓亲缘考略》，李天锡的《跟随施琅统一台湾将领黄镐黄钟略考》，黄金铨的《飘洋过海开发台湾》。

2003 年 2 月，中国民系（闽南）文化节暨第二届中国泉州“海上丝绸之路”文化节在泉州举行。这次活动由中国侨联、福建省人民政府主办，福建省侨联、泉州市人民政府承办，活动的宗旨是：以闽南文化为载体，通过海峡两岸对闽南文化、海上丝绸之路文化的历史、现状和今后发展的探讨与展示，推动海峡两岸、海内外闽南人的“联谊、交流、传承、发展”，弘扬闽南文化和海上丝路文化“继承、包容、开拓、前瞻”的优秀传统，促进海峡两岸的文化交流与发展，增进海内外闽南人的联系与交往。同时，发挥广大华侨、华人与台湾人民有着密切往来的独特优势，以亲情乡谊，更积极、主动地开展工作，以民族精神促进祖国的和平统一。活动结束后，出版了由黄少萍主编的《中国民系（闽南）文化节暨第二届中国泉州“海上丝绸之路”文化节特刊》宣传册。

蟳埔位于泉州中心市区东南部，古刺桐港畔，泉州湾晋江出海口北岸，属丰泽区，这里曾是海上丝绸之路的重要港口。2004 年，泉州老子研究会、泉州市丰泽区文体旅游局编辑出版了《众妙之门：“海上丝绸之路与蟳埔民俗文化”研究专辑》，收录有关蟳埔民俗与蟳埔海上丝绸之路的文章 30 余篇，比较系统地探讨了蟳埔的民俗文化和蟳埔的海上丝绸之路地位。[①] 同年，何振良在《略论泉州“海上丝绸之路”文化遗产的保护与开发》中

①泉州老子研究会、泉州市丰泽区文体旅游局：《众妙之门：“海上丝绸之路与蟳埔民俗文化”研究专辑》，2004 年 12 月。

对泉州的海上丝绸之路文化遗产的保护与开发进行了研讨。作者在概述了泉州海上丝绸之路文化遗产后，认为该遗产的保护应当做好以下几点：第一，统一思想，加强宣传，提高市民对泉州海上丝绸之路文化遗产保护管理工作的认识；第二，申报世界文化遗产是为了更好的保护泉州海上丝绸之路文化遗产；第三，准确把握泉州海上丝绸之路文化遗产的特点和属性，建立完整的保护管理体系；第四，建立泉州海上丝绸之路文化遗产保护专项基金，对文化遗产实施有效的保护。在开发利用方面，作者认为要合理利用，实现泉州海上丝绸之路文化遗产的可持续发展。具体包括：第一，有效利用，持续发展；第二，多方利用，全面提高；第三，加大投入，依法管理；第四，以人为本，培育人才。总之，在泉州海上丝绸之路文化遗产资源的保护和开发上，必须始终遵循和坚持“保护为主，抢救第一”的文物工作方针，坚持“有效保护、合理利用、加强管理”的原则，按照社会主义市场经济体制要求，正确认识、理性分析新时期文化遗产资源保护工作的新情况、新问题，坚持改革，积极探索；纵观全局，精心策划；准确把握和处理好保护与开发的关系，达到保护与开发的和谐有机统一。①

2006年，吴远鹏出版了自己的论文集《泉州与世界：文化交流与人物掠影》，收入作者30篇论文。其中，《海上丝绸之路与泉州民间信仰在印尼群岛的衍播初探》认为，随着海上丝绸之路的兴起和发展，泉州人不断地向外展拓、移民海外，泉州民间信仰也随之传播到世界各地。多姿多彩的泉州民间信仰习俗，对侨居地华侨社区的社会生活、文化艺术和风俗民情产生深刻而广泛的影响。海外华侨通过对祖籍地神明的信仰不仅仅只是一种精神慰藉，同时也是眷恋故国家园、传承中华民族传统文化的一种象征。同时，这种华侨民间信仰现象的存在、发展、演化，表现出中华文

①何振良：《略论泉州“海上丝绸之路”文化遗产及其保护与开发》，载福建省炎黄文化研究会、中国人民政治协商会议泉州市委员会编：《闽南文化研究 上》，福州：海峡文艺出版社2004年，第236-252页。

化与侨居地原住民各民族间不同文化的交流、借鉴和融合。[①] 同年，由中国与海上丝绸之路研究中心、福建省海上丝绸之路研究会和法国远东学院福州中心编辑的“海上丝绸之路研究”系列著作之一《陈达生伊斯兰教与阿拉伯碑铭研究论文集》出版，该书收入了陈达生先生所著伊斯兰教与阿拉伯碑铭研究论文数篇，其中包括《泉州清真寺史迹新考》《关于元末泉州伊斯兰教研究的几个问题》等。[②]

2011 年年底，李金明发表了《月港开禁与中国古代海上丝绸之路的发展》，认为中国古代海上丝绸之路，根据正史记载，是始于汉唐时期，发展于宋元两代，至明初郑和下西洋则达到鼎盛。但此时的海上丝绸之路仅局限于亚洲之间，唯有到 16 世纪下半叶，明朝在福建漳州海澄月港宣布部分开放海禁，准许私人海外贸易船申请文引，缴纳响税，出洋贸易后，才真正发展成为环绕全球、联系东西方的海上丝绸之路。[③]2012 年郭育生发表了《“海上丝绸之路”的外销瓷——磁灶童子山窑的产品及其工艺》一文，认为泉州的外销瓷历来就是海外交通贸易史等方面研究的重点对象，而泉州磁灶童子山窑就是泉州外销瓷最重要的窑口之一。该窑产品具有唐宋早期的时代特点，结合磁灶窑的烧制时间及各地方出土的器物等各方面情况来判断，可知该窑延烧时间长，从唐五代始烧，而盛行于宋元时期。童子山窑主要生产的是釉下彩绘器，它的釉下彩绘图案丰富多样，笔法线条流畅，内容富有生活气息，技法已非常成熟，为后世青花瓷的出现奠定了良好的技术基础。[④]

与此同时，福建省的申遗工作也在推进之中。2011 年 5 月 10 日，福建博物院举办“海上丝绸之路”联合陈列研讨会。此次会议由中国博物馆

①吴远鹏：《泉州与世界：文化交流与人物掠影》，香港：香港社会科学出版社有限公司 2006 年，第 74-82 页。

②陈达生、曲鸿亮、王连茂：《海上丝绸之路研究 4 ——陈达生伊斯兰教与阿拉伯碑铭研究论文集》，福州：福建教育出版社 2007 年版。

③李金明:《月港开禁与中国古代海上丝绸之路的发展》,《闽台文化交流》2011 年第 4 期。

④郭育生：《“海上丝绸之路”的外销瓷——磁灶童子山窑的产品及其工艺》，《海交史研究》2012 年第 1 期。

协会“丝绸之路”沿线博物馆专业委员会牵头，福建博物院承办，来自10个省份的“海上丝绸之路”沿线及相关21家博物馆代表42人应邀参加了会议，“丝绸之路”博物馆专业委员会副主任、福建省文物局副局长、福建博物院院长吴志跃主持会议。“丝绸之路”被联合国教科文组织称为“对话之路”。随着“丝绸之路”影响力的不断扩大，“海上丝绸之路”作为“丝绸之路”的一个重要部分进入更多人的视野。它开通早，使用久，范围广，涉及我国的省份有7个之多。这些省区之间地缘相连，文化相近，有着可以系统展示历史内蕴的文化资源和文化遗存，奠定了省际之间多样化合作的基础。会上，福建省文化厅党组书记、厅长宋闽旺对“海上丝绸之路”联合陈列提出以申遗为支撑的建议和希望，得到了与会代表的积极响应。福建博物院梅华全研究员作《福建与海上丝绸之路》专题演讲，细数新石器时代至明清时期福建“海上丝绸之路”的发端与发展，并和与会代表就相关问题进行了交流。作为历代海上贸易的重要省份，福建与“海上丝绸之路”密切相关。先辈们利用地理优势，在经济文化上作出了不朽的历史功绩。在不同朝代，福建向外传播丝绸、瓷器及文化，是中西方文化交流的重要据点。作为此次会议的承办方，福建博物院院长吴志跃表示，福建博物院将继续发挥大馆作用，参与到“海上丝绸之路”的文物保护、学术研究、陈列展览、社会教育等各个方面，力求把福建在“海上丝绸之路”中的积极作用充分展示出来。

2011年12月1日，漳州市举办“海上丝绸之路申遗”论坛，主题是“研究漳州海商文化，推动漳州‘海丝’申遗工作，促进港口经济发展”，来自两岸三地的专家、学者参加了论坛。与会学者对漳州，特别是月港作为“海上丝绸之路”的重要始发港给予肯定，对漳州海商为中国海外交通贸易史留下了浓墨重彩的一页表示赞同，并建言漳州作为“海丝”重要始发港，参与共同申遗。

为了配合“海上丝绸之路”申报世界文化遗产，受中国博物馆协会“丝绸之路”沿线博物馆专业委员会委托，福建博物院还拟定举办“海上丝绸之路”七省（自治区）（江苏、浙江、福建、山东、广东、广西、海南）联展。为此，《福建文博》杂志还从2012年第1期起，专门增设“海上丝绸之路研究”专栏，以推进海上丝绸之路的研究。2013年，王慧慧在《“海上丝绸之路漳州申遗点”研究》中认为，作为文化线路类遗产，漳州是“海上丝绸之路（中国段）”的重要组成部分。16世纪下半叶漳州月港开放海禁，准许出洋贸易，发展成为环绕全球、联系东西方的海上丝绸之路上的重要港口。漳州的“海丝”申遗的主题是突出明清时期大航海时代漳州“海丝”贸易对世界的影响。以月港为中心、以陶瓷为主要输出品的海外贸易，实现了中华文明与世界文明的碰撞和对话，是全国“海丝”申遗不可或缺的重要组成部分。平和南胜窑6处窑址、华安东溪窑2处窑址、月港遗址7处码头保存较为完整、真实，具有突出普遍价值，符合申遗条件。①

2012年，张丽婷在其硕士学位论文《全球视野下的明代漳州海外贸易》中，从全球史视野的角度，对明代漳州的海外贸易进行了考察。作者认为，以月港为中心的漳州地区私人贸易港口是明朝中后期朝贡贸易衰败、私人贸易猖獗的产物。它在葡萄牙、西班牙等西方国家东进以及开禁之后，成为东南沿海连接中国与印度洋、太平洋的一个重要港口；并通过与印度洋、太平洋各地的贸易、互动和联系，成为世界贸易体系的重要组成部分。伴随着漳州月港私人贸易的发展，明朝政府在月港实行开禁，并设立了督饷馆对月港进行管理并征税，成为月港、海澄县乃至漳州府的一项重要的财政收入。漳州月港、海澄县以及漳州府城都得到了巨大发展，呈现了繁荣局面。同时，大量出海商人移民菲律宾和美洲，为这些地方的发展作出了巨大的贡献。但是，从月港开禁到衰败只持续了几十年，在明朝末年随着外国殖民者和海寇的劫掠而走向衰落，让位于地理条件更为优越的厦门港。②

①王慧慧：《“海上丝绸之路漳州申遗点”研究》，《福建文博》2013年第2期。
②张丽婷：《全球视野下的明代漳州海外贸易》，硕士学位论文，首都师范大学，2012年。

第五节　广东省的海上丝绸之路研究

进入21世纪以后，广东省在海上丝绸之路的研究方面，仍然走在全国的前列。特别是在中国加入世界贸易组织（WTO）的大背景下，包括广东省在内的沿海各省（市、区）的学术界对海上丝绸之路的研究得到了更有力的推进。

2000年，张磊、张苹的《广州史话》中认为广州是海上丝绸之路的起点。[①] 在中国即将加入WTO之际，"珠江文化"与"海上丝绸之路"这两个有关广东对外开放历史、文化的话题的研究再次受到海内外重视。2001年年初，由广东省人民政府参事室、广东省人民政府文史研究馆成立的海上丝绸之路研究开发课题组，组织专家、学者考察了海上丝绸之路始发港广东徐闻，并在《岭南文史》上发表了各类文章；美国华文刊物《中外论坛》刊登洪三泰长达万言的报告文学《丝路悠悠海监蓝》。继而，作为广东省政府参事、珠江文化研究会会长的黄伟宗教授率团访美讲学，在美国发表了关于"珠江文化"与"海上丝绸之路"的演讲，并提出中国也是最早进行远洋贸易的国家。美国《世界日报》《星岛日报》《金山时报》等报道了他提出的"海上丝绸之路2000年的历史功勋""珠江文化的历史不比黄河、长江文化短"等观点，在华人文化界引起震动。2001年上半年，珠江文化研究会和海上丝绸之路研究开发课题组完成并出版了《开海——海上丝绸之路2000年》《千年国门——广州3000年不衰古港》两部长达90万字的长篇报告文学，还有《海上丝路中西方的相互发现》《广府海韵》《历代海上丝绸之路诗选》等著作，把海上丝绸之路的研究推向更高层次。这期间，《人民日报》、人民网、《南方日报》等集中发表了珠江文化研究会关于海上丝绸之路的研究报道。围绕海上丝绸之路，数十名专家、学者、作家和记者，写出了30多篇学术论文。这些著作和文章，为当年11月下

①张磊、张苹：《广州史话》，北京：社会科学文献出版社2000年，第9-10页。

旬在湛江市召开的“海上丝绸之路与中国南方港”的全国性学术会议提供了理论依据。2001 年 10 月，《中国评论》第 46 期发表了中山大学中文系教授、文化学家黄伟宗教授关于“珠江文化”与“海上丝绸之路”的访谈录，这家杂志还推出“对接：WTO 与海上丝绸之路”系列话题。

由于海内外的关注，《中国评论》杂志社社长郭伟峰等专程到穗，约请珠江文化研究会及海上丝绸之路研究课题组专家、学者，以“对接：WTO 与海上丝绸之路”为题从不同角度发表意见。专家们围绕“海上丝绸之路与 WTO”的话题，研讨了中国对外开放的历史和现实、中国和世界对接的特殊意义。中国即将加入 WTO 引发了专家们深刻的追忆和久远的联想。他们认为珠江文化源远流长，内涵深远。这体现了中国的水文化意识。水文化意识其核心是水决定人的生命、生存、生产、生活，以及人的意识、思维方式和行为方式。这种文化的特征具有广阔性、开放性。但据西方学者的一些观点来看，中国是内陆文化国家，注定是封闭保守的。这种观点不是全面、客观的。19 世纪德国哲学家黑格尔在他的《历史哲学》中说：“中国并没有分享海洋所赋予的文明”，海洋“不影响他们的文化”。持有这种偏见的并非只有黑格尔一人。多年来受殖民主义文化论的影响，西方文化学者，甚至不少中国文化人也仍持类似偏见，把中国的文化作为以西方为代表的海洋文化的对立面或对比面。大量事实证明，珠江文化与海洋文化有着密切的关系。珠江流域的广东由于特殊的地理位置，海岸线长，与海外紧密联系，海外交通及经济、文化往来，历史悠久。班固的《汉书·地理志》记载的海上丝绸之路的海外贸易，实际上是汉武帝统一岭南的一个重大政治、外交和经济行动，是向海外开放、拓展的开端。2 000 多年来，这条海上丝绸之路，从未间断和终止。广州是珠江文化中心，是海上丝绸之路的发祥地。从出土文物来看，广州海外贸易的历史是最早的（不少于 3 000 年），有关海上丝绸之路的文物古迹遍布全城，特别是其港口迄今始终未衰，是当今世界上唯一的 3 000 年不衰港。它和中国其他南方港在海上丝绸之路中起着重要作用。专家们认为，海上丝绸之路在两三千年前已具有当今 WTO 的特征。如果把 WTO 与海上丝绸之路联系起来，对珠江文化与海上丝绸之路的研究和开发，有着极其重要的现实意义。[①]

2001 年，为了迎接中国加入世贸组织，广东省人民政府参事室、文史研究馆、广东珠江文化研究会联合组织了广东省海上丝绸之路研究和开发项目组系列工程。这项系列工程包括对海上丝绸之路的学术考察、学术会议与交流、文化形象系列、研究与开发综合系列等系统工程。这对于推动广东省的海上丝绸之路研究起到了重要作用。对海上丝绸之路这项文化遗产的研究开发工程，主要是以下列四个系列的工作来进行的：

1.“珠江文化丛书”系列

首先是组织三项“史”的研究和编写工作：①《广东海上丝绸之路史》，由黄启臣教授等编写；②《广州市海上丝绸之路史》，由广州市组织学者编写；③《湛江市（含雷州半岛）海上丝绸之路史》，由湛江市学者阮应祺、陈立新编写。两部长篇报告文学的写作：①《开海：海上丝绸之路 2000 年》；②《千年国门：广州 3000 年不衰的古港》。两书由洪三泰、谭元亨、戴胜德等撰写，共达 80 余万字，是我国首部海上丝绸之路题材的长篇报告文学，广东旅游出版社已于 2001 年 11 月出版。海上丝绸之路研究专辑，包括：①《中国古代海上丝绸之路诗选》，由陈永正教授选注；②《广府海韵：珠江文化与海上丝绸之路》理论专著，由谭元亨教授著；③《东方的发现：外国学者谈海上丝绸之路与中国》，由徐肖南教授等编译；④《交融与辉映：中国学者论海上丝绸之路》，由黄鹤教授等编辑。这四册书已由广东旅游出版社于 2001 年 11 月出版。随着研究开发的需要，将不断增加新的书目。

2. 学术考察和研讨系列

自展开这项文化遗产工程之后，广东省政府一直坚持进行深入研究和马不停蹄的考察活动，在湛江举办的“海上丝绸之路与中国南方港”学术

①洪三泰：《寻找广东的灵魂（海上丝绸之路探寻）》，《人民日报·华南新闻》2001 年 10 月 29 日第三版。

研讨会，就是在前期大量的考察和研讨活动基础上进行的。对中国南方各个港口，包括福建的泉州、漳州、厦门，台湾各港口，香港，澳门，广东的汕头、汕尾、广州、深圳、珠海、阳江、湛江、遂溪、雷州、徐闻，海南的各港口，广西的合浦、北海、钦州、防城等，在“海上丝绸之路”的历史和现实中的地位和作用，有一个总体或个体的认识和评价，“海上丝绸之路”对于我国（特别是南方港）的经济、疆域、政治、军事、科技、工业、种植、农业、贸易、宗教、文化等诸多方面在历史和现实上的发展作用有更深的认识。

在步步深入研究开发“海上丝绸之路”的同时，也进行对其与陆上丝绸之路交接点或连接的考察研究，使这项历史文化遗产得以进一步发掘，更进一步发挥其在我国和国际上的作用和影响。

3. 文化形象系列

项目组主要致力于研究开发海上丝绸之路文化遗产，弘扬其历史文化传统和精神，主要是使中国与世界对接，历史与现实对接，特别是在经济和文化上，使中国走向世界，使世界纳入中国，使历史在现实中发挥新的光芒，使现实充实历史之内蕴。同时，又要使每一个始发港重现其在海上丝绸之路历史上的光辉，发挥其在现实中的作用。对整个海上丝绸之路这份遗产及其精神，从世界的、中国的、历史的、现实的高度去进行文化的定位，并且对每个始发港在海上丝绸之路历史和现实中的作用和价值，进行文化定位，并对其作出形象的概括和凝现。为此，项目组在考察和研讨进程中，已经作出了初步尝试，如以文化散文的形式写出湛江的文化形象是《南珠之都》，将汉代始发港徐闻现于《徐闻涛声》形象中，两部长篇报告文学，将雷州半岛 2 000 年海上丝绸之路史，瑞现为“开海”的形象，将广州这 3 000 年不衰大港形象地称为“千年国门”。这种文化形象工程将随考察和研究的深入和发展，不断地进行下去，这将对每个始发港的研究开发，整个海上丝绸之路的研究开发，起到重要作用，而这系列本身，也是一种形象建设工程，具有以文化与文学交叉结合而带动研究开发的开拓意义。另外，恢复和进一步探讨海上丝绸之路对于珠江文化、中华民族文化的物质和形象的标志性的意义，将其海洋文化的内涵与色彩、将其所标志的兼容性和开放性，更充分地发掘出来，更有机地突现于总体形象之中，将珠江文化区别于黄河文化、长江文化的海洋性及其江海一体的特质，将中国文化的海洋性的历史与包容性的特大容量更充分地展现出来，以恢复其在世界文化史上本应有的地位和文化形象，匡正世人将其视为封闭的内陆文化国家的偏误。

4. 研究与开发综合系列

项目组对这项文化遗产的研究开发，是一个逐步深化的过程，同时也是以多学科交叉的、全方位地逐步发现和开发这项文化遗产的过程。①

2001 年，洪三泰、谭元亨、戴胜德的《开海：海上丝绸之路 2000 年》作为该开发组的《珠江文化丛书》之一而出版。② 主要内容包括：汉武帝“开海”；名城古韵；海盗；走私迷雾；半岛的自然意象；浩气如雷；拒绝流放等。同年 11 月，丛书的另一著作，谭元亨的《广府海韵：珠江文化与海上丝绸之路》出版。③ 该著作是第一部广府文化的学术专著，以其严谨、认真的治学态度，提出了一系列全新的创见，如海洋文明、海上丝绸之路对广府文化形成与发展的影响，广府文化定型、演变的历史分期，广府文化在中华整体文化中的作用与地位等。同年，黄鹤、秦柯主编的《交融与辉映：中国学者论海上丝绸之路》出版，主要内容包括海上丝绸之路的兴起与发展，海上丝绸之路与各大港市等。④ 同年，《海上丝绸之路研究专辑》出版，内容包括：第一章“塞里斯”，寻找神秘的东方之国；第二章利欲之念，海上贸易与商业精神；第三章中国的南方，繁华的东方海口城市；

①黄伟宗：《对海上丝绸之路逐步认识和深化研究开发的过程》，网址：www.chinareviewnews.com/publish/NetBook/researchofsilkroad/3.htm.

②洪三泰、谭元亨、戴胜德：《开海：海上丝绸之路 2000 年》，广州：广东旅游出版社 2001 年版。

③谭元亨：《广府海韵：珠江文化与海上丝绸之路》，广州：广东旅游出版社 2001 年版。

④黄鹤、秦柯：《交融与辉映：中国学者论海上丝绸之路》，广州：广东旅游出版社 2001 年版。

第四章奇妙的东方艺术，从瓷器与罗柯柯说起；第五章战争与诗，迂回与曲折的接触；第六章从沉睡中苏醒，来自中国的反馈；第七章丝绸沧桑，时空与观念的距离；第八章东方潜龙，中国的人伦哲学与教化。①

2001 年，中国人民政治协商会议湛江市委员会学习和文史委员会编辑的《湛江文史》（第 20 辑）出版，全书包括 10 个专题，其中第三专题为"海上丝路"，包括相关论文 7 篇，它们分别是吴凯的《岭海要津：雷琼咽喉——徐闻古代军事史略》、阮应祺的《南海陶瓷之路的博易物品——宋元时期雷州窑瓷器概述》、陈华昌的《对徐闻沿革史实及县治的看法》、黄中伟的《秦汉时期汉族南迁及其对徐闻发展的影响》、刘上宁的《徐闻港开设的原因》、蔡山桂的《汉徐闻县治与"海上丝绸之路"始发港究竟在哪里》以及彭澍的《旧县港》。②

2001 年出版的《雷州文史》（第 5 辑）中收录了 6 篇涉及这一地区与海上丝绸之路关系的论文，它们分别是王增权的《雷州古港——"海上丝绸之路"始发港之一》和《对徐闻二桥村"汉徐闻县治遗址"的质疑》、余石的《试论雷州港作为我国古代对外贸易重要口岸的形成条件》、蔡山桂的《也论汉徐闻县治及"海上丝绸之路"始发港》、蔡叶青的《从雷州城的军事地位论汉徐闻县治和徐闻港的位置》、陈志坚的《古代雷州俚人文化初探》。王增权的《雷州古港——"海上丝绸之路"始发港之一》讨论了"雷州古港"成为海上丝绸之路始发港的原因，作者从地理条件和历史原因两方面加以论述。从地理条件来看，雷州古港（南浦津）是优良的避风港，也是雷州半岛的水陆交通枢纽；雷州古港靠近雷州古城，是历史对外贸易的重要港口。正因为如此，雷州古港自汉代直至来，元、明、清时期仍然持续发展，从海上丝绸之路的始发港发展成为"海上陶瓷之路"的重要港口。从历史原因来看，首先，汉武帝平南越，火烧番禺后，岭南地区的政治、经济中心西移交趾。汉徐闻县（雷州）成为交州地区对外贸

①《海上丝绸之路研究专辑》，广州：广东旅游出版社 2001 年版。

②中国人民政治协商会议湛江市委员会学习和文史委员会：《湛江文史》（第 20 辑），2001 年 10 月，第 76-120 页。

易货物的集散地。其次，汉武帝在北方平息匈奴之后，派遣张骞出使西域，开通了陆地“丝绸之路”，接着雄心勃勃的汉武帝又想在南方开辟一条通往南海诸国的海上丝绸之路。最后，笔者还进一步认为，《汉书·地理志》记述中的“徐闻”是一个“大概念”，是指汉徐闻县内（整个雷州半岛）系列港口的统称，不是指某一个具体的港口。这段记述不说“徐闻港”，也不说“徐闻县”，这本身就是很好的说明。除《汉书·地理志》提到所谓“徐闻港”外，在以后历代地方志（包括《徐闻县志》）中就找不到一个以“徐闻”命名的港口。这也是一个佐证。[①] 蔡山桂的《也论汉徐闻县治及“海上丝绸之路”始发港》通过考证认为，海上丝绸之路始发港——汉徐闻港是指的凡属汉徐闻县地的港口都是汉徐闻港，即指今雷州市的港头港（包括夏江埠头），也指徐闻之海安港、遂溪之江洪港、乐民港以及湛江之通明港等港口，并且赞同黄伟宗的意见：“只要是适合于出航或停航的地方，都可作为出海港，……很可能在汉代的雷州半岛有许多群众自发发现和利用的出海港，汉代时整个雷州半岛都称为徐闻，从而可以认为当时整个雷州半岛（包括今天的徐闻、雷州、遂溪）的海港都属古徐闻港。”[②]

2001 年徐恒彬出版了《华南考古论集》，收录作者 34 篇文章，内容主要包括华南地区的古代民族、岭南的青铜文化和古代文明、宝镜湾岩画、秦平岭南、汉代广东的农业生产等方面，其中专门论述海上丝绸之路的文章主要有 3 篇，即《南海“丝绸之路”的考古新发现》《南海“丝绸之路”概述》《海上丝绸之路　自古联结中西》。[③] 同年，蔡英豪主编的《海上丝路寻踪》出版。该论文集包括港口航道与红头船寻踪、丝路人物与文化传播考察、从货币邮批看丝路航影、海禁与华侨、丝路楹联选赏、文化源寻索与美学价值思索、要件信息备忘录七部分。这是一部关于潮汕文化研究

①王增权：《雷州古港——“海上丝绸之路”始发港之一》，载政协雷州市委员会编辑：《雷州文史》（第 5 辑总第 24 期），2001 年 12 月，第 132-145 页。
②蔡山桂：《也论汉徐闻县治及“海上丝绸之路”始发港》，载政协雷州市委员会编辑：《雷州文史》（第 5 辑总第 24 期），第 174-189 页。
③徐恒彬：《华南考古论集》，北京：科学出版社 2001 年，第 227-268 页。

的著作，书中不仅比较详细地探讨了澄海在海上丝绸之路中的地位，而且比较集中地诠释了红头船文化和红船头精神——团结、拼搏、拓展、创新、奉献，为树立澄海精神作出了贡献。①

2002年，《徐闻文史》（第15辑）出版，其中第六部分内容为“丝路寻踪”，收录关于海上丝绸之路的文章5篇，包括吴凯的《穿越时光再启航——广东省政府参事室、文史馆、珠江文化研究会考察调研徐闻“汉代海上丝绸之路始发港”纪实》和《五里乡那涧闸东坡汉墓和城南乡海港汉墓清理》、钟绍益的《我与汉置徐闻县治考古——发现汉置徐闻县治址和徐闻港址的回忆》、冯义邦的《汤显祖谪尉徐闻史话》、黄中伟的《莆田人是怎样迁徙徐闻的》。②

2003年，黄启臣主编的《广东海上丝绸之路史》作为广东省人民政府参事室、广东省人民政府文史研究馆、广东珠江文化研究会联合组成的广东“海上丝绸之路”研究开发项目组系列工程成果之一而出版。作者认为“海上丝绸之路的最早发祥地在广东”。③ 该书以丰富的中外历史文献资料阐述自西汉由徐闻、合浦港出海和魏晋南北朝从广东港起航，历隋、唐、宋、元、明、清以至民国时期2 000年经久不衰的海上丝绸之路的形成、发展的历史进程，内容包括广东对外贸易的国际航线、进出口商品结构，贸易地域、管理体制，以及由此而引起的海外移民、中外文化交流和广东社会经济的变迁等。全书内容丰富、资料翔实、观点新颖、层次清楚，是广东海上丝绸之路史的第一部专著。同年，《湛江文史》（第22辑）出版，吴凯在《琼湖、古港、南北风——徐闻县海上丝绸之路文化遗存探秘》中研究了徐闻县各地与海上丝绸之路相关的考古文化遗存。④ 同年，龚伯洪的《广府华侨华人史》作为《广东区域华侨华人史丛书》（该丛书还包括《五邑华侨华人史》

①蔡英豪：《海上丝路寻踪》，北京：华文出版社2001年版。
②中国人民政治协商会议徐闻县委员会：《徐闻文史》（第15辑），2002年11月。
③黄启臣：《广东海上丝绸之路史》，广州：广东经济出版社2003年，提要。
④中国人民政治协商会议湛江市委员会学习和文史资料委员会编：《湛江文史》（第22辑），2003年。

《嘉应华侨华人史》《潮汕华侨华人史》）之一出版，作者在第一章中探讨了海上丝绸之路对广府移民的影响。①

2003年，赵春晨出版了论文集《岭南近代史事与文化》，其中《关于“海上丝绸之路”概念及其历史下限的思考》一文对海上丝绸之路这一概念进行了厘清，对其历史下限进行了探讨。作者通过对国内学者关于海上丝绸之路概念的罗列后，认为人们对海上丝绸之路概念的理解虽然有相同之处，但也并非完全一致，存在着一定的差异，这些差异使得海上丝绸之路概念的涵义显得有些模糊不清，不免给人以莫衷一是之感，此点已在国内外学术界引起一些学者的质疑。因此，有必要对海上丝绸之路这一概念的涵义作出科学的界定。要对海上丝绸之路概念作出一个科学的界定，就必须把握住构成这一概念的一些最基本的要素。作者认为，至少应具备以下四点：一是“海上”，即它是通过海洋的贸易和交通线。二是贸易商品，即丝绸。海上丝绸之路之所以得名，而不谓之其他什么之路，当然与丝绸贸易有关。三是贸易者。海上丝绸贸易的开辟者是中国，古代海上丝绸贸易的起点和支配方亦是中国。因此，海上丝绸之路应专指中国与海外国家及地区之间的贸易和交通道路，而不能脱离开中国这个主体，泛化为整个东方世界与西方间的海上贸易道路。与中国无关的东方其他国家和地区之间以及它们同西方的交通道路和贸易关系，不应列入海上丝绸之路的范围。四是贸易的性质。人们通常所说的海上丝绸之路，不仅是指中外之间海上航行和贸易往来的道路，而且还是指在古代长期存在的特定性质的中外间的贸易和交往关系。这种贸易和交往关系与古代中国的社会状况以及中外关系的性质相联系，可以说是古代中国人对海洋、对海上贸易、乃至对整个海外世界的认识与应对方式的体现。这种传统性质的中外贸易与交往模式只存在于中国古代社会，与近现代的中外贸易关系有着性质上的不同。正是基于上述四点认识，作者认为，海上丝绸之路概念的涵义应当界定为：它是以丝绸贸易为象征的、在中国古代曾长期存在的、中外之间的海上交

①龚伯洪：《广府华侨华人史》，广州：广东高等教育出版社2003年，第8-19页。

通线及与之相伴随的经济贸易关系。关于海上丝绸之路的时间下限，作者认为，海上丝绸之路在明中叶以后和清代前期已经衰落，并逐渐被西方人的殖民贸易所替代，海上丝绸之路的历史下限是作为古、近中国历史分界的鸦片战争。鸦片战争后，中国进入近代时期，中西之间的海上交通和贸易，已被纳入不平等条约体系之中，成为隶属于世界资本主义经济贸易关系的一部分，不复再有古代那种海上丝绸之路的存在了。[①] 这种对基本概念及其时间划分的讨论，有助于我们深入理解和研究海上丝绸之路。

2004 年，刘君里主编的《广州旅游景点与传说》出版，其中有专门介绍海上丝绸之路的内容《海上“丝绸之路”的发祥、形成和发展》。该文认为“海上‘丝绸之路’，发祥于广州，起点于广州，是中国古代中西经济文化交流的主要通道之一。海上‘丝绸之路’自广州发祥至形成、发展、延伸、扩展，2 000 多年来，历久不衰，从未中断。……究竟海上‘丝绸之路’何时开始？为什么在广州发祥？历代航线是怎样形成、延伸和拓展？在广州留存哪些历史遗迹？有哪些传说和典故？对广州，乃至全国中外经济文化交流起了什么重要作用，作出了哪些贡献？……至今尚未有完整、系统、全面的介绍。在此，该书作者们就所收集到的文献资料对有关海上‘丝绸之路’的形成发展和在广州留存的历史遗迹及传说、典故，作一概略的介绍，提供给将来可能出现的海上‘丝绸之路旅游’的导游作为参考。”[②] 作者认为，广州之所以成为海上“丝绸之路”的发祥地和起点，有几个重要原因和有利条件。首先是地理条件。其次，在秦汉时广州造船业发展到较高的水平，成为中国古代的造船业特别是海船制造的基地，为秦汉时期开发海洋交通贸易创造了必要的条件。进而，作者对海上丝绸之路进行了分期，认为秦汉时期是海上丝绸之路的发祥时期，汉晋时期是海上丝绸之路进一步形成和拓展时期，隋唐时期是海上丝绸之路进一步繁荣时期，宋元时期是海上

①赵春晨：《岭南近代史事与文化》，北京：中国社会科学出版社 2003 年，第 393-401 页。此文曾发表于《学术研究》2002 年第 7 期。

②刘君里，等主编：《广州旅游景点与传说》，广州：广东经济出版社 2004 年，第 215-216 页。

丝绸之路继续延伸拓展时期，明清时期是海上丝绸之路向全球扩展时期，“1776年美国独立后，开始重视海上贸易，对东方，特别对中国的贸易深为重视。1784年2月美国纽约商人属下一艘名叫‘中国皇后’……首航广州，开辟了中美两国海上运输和直接贸易的先河，开辟了北美至广州的海上航线。从此，美国国内掀起了对华贸易热潮。……至此，以广州为起点的海上“丝绸之路”的航线已通达全世界。”虽然看似介绍性的文章，但这里涉及了关于海上丝绸之路的很多重要内容，如海上丝绸之路的开始时间问题、始发港问题、海上丝绸之路的历史分期问题、广州在海上丝绸之路中的地位问题等，作者表达了自己的意见和看法。①

2004年，赵春晨、何大进、冷东主编的论文集《中西文化交流与岭南社会变迁》出版，收录有关中西文化交流的论文48篇。刘汉东在《海上丝绸之路与中西文化交流的关系》中认为，“海上丝绸之路主要是指通过南海、马六甲海峡进而抵达印度洋、波斯湾、红海等地的海上交通贸易航线，岭南地区特别是广州成为出发的中心地区。早在秦汉时期，番禺（今广州）已是犀牛、象牙等物的集散中心，……可见广州进行海外贸易的盛大规模。此后历代朝廷都重视与东南亚的交往，引起了广州外贸商务的繁荣，从东南亚各地运来的贵重物品多从广州、交州进口，中国的货物亦从此处出口。”②作者还认为广州是最早出口丝绸的地方。接着，作者讨论了海上丝绸之路上的物质文化的交流，海上丝绸之路上的宗教、信仰、观念意识方面的交流，以及由于通过海上丝绸之路所实现的中外文化交流，使岭南地区各阶层变化的，不仅包括各种科技知识的丰富，还包括在观念、意识、认识论、价值系统和思维方式等方面。③

2004年，广东省文物考古研究所、广州市文物考古研究所、深圳博物

①刘君里：《广州旅游景点与传说》，广州：广东经济出版社2004年，第215-223页。
②刘汉东：《海上丝绸之路与中西文化交流》，载赵春晨、何大进、冷东主编：《中西文化交流与岭南社会变迁》，北京：中国社会科学出版社2004年，第16-17页。
③刘汉东：《海上丝绸之路与中西文化交流》，广州：广东经济出版社2004年，第16-31页。

馆编的《华南考古 1》，收录了全洪的《广州出土海上丝绸之路遗物源流初探》，在文中作者认为，海上丝绸之路是个代词，泛指海上交通，与国外的交往不仅限于丝绸贸易，还有陶瓷、茶叶等商品。其航线在不同的时期会不相同，不同时期贸易的货物也会有所不同。有关古代广州港的发生、发展概况，众专家学者从地理条件、历史背景、造船技术进行多方论证，还有文章和书籍介绍广州出土的与海上交通贸易相关的文物，以为广州是海上丝绸之路始发港的佐证。[①] 广州是我国最早最大的港市，海上丝绸之路分为两路，一路由广州出发，经南洋同东南亚和印度洋沿岸各国通商，是中国同印度、古希腊、罗马以及埃及等国进行经济文化交流的海上通道。另一路从长江口岸出发，东可达日本、朝鲜半岛。唐代广州更成为东方第一大港，率先设立市舶使，是世界上香料和药品的最大港口。作者对已有的材料进行梳理，探讨了部分能够确认以及比较公认的舶来品属于哪个国家或地区的产品，又是通过什么途径和路线传到中国，从而深化对海上丝绸之路的认识。[②]

2006 年 7 月 20 日，由广东造船工程学会与广州日报、广东省社科联及阳江市社科联联合主办的“南海一号与海上丝路学术研讨会”在阳江召开。来自中国造船工程学会、中国人民大学、广东省社科联、海上丝绸之路研究院以及港澳台高校等的 40 多名专家、学者围绕着广东海上丝绸之路进行探讨及研究。专家们普遍认为，“南海一号”的发现有其历史及现实意义。专家们呼吁将“南海一号”与广州海上丝绸之路遗存一起申报世界文化遗产。原海军装备技术部部长、中国造船工程学会郑明教授认为，“南海一号”是研究古代丝绸之路的物质基础。目前已证实了“南海一号”是

①这些佐证主要包括麦英豪：《汉代番禺的水上交通与考古发现》，载陈柏坚主编：《广州外贸两千年》，广州文化出版社 1989 年；广东省文物管理委员会等编：《南海丝绸之路文物图集》，广东科技出版社 1991 年；香港博物馆编：《南海海上交通贸易二千年》，香港市政局 1996 年版。——此为作者原注。

②全洪：《广州出土海上丝绸之路遗物源流初探》，载广东省文物考古研究所、广州市文物考古研究所、深圳博物馆编：《华南考古 1》，北京：文物出版社 2004 年，第 138-146 页。

行走在海上丝绸之路的商船，“南海一号”全长30多米、宽10米、型深3米多，是一艘远洋商船。过去研究丝绸之路，许多都是理论上的研究，“南海一号”出水后，为研究古代丝绸之路提供了载体。郑明介绍，“南海一号”的打捞亦有现实意义，使我们认识到我国历史上海上贸易由盛而衰的历史。专家们认为，研究“南海一号”及海上丝绸之路应与自然科学及社会科学相结合，各方面多学科共同探讨热点问题，通过吸取“哥德堡号”打捞经验，为“南海一号”提供借鉴。另外，目前应该注重研究“南海一号”打捞出来的文物，尽快确定研究课题，转化研究成果，为将来各地丝绸之路遗存联合申报世界文化遗产作准备。①

2006年，杨宏烈在《广州泛十三行商埠文化遗址开发研究》中借用《广州日报》“前沿大讲坛”的提法，认为“‘丝绸之路’是个雅称，特指古代东西方物质文明与精神文明之间的交通、贸易、文化交流的途径及其形成的有形或无形的历史文化时空网络。它代表了人世间需要相互沟通和理解、和平共处的美好愿望和信仰，它给各自的进步和发展带来智慧、福祉和创造力。‘丝绸之路’先以中国丝绸由陆上出使西域贸易成功开始，后以中国瓷器海上贸易远销重洋为主要途径；它是一个有‘泛指’意义的词汇，一个富有历史浪漫主义美感和想象力的词汇。”（《广州日报》“前沿大讲坛”）②同年出版的余石的《历史文化名城雷州》中则认为，海上丝绸之路的始发港在雷州。③刘佐泉认为雷州双溪港也是海上丝绸之路的始发港之一：“雷州湾双溪港与处于百川入海交汇口的番禺港相似；并且在雷州半岛这弹丸之地也只有此一要冲，是利用水陆交通、河海相汇，西控交趾，南控琼儋的战略要地。由于原来就是个民间对外贸易的港口，汉军平南越后，就辟为朝廷主管的‘海上丝绸之路’的始发港之一。总之，

①广东造船工程学会秘书处：《“南海一号与海上丝路学术研讨会”在阳江举行》，《广东造船》2006年第3期。

②杨宏烈：《广州泛十三行商埠文化遗址开发研究》，广州：华南理工大学出版社2006年，第1页。

③余石：《历史文化名城雷州》，广州：广东人民出版社2006年，第13页。

前海康县治，今雷州市雷州湾双溪港以其独特地理区位和建港条件，发挥出地理区位优势，成为汉代'海上丝绸之路'始发港之一。古雷州湾双溪港之所以为汉代海上丝绸之路始发港之一是大自然和历史的天赐良缘。"①

2008年，顾涧清等的《广东海上丝绸之路研究》一书出版，该著作系统地研究了广东海上丝路的造船遗址、广东海上丝路口岸和南海航线、广东海上丝路黄埔古港和外港、广东海上丝路外国商船和外贸、广东海上丝路行商体制及其遗址、广东海上丝路外商及其相关活动、广东海上丝路宗教文化遗址等内容。作者还建议，在21世纪的第二个五年规划期间甚至更长的时间里，广东的有关部门、单位和企业在海上丝路的研究、保护和开发中有新的更大作为。当务之急就是在联合国教科文组织世界遗产中心的指导下，在原文化部和国家文物局的领导下，积极联系香港、福建、广西、浙江、江苏等地及东南亚、南亚、西亚、东非等地区，就海上丝路申报世界文化遗产进行有效磋商，建议专门召开有关海上丝路联合研究和申报世界文化遗产工作会议，提出我国海上丝路文化遗存联合申报世界文化遗产清单的任务。早在2002年，广东就曾经为联合研究和申报海上丝路文化遗存事宜，专门考察和积极联系过浙江的宁波、江苏的连云港、福建的泉州和广西的北海等地，当时的意向和认同程度不一，有的地方还为单独申报做了大量工作，现在看来联合研究和申报已经是大势所趋，众望所归。作者认为广东各地的海上丝路文化遗存联合申报世界文化遗产，应本着"古为今用"原则，海上丝路各个始发港之间应在尊重史实、互相尊重的基础上，加强合作，互惠互利；应在联合研究、联合申报的前提下，多学科、多角度、多方面地开展合作公关。不是要谁去争第一，不是要谁去争最早，只要是海上丝路文化遗产其中之一就可以了，力争在联合申报世界文化遗产中作好自己的一份贡献。"要在平等、互惠的原则下倡导跨地区的合作，

①刘佐泉：《雷州双溪港也是海上丝绸之路的始发港之一》，载中国人民政治协商会议湛江市委员会学习和文史资料委员会编：《湛江文史》（第25辑），2006年，第375-381页。

有效地协调各地区的资源和技术，为海上的考古遗址追求一套整体性的管理方案，以体现丝路整体价值大于个体价值的原则。”

《广东海上丝绸之路研究》在介绍为申报世界文化遗产所作的资料准备的同时，还介绍了广东海上丝绸之路在实践中的转化和应用工作。如把广东海上丝路发祥地的品牌纳入制定广东省国民经济和社会发展规划中去，并与建设文化大省、扩大对外文化交流紧密结合起来。要使制定全省国民经济和社会发展规划既符合广东实际、适度超前，又具有鲜明的个性和可行性，就应该发挥广东海上丝路发祥地的品牌优势，这个品牌优势对全面提升广东在全球贸易中的综合竞争力很有益处，发挥这个品牌优势可体现在发展国际贸易为龙头的制造业、金融业、旅游业、通讯业、运输业等众多经济领域，更体现在以发展文化经济为龙头的文化产业、内客户业、创意产业之中。进一步说，就是要有开阔的视野和拥抱八面来风的胸怀，要把发展国际贸易与扩大对外文化交流紧密结合起来，把以知识为基础、以文化交流为特征体现在广东的现代化进程中，如以广东海上丝绸之路为题材，积极组织舞剧、歌曲、电视剧、专题片、图书、动漫等文化产品的创作。再如可建造“中国广东”号海上丝路考察船，可从广州港口出发，先在广东的沿海试航，然后再沿着当年开辟的海上丝路向西航行。考察船由多学科的综合考察队与多媒体的外宣小分队组成，沿途不仅考察海上丝路的历史与现状，加强与沿途国际港口城市的交流，运用多种方式宣传广东，更重要的是树立中国和平友好和对外开放的形象。为了迎接瑞典“歌德堡号”仿古商船重走海上丝路计划的实施，还具体参与策划了“南海神·广州日报号”仿古广船的建造，并直接将《广东海上丝绸之路研究》的成果转化为这艘仿古船上的小型流动海上丝路博物馆，以集中反映广东海上丝路发展的历史。作者认为，前人给我们留下了丰富多彩的海上丝路历史遗产，广东海上丝路中体现出的贯穿古今的深刻内涵，不仅是广东在历史文化上的骄傲，而且也是今天我们参与全球竞争的巨大优势，是广东吸引世界目光的魅力所在。我们要在加快建设经济强省、文化大省、实现富裕安康的进程中，高度重视在物质形态中注入文化内涵、人文气息和艺术要素，促进自然生态景观、历史人文景观和城镇设施景观的高度融合。[①] 对于这本著作，黄启臣对它作了非常中肯的评价，包括此书的价值、不足以及出现不足的原因。[②]

与广州积极申报“世界文化遗产”同时进行的是海上丝绸之路各种资料的准备。为此，2008 年，由中共广州市委宣传部、广州市文化局编撰出版了《海上丝绸之路　广州文化遗产》三卷著作，分别是《海上丝绸之路　广州文化遗产·地上史迹卷》《海上丝绸之路　广州文化遗产·考古发现卷》和《海上丝绸之路　广州文化遗产·文献辑要卷》。《海上丝绸之路　广州文化遗产·地上史迹卷》主要包括三部分内容：第一部分是“珠江航道上的港口史迹”；第二部分是“佛教海路东传与伊斯兰教来华史迹”；第三部分是“古代贸易港和通商口岸的旧址与遗迹”。[③]《海上丝绸之路 广州文化遗产·考古发现卷》主要是综合广州地区考古发现南海海上丝绸之路的遗迹和遗物，归纳为秦代造船遗址、南越国都城王陵与海外文化、两汉墓葬与海外文化、三国以后的遗迹遗物等。[④]《海上丝绸之路　广州文化遗产·文献辑要卷》依照历史文献所揭示的广州南海海上丝绸之路发展轨迹，大致分为先秦两汉时期、三国两晋南北朝时期、隋唐宋元时期和明清时期四个阶段，每一阶段又根据实际内容，分章、节、目排列。[⑤]

《海上丝绸之路　广州文化遗产》认为，广州（古称番禺）是南海海上丝绸之路的发祥地，广州海上丝绸之路的文化遗产，与我国沿海各地海

①顾涧清：《广东海上丝路遗存应成为世界文化遗产》，载顾涧清，等著：《广东海上丝绸之路研究》，广州：广东人民出版社 2008 年，序言。

②黄启臣：《一部反映广东海上丝绸之路的新著——评顾涧清，等著〈广东海上丝绸之路研究〉》，《岭南文史》2008 年第 3 期。

③中共广州市委宣传部、广州市文化局：《海上丝绸之路　广州文化遗产·地上史迹卷》，北京：文物出版社 2008 年版。

④中共广州市委宣传部、广州市文化局：《海上丝绸之路　广州文化遗产·考古发现卷》，北京：文物出版社 2008 年版。

⑤中共广州市委宣传部、广州市文化局：《海上丝绸之路　广州文化遗产·文献辑要卷》，北京：文物出版社 2008 年版。

上丝绸之路始发港的文化遗产，同是世界文化遗产的重要组成。留存至今的海上丝绸之路广州文化史迹、遗物和文献资料弥足珍贵，也是广州申报海上丝绸之路世界文化遗产的重要依据。[①] 与以往不同的是，这次广州不再只是强调广州在海上丝绸之路中的首要和独特地位，也承认沿海各地海上丝绸之路始发港的重要性。

麦英豪发表长文《广州地区南海海上丝绸之路考古发现的遗迹遗物》，对广州地区南海海上丝绸之路上近半个世纪发现的遗迹遗物进行了梳理。作者认为："广州是中国南海海上丝绸之路的发祥地，根据近半个世纪以来广州地区考古发现了不少与海交史相关的遗迹与遗物，表明南海的海上丝绸之路不晚于南越国时期。"[②] 政协珠海市委员会编辑出版了《珠海文化遗产图集》，收录了珠海历史文化遗址、建筑、摩崖石刻、名人故居等300多幅图片，上溯新石器时代，下至当代，展示了珠海历史的演变和文化遗产概况。赵善德的《"海上丝绸之路"与汉唐时期珠海的文化遗存》，考察了汉唐时期珠海的文化遗址概况。[③] 同年，邱立诚的《粤地考古求索：邱立诚论文选集》出版，该著作收录了邱立诚关于岭南地区考古研究论文43篇，包括有综合论述和专题研究，内容涉及面广，时代跨度大，资料丰富，区域性强。主要是以考古学的角度探讨岭南区域的历史文化、人文社会和古代地方风貌。专门讨论海上丝绸之路的论文包括《从文物考古资料探索潮汕地区的古代海上"丝绸之路"》《古代潮人的海上交通》《粤西"陶瓷之路"考识》等。[④]

早在2007年1月份，国家文物局公布了最新修订的《中国世界文化遗产预备名单》，而入选预备名单的项目，就意味着已获得申请世界文化遗产的"入场券"了。在海上丝绸之路的发源城市中，名列其中的是浙江

①广州市文化局：《海上丝绸之路 广州文化遗产》，北京：文物出版社2009年版。

②麦英豪：《广州地区南海海上丝绸之路考古发现的遗迹遗物》，载《庆祝何炳棣先生九十华诞论文集》，西安：三秦出版社2008年，第679页。

③政协珠海市委员会《珠海文化遗产图集》编辑委员会：《珠海文化遗产图集》，2008年12月。

④邱立诚：《粤地考古求索：邱立诚论文选集》，北京：科学出版社2008年版。

的宁波和福建的泉州，并没有人们（特别是广东学者）理所当然地认为的广州，主要原因是因为广州迟迟没向国家文物局提交海上丝绸之路申报世遗的材料。由于“申遗”漏报了海上丝绸之路，广州市委、市政府非常重视，决定将广州海上丝绸之路的所有历史遗迹，全部“打包”整合起来申报世界文化遗产，广州市文化局也及时向国家文物局补交了广州海上丝路“申遗”的材料。目前国家文物局已准备将“广州海上丝绸之路文化遗产”项目列入中国“世界文化遗产预备名单”，这也意味着不久后，广州海上丝绸之路将获取世遗的“入场券”。

2011 年，张开城发表了《论广东海上丝绸之路文化资源的开发利用》一文，认为自秦汉以来，中国利用海上交通主动开展中外商业贸易交流，形成与陆上丝绸之路相对应的海上丝绸之路。广东有丰富的海上丝绸之路文化资源，近年来得到一定的开发利用但还很不够，要放眼国际、整合资源、打造品牌、利用现代科技、开发现代旅游，做好广东海上丝绸之路这篇大文章。[①]2012 年，娄建红在《汉代广州与海上丝路——探究广州在海上丝绸之路中的地位和作用》一文中，通过文献和新近的考古发掘资料，如船模、玻璃珠玑、托灯胡人俑、焚烧香料的熏炉等体现两汉时期的海上丝路和海外文化的典型器物探讨了秦汉广州（番禺）在海上丝绸之路中的重要地位和作用。[②]同年，章昀在《南越国宫署遗址对海上丝绸之路研究价值的分析》一文中，考察了南越国宫署遗址的发掘情况，对遗址出土的海上丝绸之路相关遗迹遗物进行了总结和分类，并探讨了遗址对于海上丝绸之路研究的价值。[③]2013 年，田若虹在《江门海上丝绸之路与商泊贸易》中认为，江门海洋文化源远流长，其中，台山是海上丝绸之路的重要驿站，江门埠是海上商贸的重要集散地，同时江门五邑民众乘浮海外经商的历史也很悠久。

①张开城：《论广东海上丝绸之路文化资源的开发利用》，《南方论刊》2011 年第 11 期。
②娄建红：《汉代广州与海上丝路——探究广州在海上丝绸之路中的地位和作用》，《人民论坛》（学术前沿）2012 年第 2 期。
③章昀：《南越国宫署遗址对海上丝绸之路研究价值的分析》，《福建文博》2012 年第 4 期。

挖掘江门的海洋文化资源，有助于江门当下海洋经济的发展，也有利于广东海洋文化研究的丰富性和完整性。①

宋代沉船“南海一号”的出水既是考古学界的重大事件，也是研究海上丝绸之路的重要对象。李庆新在《南宋海外贸易中的外销瓷、钱币、金属制品及其他问题——基于“南海一号”沉船出水遗物的初步考察》一文中，对其出水遗物进行了初步考察。②作者认为，宋代是中国对外贸易的繁荣时期，进出口商品种类繁多。“南海一号”宋代沉船出水遗物中瓷器数量很大，一方面说明这些中国产品在海外有销路，另一方面则显示实用性产品在宋代海外贸易中占有不可忽视的地位。发现的大量宋钱，是海外贸易发展的必然结果，也说明宋朝“钱禁”的努力是不成功的，甚至是徒劳的。有宋一代，由于对外贸易频繁，铜钱外流始终禁而不绝。沟通东西方的“丝绸之路”沿途国家和地区，甚至形成使用国际货币的流通区，中国钱币在东南亚乃至印度洋一些国家和地区大行其道，充当了国际通用货币的角色，某种意义上说，海上丝绸之路可以称为“铜钱之路”。新发现不少属于生活用品的遗物，可以了解南宋异彩纷呈的海洋社会生活。宋代沉船出水与研究，不仅可以精彩呈现那个时代中国经济社会发展深刻变迁的某些面相，而且能够再现古代东西方“大航海时代”海上交往的波澜壮阔的经典场景。由此可见，沉船考古不仅展示一个以古代东方为中心的“大航海时代”，而且将形成一个新的海洋史研究领域。

①田若虹：《江门海上丝绸之路与商泊贸易》，《五邑大学学报》（社会科学版）2013年第4期。

②李庆新：《南宋海外贸易中的外销瓷、钱币、金属制品及其他问题——基于“南海一号”沉船出水遗物的初步考察》，《学术月刊》2012年第9期。

第六节 广西壮族自治区的海上丝绸之路研究

进入 21 世纪，沿海诸多省市的海上丝绸之路研究也进入了一个新阶段，广西壮族自治区在海上丝绸之路的研究方面也有了新的进展。

2001 年，梁旭达、邓兰发表了《汉代合浦郡与海上丝绸之路》，认为公元前 111 年，汉武帝平定南越国后，析秦里之三郡为九郡，合浦就是其中之一郡。尔后，汉王朝开辟了一条被称为海上丝绸之路的商贸通道，合浦港就是其中的重要港口，作者通过考古材料和有关文献资料，论述汉代合浦郡治、合浦港口的具体位置和这段繁荣兴旺的历史面貌。[①]

2002 年，吴龙章发表了《中国海上“丝绸之路”始发港探源》。作者认为，“中国‘海上丝路’究竟始发于何处，至今说法不一，大致有宁波、广州（番禺）、泉州、徐闻、合浦诸说。笔者近年来阅读了一些有关中国海上丝绸之路的文章、史籍及方志，反复思索考证，认为，中国海上‘丝路’始发港是汉合浦郡和合浦县治所旧州江口港，即今广西浦北县泉水镇旧州江口。其理由如下：①浦北县旧州是汉合浦郡、县的政治经济文化中心；……②旧州江口港是古代南流江的重要港口；……③浦北县古来就是盛产丝绸之乡。”[②] 同年，吴小玲发表了《“海上丝绸之路”与钦州的发展》一文，作者认为，自汉代起，中国开辟了以合浦、徐闻为主要起点的对外交往的海上丝绸之路，客观上促进了以合浦为中心的钦州湾地区的经济开发和民族的融合。钦州自秦汉以来的开发和发展与海上丝绸之路的繁荣有着密切的关系，研究海上丝绸之路文化，对钦州的进一步发展将会起到重要的作用。[③]

①梁旭达、邓兰：《汉代合浦郡与海上丝绸之路》，《广西民族研究》2001 年第 3 期。
②吴龙章：《中国海上“丝绸之路”始发港探源》，《钦州师范高等专科学校学报》2002 年第 3 期。此文后收入中国人民政治协商会议广西壮族自治区钦州市委员会文史资料和学习委员会编:《钦州文史 第 9 辑 “愿风吹我到钦州”史料选编》，2002 年 9 月。
③吴小玲：《“海上丝绸之路”与钦州的发展》，《钦州师范高等专科学校学报》2002 年第 4 期。

2002 年，黄家蕃发表了《南海“海上丝绸之路”合浦始发港具体所在刍议》，认为近现代举世关注的中国古代南海海上丝绸之路始发港所在问题，成为中外学者百家争论的热点，归纳起来，有“泉州说”、“番禺说”、“徐闻说”与“合浦说”等几种说法。除了合浦说和徐闻说，都拿不出令人折服的物证和理证。①

2003 年，吴小玲、陆露在《南国珠城：北海》中认为：“在西北有通往西域的陆上丝绸之路，而在南方则有从合浦郡的徐闻、合浦港走向海外的‘海上丝绸之路’。”作者虽然提出了这样的论点，但并没有进行深入的论述。②

2004 年，北海市政协编辑的《北海文史　第 18 辑　合浦与海上丝绸之路》出版，该论文集专门探讨合浦在海上丝绸之路中的地位，特别是深入探讨它作为海上丝绸之路始发港的地位，文集共收录论文 30 篇，从不同的角度对合浦港在海上丝绸之路中的地位进行了研究。③邓家倍的《合浦，中国海上“丝路”最早起点》认为，“其实，合浦是中国海上‘丝路’最早起点是准确无误的。本文从考察中国历史文化资源出发，在历史与现实的结合上对合浦是中国海上‘丝路’的最早起点作进一步探讨。”并且，作者“在对史料进行研究的基础上，2001 年 4 月上、中旬，笔者与多位专家、教授一道前往有史记载的中国海上‘丝路’最早起点——广西合浦，进行了实地考察，拜访了‘老合浦’，与县博物馆、县志办的专家以及与有关领导和人员一起进行了多次座谈，再结合史籍记载反复讨论，多方比较和论证，得出了合浦是中国海上‘丝路’最早起点的结论。”接着，作者从历史文献的角度，从海上丝绸之路的政治、经济、军事、文化基础的角度，从考古实证的角度以及现实佐证的角度，认证了合浦是中国海上丝绸之路

①黄家蕃：《南海“海上丝绸之路”合浦始发港具体所在刍议》，《广西文史》2002 年第 2 期，此文后收入中国人民政治协商会议北海市委员会文史资料委员会编：《北海文史　第 17 辑　沧痕桑影录 3》，2003 年，第 69-74 页。

②吴小玲、陆露：《南国珠城：北海》，西安：三秦出版社 2003 年，第 80 页。

③中国人民政治协商会议文史资料委员会、北海市委员会文史资料委员会编：《北海文史　第 18 辑　合浦与海上丝绸之路》，2004 年 8 月。

的最早起点。

最后，作者还将合浦与之前争相声言为海上丝绸之路最早起点的泉州、广州进行了鉴别和比较。作者认为，作为海上丝绸之路的泉州在唐、宋以前的史籍尤其重要文籍中并无记载，泉州海外通商在“唐代以后迅猛发展”，宋、元两代逐步发展为“涨海声中万国商”的世界东方第一大港，“到南宋时成为中国首屈一指的海上商贸城”，并不是什么最早起点。就广州而言，作者认为主张广州为最早始发港的学者们，“除了不断地重复广州有光塔、镇海楼、南海神庙等海上‘丝路’遗址和广州是2 000年长盛不衰的港口以及唐、宋、明、清时期广州海上商贸情况，均没有令人心悦诚服的证据。例如，赵禄在《广州日报》发文《海上丝路最早起点》，文章开始说：‘广州是中国海上丝路的最早起点’。拜读全文，讲的全是明、清以来广州海上商贸来往情况。显然要论证其为海上丝路最早起点不能自圆其说。顾涧清又在《广州日报》发文《应申报世界文化遗产》中指出：‘古代的番禺（今广州）则是海上丝绸之路最早的始发港’。文章提出两个证据：一是1757年（乾隆22年）广州十三行独揽全国的外贸。二是广州外贸长盛不衰。顾文和赵文一样，要论证其为海上丝路最早起点均不能自圆其说。记者毛燕采访广州外贸史志主编、著名文史学家陈伯坚教授，在《人民日报》（华南新闻）发文《广州，海上丝绸之路肇端》，文章开始也说：广州‘作为中国最早的对外贸易始发港和商品货物集散地的历史地位，已成为不容置疑的事实’。对‘不容置疑’，笔者就提出四点质疑：一是缺乏历史依据。《汉书·地理志》作为海上‘丝路’最早的记载，两次谈到出海港，都没有说到番禺（今广州）。依笔者之见，原因是当时广州不具备中国海上‘丝路’最早起点的基本条件。……二是当今著名报刊不予认同。……古今都不提广州是海上‘丝路’最早起点，这不是巧合，而是史实的写照。须知，历史是不容随便改写的。三是对外贸易番禺不如合浦。……四是‘丝路’遗址和‘丝路’最早起点不能混为一谈。广州城内外确有光塔、莲花塔、琶州塔等‘丝路’遗址，其功能也确是为贸易船舶导航。但这些塔不是建在秦汉，而是唐后各个时期……显然与海上‘丝路’最早起点应是两回事，不能混为一谈。硬把这些后来才建的‘丝路’遗址作为‘丝路’最早起点的证据，明显是牵强附会。综上分析，广州是否海上‘丝路’最早起点也不言而喻了。”

就合浦而言，“从最早记载海上‘丝路’的《汉书·地理志》和大量史籍以及当今权威的论著记载，合浦作为海上‘丝路’最早起点，符合历史本来面目。当时合浦具有优越的地理、经济环境：一是地理位置得天独厚。……二是河港海港独具优势。……三是经济腹地辽阔富庶。……四是合浦郡治迁合浦。……总之，合浦是中国海上‘丝路’的最早起点，是不容置疑的。历史是不容改写的。”“纵观上述，合浦是中国海上‘丝路’的最早起点，不是狭隘的地域历史观，不是谋求提高地区知名度的作秀，更不是靠吹出来的牵强附会，而是以确凿史实为依据的，是站得住脚的，是经得起历史与现实考验的，且不是一家之言、而是多家之言的，现在是恢复长期被忽略了的历史真相的时候了！”

陈家义在《关于“海上丝绸之路”的思考》中对海上丝绸之路的始发朝代和概念进行了总结综述，对海上丝绸之路的始发港之争也进行了归纳。邓炳权在《“海上丝绸之路”上的几处中国南方港口（摘登）》中对海上丝绸之路的概念和起点进行了讨论。作者认为，“海上丝绸之路，即古代沟通中外的远洋航线。作为远洋航线，它是远程的而不只是近邻的，国际的而不是国内的，经常性的而不是偶发性的。它最初由丝绸等贸易而起，当然不限于丝绸，中晚唐起陶瓷上升至出口货物之首位，便有人称陶瓷之路；清代茶叶上升至首位，也有人称丝茶之路，实质上都是一回事。但丝绸出口贯穿始终，称丝绸之路可以涵盖全体，且更形象、更具浪漫色彩，业已被广泛接受。也不限于交通贸易，它实际上促进了东西方经济文化交流，是友谊之路、文明传播之路。作为一个美称，它是和平的而不是暴力的，平等友好的而不是欺压掠夺的。因此，海上军事活动应不在此范围，海上军事活动只能算是海上活动。对各种海上活动的统称，从唐代韩愈撰《南海神广利王庙碑》起则有海事之名。时间上，就中国而言，海上丝绸之路宜划定在古代。据目前掌握的史料，它上起秦汉，下限则至鸦片战争时期。这个上下期，世界其他地区内容或有先后不同。”唐嘉弘、张建华在《海上丝绸之路疏证》中从宏观的角度对海上丝绸之路中的一些问题进行了讨论。刘明贤在《合浦北海与海上丝绸之路》中对合浦进行了考古学上的考证，对海上丝绸之路进行了讨论。作者认为，“‘古代海上丝绸之路’的探索早于西周，商路成于战国，繁于秦朝，官路适于西汉，最早始发合浦，唐代东移广州，宋末北迁泉州，明代成为绝唱的探索开通和发展过程。”

夏载的《海上丝路始发港之争》中综述了2001年以来关于海上丝绸之路始发港之争的讨论。“泉州市是国内争‘始发港’最早的城市。按照联合国教科文组织在有关海上丝绸之路图片上的标记，海上丝绸之路的港口只标出泉州。……10年来泉州3次举办‘海上丝绸之路’国际学术研讨会，得到了联合国教科文组织的资助，并与当年海上丝绸之路的通商国开展商务和旅游往来，取得了良好的社会和经济效益。”“宁波市于2001年12月请来了海内外50多名‘海上丝路’的专家学者，举行宁波与‘海上丝路’文化国际学术研讨会和‘海上丝绸之路’文化论坛，会上专家们认为，宁波早在7 000年前河姆渡文化时期就从事我国最早的水上活动，唐代中期就与日本、高丽等通航作经贸文化交流等。如今宁波市还有建于东汉的‘海上陶瓷之路’发祥地上林湖越窑遗址以及各种建于晋、唐、宋、清时期的寺庙、码头、使馆遗址。”“广州于2002年元月也组织国内外专家在广州召开大型的‘海上丝路与广州港’学术讨论会。有部分专家倾向广州是丝绸之路的始发港。”“广东的徐闻虽然只是个港口城市，但是却‘港小志不小’，在争‘始发港’时同样理直气壮：《汉书·地理志》是最早记载‘海上丝路’的史书，里面记载的始发港是徐闻、合浦，哪有什么广州、宁波、泉州。”（原载《广西日报·国际新闻版》2002年3月15日）韩湖初的《关于我国古代海上丝绸之路最早始发港讨论研究综述》中对2001年广东省有关各方组织了“海上丝绸之路与中国南方港学术研讨会”进行了总结，认为研讨会“比较一致的意见是：关于我国古代海丝路最早始于西汉，番禺（广州）当时虽是岭南的重要都会，但尚未具备最早始发港的条件；当时对外海上贸易中心在北部湾沿海地区，合浦、徐闻和日南（今越南境内）是最早始发港，到吴晋以后海上贸易中心逐渐转移到番禺。”作者认为，合浦处于北部湾北部沿岸的中心地带，其地位比徐闻更为重要，并从三方面加以论述：第一，广州不是最早始发港，更不是“发祥地”；第二，北部湾是我国汉代对外海上贸易中心，合浦、徐闻和日南的最早始发港地位无可置疑；第三，合浦地处北部湾沿岸中心其地位无疑比徐闻更为重要。

此外，周家干、陈祖伟的《合浦乾体港作为“海上丝绸之路”始发港探源》，梁旭达、邓兰的《汉代合浦郡与海上丝绸之路》，黄家蕃的《南海“海上丝绸之路”合浦始发港具体所在刍议》，张九皋的《合浦港是西汉“海上丝绸之路”最重要的始发港》，王戈的《北海古窑址与“海上丝绸之路”》，周德叶的《古“海上丝绸之路”有哪几个始发港——被遗忘了的合浦》，范翔宇的《合浦成为汉代海上丝绸之路始发港的若干历史条件探析》，王伟昭的《田野考古学所见之汉代“海上丝绸之路”》，广西文物考古工作队课题组的《西汉海上丝绸之路始发港——合浦港的调查与研究》，谭炎的《“海上丝绸之路”最早始发港：北海合浦》，梁思奇的《合浦古代汉墓群——为古代海上丝绸之路作证》，罗远琨的《合浦考古面临重大突破，西汉古港将揭开面纱》，潘沁的《寻找西汉合浦港》，韦继川的《汉墓发掘的文物印证合浦曾是中外贸易桥头堡》等论文，分别从不同的角度探讨了合浦港在海上丝绸之路中的地位和作用。

2004年12月27—29日，由广西文化厅和北海市政府主办在广西北海市合浦县举行了“合浦——海上丝绸之路始发港”理论研讨会。来自全国各地的50位专家、学者参加了会议，考察、研讨了北海（合浦）在海上丝绸之路历史中的地位、作用和相关的自然生态、人文地理、旅游资源开发利用问题。会议收到论文50多篇，通过交流、研讨，取得两方面共识：

①合浦作为中国古代海上丝路的最早始发港，文献和实物确证无可置疑，且比同为最早始发港的徐闻重要和繁荣；②北海（合浦）应充分利用海丝路丰富的文化遗产与资源，抓住机遇，促进经济文化的繁荣与发展。会后，由吴传钧院士担任主编，出版了收录研讨会40多篇论文的论文集《海上丝绸之路研究：中国·北海合浦海上丝绸之路始发港理论研讨会论文集》。[①]

广西区人大常委会副主任潘琦在《合浦——海上丝绸之路始发港刍议》的发言中指出：1991年2月，联合国教科文组织主办、组织召开的海上丝绸之路国际研讨会之后，进一步激起了这方面专家学者的高度重视和研究热情，纷纷开展了海上丝绸之路的理论研讨，并取得了丰硕的成果。广西作为“海上丝绸之路始发港”之一的省份，也相应组织了一批专家、学者进行相关的研究，力图把广西方面关于海上丝绸之路的史实、史料，以及其对现实经济建设、社会进步、文化发展等方面的实践和理论弄清、弄准、弄明白，为共同开发、利用这一中华民族悠久文化遗产作出贡献。作者并就“合浦——海上丝绸之路始发港”的理论研究与实践问题提出了自己的看法。

首先，关于开展“海上丝绸之路始发港”理论研讨的现实意义。作者认为主要包括：①开展“合浦——海上丝绸之路始发港”的研究，对进一步扩大对外开放有积极的推动作用；②开展“海上丝绸之路始发港”的研究有利于促进中国—东盟自由贸易区的建立和发展；③开展“海上丝绸之路始发港”的研究有利于开发文化资源，发展先进文化；④开展“海上丝绸之路始发港”的研究有利于促进旅游业发展，振兴北海经济。

其次，关于“合浦——海上丝绸之路始发港”的解读。①汉代合浦郡政治、经济、文化、军事的鼎盛，使合浦成为海上丝绸之路的始发港。在政治上，合浦历史悠久，是岭南的古郡。在经济上，合浦面向东南亚，背靠中原，比较早的与外面通商。在文化上，海上丝绸之路的建立，与海文

①吴传钧：《海上丝绸之路研究：中国·北海合浦海上丝绸之路始发港理论研讨会论文集》，北京：科学出版社2006年版。

化的发展有很大关系。在军事上，合浦地处北部湾畔，面向东南亚，背靠大中原，水陆交通发达，自古以来，就是一个南方军事重镇，位置十分重要。总之，当时合浦郡无论在政治、经济，还是在文化、军事的地位上看，合浦古港作为“海上丝绸之路始发港”之一，这是毫无疑问的。②优越的地理位置使合浦古港成为“海上丝绸之路始发港”。③天然的港口条件使合浦古港成为“海上丝绸之路始发港”。④较为发达的航海和造船技术，使合浦古港成为“海上丝绸之路始发港”。

再次，关于“合浦——海上丝绸之路始发港”理论研究的建议。主要包括：

（一）关于“海上丝绸之路”的定义。“海上丝绸之路”是相对陆地丝绸之路而言的，是中国古代对外贸易的重要通道；古代中西方交流有陆上和海上的交通线。由于中国生产丝绸，丝绸又是当时重要的出口物资，在某种意义上象征中华文化，所以后人用“海上丝绸之路”来命名作为学术研究的代名词，它并不是原来具有的。最早是日本的一位学者提出的，得到学术界的广泛接纳和普遍使用，一直沿用至今。

（二）关于“海上丝绸之路始发港”的问题。可以肯定，合浦是当时规模最大、形成最早、影响最大的始发港之一。

（三）关于申报世界文化遗产的问题。因为现在“海上丝绸之路始发港”有多个，目前要以一个省、一个区、一个市、某个港口来申报世界文化遗产都没有很充分的依据。鉴于这种情况，建议成立一个“海上丝绸之路”研究学会，通过学会来协调各方的关系，来开启各个港口的资料，然后把这些港口的所有资料和历史记载捆绑，联合起来申报世界文化遗产，共同享受世界文化遗产带来的品牌效益和深远影响。广西有几个优越条件：①领导重视，自治区党委、政府及北海市委、政府很重视这项工作，已经作了前期准备。②广西合浦当年就是非常繁华的地方，辖有10.5万多平方公里的土地；从目前掌握的史料看还比较丰富齐全，特别是汉墓群的挖掘，发现了很多很有价值的文物史料。③尽管广西财政困难，我们也愿意出一份资金来办好这件功在当代、利在千秋的事业。如果达成共识，可以先搭框架，推选出筹委会会长、副会长，形成初步方案，然后分步实施。

（四）关于广西方面海上丝绸之路研究工作。当前海上丝绸之路的研究工作正在深入进行，今后海上丝绸之路的研究要认真做好规划，组织力量进行深入的研究，力求多出成果，出好成果。广西方面要切实做好几项工作：①要认真总结整理这次理论研讨会取得的成果，把各位专家学者的论文汇编成册，有多少出多少。②要继续组织力量，进一步对“合浦——海上丝绸之路始发港”的资料、史料、文物进行搜集整理，并邀请区外专家、学者联合攻关，特别是在原文化部、国家文物局的领导下，把广东、福建、海南方面专家、学者动员起来，借用他们的才干和学问把合浦这一块搞清楚。自治区党委宣传部、社科院、文化厅、区文史馆及北海市有关部门要联合成立海上丝绸之路研究开发课题组，组织区内外专家进行深入研究，撰写文章、出版书籍，在区内外报刊杂志广泛发表，形成一个良好的舆论宣传氛围。③要加强海上丝绸之路和“北部湾文化”的关系研究。要在原来北部湾文化研究的基础上进一步研究海上丝绸之路与“北部湾文化”的关系，要研究海上丝绸之路给当时社会、经济、文化带来的影响，要研究海上丝绸之路对现在对外开放的借鉴和启迪作用。积极筹建古汉墓博物馆，“海上丝绸之路始发港”博物馆。④要筹集一定资金，确保海上丝绸之路研究工作的顺利开展。①

关于中国古代海上丝路的形成和最早始发港问题，华南师范大学韩湖初、杨士弘教授在《关于中国古代“海上丝绸之路”最早始发港研究述评》综合分析各家不同论点及论据，结合考古发掘与实地考察，提出三点意见（全文后来发表在《地理科学》2004 年第 6 期）：

（1）中国古代海上丝路形成于西汉，当时番禺（广州）难以穿越波

---

①潘琦：《合浦——海上丝绸之路始发港刍议》，载吴传钧主编：《海上丝绸之路研究：中国·北海合浦海上丝绸之路始发港理论研讨会论文集》，北京：科学出版社 2006 年，第 1-6 页。后此文收入作者的《笔耕录　第 4 卷》，南宁：广西人民出版社 2006 年版。

涛汹涌的琼州海峡和海南岛东面的危险海域，文献也明确记载吴晋以后广州始直航南洋，且番禺城墙毁于平定南越国叛乱，随即岭南政治经济中心移往岭南西部直至东汉末年，可见称广州汉时已是海丝路始发港难以成立。

（2）秦汉定都关中，灵渠开通后便可由中原通过长江和珠江水系，转南流江从合浦出北部湾通往西亚和欧洲。由于北部湾是中国该航线的海上起点，当时远航亦须借助季风沿其西岸航行，因此成为汉帝国对外贸易交通枢纽。《汉书·地理志》也记载汉代海丝路的三个始发港均在北部湾，对此至今无人置疑。

（3）合浦位于北部湾北部沿岸的中心，外通南洋、西亚和欧洲，内连中原，地理位置重要，各方面条件较好，故成为沟通中外的重要港口。其县城附近庞大的汉墓群及其出土的大批珍贵文物和舶来品，足证其汉时比徐闻繁荣和重要。后来陕西师大朱士光教授指出：汉时合浦在北部湾和整个岭南“占有极其重要的地位，在三个始发港中更具独特优势”；已经具备了汉代海丝路始发港的“硬件和软件”“有充分史实为依据”“是经得起历史考验的”。

中山大学司徒尚纪、许桂灵教授在《合浦港在我国海上丝绸之路的历史地位和影响》中，从中国区域开发历史进程、北部湾在秦汉时的重要地位、合浦港与周边地区关系、港址的地理形势等方面作了全面系统的论证，认为合浦作为中国海丝路“在秦汉到唐时期一个最重要始发港”和“最早一个始发港”，是无可置疑的。

吴三保编审的《北海（合浦）中国海上丝绸之路始发港刍议》中，通过对海上丝路各个始发港争议的回顾和辨析，认为综合各方面因素和条件，合浦作为中国古代海上丝路最早始发港，书证、物证确凿，旁证充实，其地位毋庸置疑；中国古代海上丝路不同时代有不同的始发港，晋为广州，唐为宁波，南宋为泉州，均晚于汉代的合浦、徐闻，但徐闻不如合浦重要和繁荣。国内专家此前达成的“宁波共识”抛开合浦而由宁波、泉州和广州联合申报海丝路世界文化遗产，显然有失偏颇；吴晋以后北部湾港口作用日渐下降，合浦的地位被广州取代，但无损其历史地位和价值。

复旦大学邹逸麟教授在《古代合浦史地杂谈》中指出合浦“西汉开始就是中国南海上的对外贸易港”。广东省博物馆原馆长杨式挺在《略论合浦汉墓及其出土文物的特点》、广东文物考古所副所长邱立诚在《合浦——历史的选择》中都认为，合浦的最早始发港地位“当之无愧”，已为相关资料予以充分证明。广西社科院原副院长黄铮、壮学研究中心赵明龙[①]主任与《学术论坛》杂志社社长兼总编辑林志杰，对合浦是中国汉代“最早、最重要”和“最大的始发港”作了多角度系统论述，赵、林还一一列举了徐闻、广州、宁波和泉州等地现存的海丝路文化遗址，以合浦（北海）为最多，有数千座汉墓以及大批出土文物。广西师大廖国一，中山大学邓家倍、李瑞声，广东省社科联陈家义，暨南大学王元林、凌立坤，广州大学钟定世，广州博物馆馆长程存浩以及北海（合浦）的张九皋、黄家藩、刘明贤、周家干等学者，均通过不同视角进行详细论证。

吴传钧院士在总结发言中指出，“此次到会的许多学者，特别是司徒尚纪、朱士光、吴三保、黄铮和韩湖初等提交的论文提出了很多说服力很强的学术见解”，认为：①秦统一中国推行郡县制，动员了大批军队和移民南下岭南西部地区，灵渠的开通为中原地区通达岭南乃至北部湾沿海开辟了一条动脉，大大促进了岭西地区、特别是合浦地区的经济开发。②合浦为南流江出海口，区位特别重要，北通长江和黄河流域，南出大海可达南洋、西亚和东非。加上这里是富饶三角洲，宜于渔、农，又盛产珍珠，因而成为主要海港。③合浦附近至今保留的巨大汉墓群，不仅数量大，而且出土名目繁多的珍贵文物，其中有很多玛瑙等舶来品，证明西汉时合浦已是繁华富庶的国际商港，也就是远航南洋、西亚和东非的最早海上丝绸之路的始发港。

此外，专家、学者还从不同方面对古代海丝路作了深入的探讨。如

①赵明龙：《从中国合浦到斯里兰卡——论合浦（北海）为中国最早最大的海上丝绸之路始发港》，《东南亚纵横》2002年第7期。

王元林等在《两汉时期合浦郡在岭南与南海丝路的地位》中指出：两汉开发岭南重点在西部，合浦与徐闻“在岭南和中外贸易中作用重大”，并形成“亮丽的”海丝航线，成为“联系中原的纽带”。湖南博物馆前馆长傅举有在《从考古资料看合浦海上丝绸之路的兴起和发展》中指出：长沙马王堆汉墓出土的象牙、犀角和玳瑁制品是“通过合浦港从国外进口来的”，唐代长沙窑的釉下彩瓷是运到合浦再出口的。广西博物馆黄启善在《广西汉代玻璃与海上丝绸之路》中介绍有关广西古玻璃的研究及测试结果，指出其中既有经海丝路输入，也有利用本地原材料自制输出，而通过对合浦汉墓的大量佩饰品分析证明：其中既有中国外销，也有从海外引进原材料和先进技术。① 中山大学黄启臣教授在《西汉海上丝绸之路与内地的互动——以徐闻、合浦始发港口为中心》认为西汉所派海丝路官方船队可能是按武帝平定南越的进军路线南下出海的。广西考古队梁旭达等结合分析合浦汉墓的出土文物，指出汉时合浦农业经济的增长和郡治与官营港口的设置给它带来了繁荣。李瑞声和钟定世介绍和回顾了乾体的文物古迹和兴衰；刘明贤在《合浦徐闻二港在古代海上丝绸之路中的特殊作用》中认为中国古代海上丝路“探索早于西周，民路成于战国，商路繁于秦朝，官路通于西汉。”中国科学院植物所王献溥、中国生态学会李文埕在《海上丝绸之路始发港——合浦丰富的生态旅游资源》中，对北海（合浦）丰富的生态旅游资源及其开发进行了探讨。会议期间专家学者参观了合浦博物馆、合浦汉墓群，对合浦汉墓其规模之大、数量之多（数千至近万座）和出土文物之丰富（逾万件）及其档次之高（有 20 多件国家级文物）极为赞赏；广西考古文物队课题组熊昭明还介绍了合浦县城北郊石湾镇大浪古城及其码头遗址的发掘情况。②

2005 年，广西壮族自治区文物工作队和合浦县博物馆出版了《合浦风

①中国国家博物馆、广西壮族自治区博物馆：《瓯骆遗粹：广西百越文化文物精品集》，北京：中国社会科学出版社 2006 年版。

②韩北：《“合浦——海上丝绸之路始发港”理论研讨会在广西北海召开》，《地理科学》2005 年第 1 期。

门岭汉墓 2003—2005 年发掘报告》，该报告是对合浦县风门岭墓区 8 座汉墓的发掘报告。书中第二至六章逐一介绍各座墓葬，一些保存完好且具有代表性的墓葬单独成章。最后两章为墓葬分期研究与相关讨论，其中第八章第三节讨论这些墓葬作为海上丝绸之路的物证。①

2006 年 9 月 16 日，由广西民族大学和国际人类学与民族学联合会第十六届世界大会筹备委员会联合主办的第二届“中国与东南亚民族论坛”，在广西民族大学召开，来自日本、泰国、越南、老挝以及中国社会科学院、国内各高校、科研院（所）的近百名学者交流了民族学与人类学，尤其是中国与东南亚的最新研究成果，探讨了民族学与人类学研究的新问题、新动向。会后，第二届中国与东南亚民族论坛编委会编辑出版了《第二届中国与东南亚民族论坛论文集》，廖国一在《汉代环北部湾货币流通圈与“海上丝绸之路”——以环北部湾地区中国与越南汉代墓葬出土钱币为例》中通过对环北部湾地区中国与越南汉代墓葬出土钱币的研究，讨论了这一地区在海上丝绸之路中的重要地位。② 后来，此文经过修改，获首届广西社会科学界学术年会优秀论文优秀奖，入选《首届广西社会科学界学术年会优秀论文集》③。

2007 年，广西博物馆编辑出版了《广西博物馆文集》（第 4 辑），周敏在《汉代海上丝绸之路对“泛北部湾经济合作区”建设的历史镜鉴》中，通过对汉代海上丝绸之路的文献记载和合浦汉墓有关出土文物的论述，展现了这条经由东南亚通往印度等国的最早的官方贸易航线的历史，探讨了

①广西壮族自治区文物工作队、合浦县博物馆：《合浦风门岭汉墓：2003—2005 年发掘报告》，北京：科学出版社 2006 年，第 133-136 页。

②廖国一：《汉代环北部湾货币流通圈与“海上丝绸之路”——以环北部湾地区中国与越南汉代墓葬出土钱币为例》，载第二届中国与东南亚民族论坛编委会编：《第二届中国与东南亚民族论坛论文集》，北京：民族出版社 2007 年，第 61-80 页。

③廖国一：《汉代合浦郡与东南亚等地的“海上丝绸之路”及其古钱币证据》，载广西壮族自治区科学界联合会编：《首届广西社会科学界学术年会优秀论文集》，南宁：广西人民出版社 2007 年，第 370-378 页。

当今发展海洋文化和构建“泛北部湾经济合作区”的现实意义。[①]

佛教从海路传入中国，史家早有论及，但多数散见于各家著述附带言之。至于佛教海路传入的通道以何种形式存在，海路传入的途径及形式均缺乏明确的表述。随着海上丝绸之路研究的不断深入，佛教海路传入的线索也日渐显现，因此引起了各界人士的广泛关注。2008 年，由范翔宇主编的《海门佛踪：北海佛教海路南传通道纪事》探讨了佛教由海路传入中国的问题。作者认为，佛教海路传入中国的通道是依托海上丝绸之路而建立起来的，北海（古属合浦）是海上丝绸之路始发港城市，也是佛教海路传入中国的必经之路。北海独特的地理区位优势，特别是合浦海上丝绸之路始发港的地位在佛教海路南传通道中担当起中转站的历史使命。该书以丰富翔实、精炼准确的史料文献为依据，对佛教海路南传通道的开辟、形成、确立和发展的历史进程，以及北海在其中的中转站地位和作用进行客观阐述，不涉及形成佛教海路南传通道史料观点的异同评论，以利于最大限度地在读者面前真实地展示这条佛教海路南传通道的基本概貌。作者以扎实的考古文物与古籍钩沉，论述“南海北部湾畔合浦古港（今属北海市）是佛教传入中国的重要发祥地”，“海上南传佛教早于陆上西域北传佛教”，突破了学术界传统见解。该书的内容丰富、选材严谨、立论有据，观点鲜明，是广西第一部研究佛教海路传入中国的专著。对佛教海路传入中国的深入研究具有重要意义。[②]

2008 年 5 月，经过 6 年时间筹备、文史专家一年左右时间编撰而成的《北海合浦海上丝绸之路史：一座城市永远的记忆》正式出版发行。该著作由合浦县人民政府与北海市地方志办公室联合编纂，是一部全景记述北海合浦海上丝绸之路历史及其渊源的专著，全书介绍了 2 000 多年前以广西合浦为始发港的海上丝绸之路形成和发展的历史，结合出土文物和民间

①周敏：《汉代海上丝绸之路对“泛北部湾经济合作区”建设的历史镜鉴》，载广西博物馆编：《广西博物馆文集》（第 4 辑），南宁：广西人民出版社 2007 年，第 165-168 页。

②范翔宇：《海门佛踪：北海佛教海路南传通道纪事》，南宁：广西民族出版社 2008 年版。

习俗风物的记述，呈现了当时相关的政治、经济、文化和社会现象，书中配有200多幅实物图片。图文并茂，除了忠实地记录了当时的历史事实，还真实地记载了海上丝绸之路始发港有关的民间习俗、历史风物。它的出版不仅填补了广西开放史研究的空白，还有益地补充了我国西南地区对外开放史料的不足。[①]

2012年，吴伟峰、吴娱发表了《广西合浦县汉代出土文物与海上丝绸之路》一文，作者认为，两汉时期，合浦县一直是合浦郡的治所，也是汉代岭南地区政治、经济中心和军事重镇。已发现的古建筑、古遗址、古墓葬、近代代表性建筑和近现代代表性史迹近百处，汉墓6 000多座，已出土的文物种类繁多，不乏珍品，引起了国内外专家的关注。广西博物馆馆藏的合浦汉代出土文物只是众多从合浦汉墓中出土文物的一小部分，合浦港当时的繁荣贸易景象可见一斑。汉代之后，随着社会经济的发展，造船和航海技术的进步，合浦港逐渐被广州港取代，但是这并不能抹杀合浦港在汉代海上丝绸之路中的重要地位，其在中外经济、文化交流中所起的重要作用也是不能被泯灭的。无论是从文献史料还是考古发现，合浦作为海上丝绸之路始发港的历史地位是毋庸置疑的。[②]刘建军在《海上丝绸之路海陆对接线的开辟及其现代意义——谈贺州区域文化传统现代化》中则对贺州在海上丝绸之路中的地位进行了探讨。作者认为，西汉海上丝绸之路的开辟，是古代农业文明经济全球化的体现，它促成了今天的东盟各国与中国的友好往来。探讨古代海上丝绸之路海陆对接线——贺州海上丝绸之路古道的形成发展历史可知，在海上丝绸之路贸易过程中所形成的地区文化传统，在经济全球化以及中国与东盟自由贸易区启动中对地方经济发展具有推动作用。[③]

①广西合浦县人民政府、北海市地方志办公室：《北海合浦海上丝绸之路史：一座城市永远的记忆》，南宁：广西人民出版社2008年版。

②吴伟峰、吴娱：《广西合浦县汉代出土文物与海上丝绸之路》，《福建文博》2012年第3期。

③刘建军：《海上丝绸之路海陆对接线的开辟及其现代意义——谈贺州区域文化传统现代化》，《贺州学院学报》2012年第1期。

2012年，吴小凤出版了《宋明广西海上陶瓷之路研究》一书，介绍了广西陶瓷的考古发现情况，总结和阐述了广西古代陶瓷生产的质和量及其外向型特征，论述了广西航运网络与区域陶瓷文化的关系及广西陶瓷生产与海上陶瓷之路的关系。①

第七节　海南省的海上丝绸之路研究

进入21世纪之前，海南省的海上丝绸之路研究远不如其他相关省份的研究充分，发表的论著也不多。1995年，何翔在《海南金融》发表《海南与"海上丝绸之路"》一文，认为由徐闻、合浦往南海抵黄支（印度东南）的海上丝绸之路，通过琼州海峡（或北部湾）沿海南岛西部沿岸一直南行到越南、马来亚、泰国，最远到达了印度的黄支。这条海上航线的频繁往来，促进了海南西部沿岸的进步，先进的铁制农具和优良的物种都被带到了海南。海南的儋耳、东方等许多天然良港为过往船只的补给提供了极大的方便，同时汉朝官吏也不断乘船而来，海南开发进入了一个新时期。②

进入21世纪以后，海南省的海上丝绸之路研究进展与同类省份相比也还是比较缓慢的。2008年，牛志平等出版了《海南文化史》，在介绍清代海南文化积淀中，作者讨论了古代海南与海上丝绸之路的关系。③2010年杨春虹在《海南古代商贸寻迹——千年海上驿站》中认为，古代海南偏居海外，人口不多，但因为得天独厚的地缘优势，成为古代中国海外贸易的重要一站。自宋以后，随着海外贸易的发展和人员流动的频繁，海南岛逐渐告别荒凉。海上丝绸之路，这条古代中国最繁忙的海上通道，为海南

①吴小凤：《宋明广西海上陶瓷之路研究》，南宁：广西人民出版社2012年版。
②何翔等：《海南与"海上丝绸之路"》，《海南金融》1995年第12期。
③牛志平，等：《海南文化史》，海口：海南出版社、南方出版社2008年，第233-241页。

岛带来瓷器、丝绸，带来商人、移民，也带来了先进的文化风气和生产方式。[①]

2011 年 4 月 25 日，由中国中外关系史学会、海南师范大学等主办的"2011 年南海文化学术论坛：南海海上丝绸之路学术研讨会"在海口举办。来自全国 30 多所高校、科研院所的 70 多位专家、学者参加了会议。大会共收到与会专家、学者提交的论文 40 余篇。在会议所收到论文中，有 20 篇左右都是围绕"南海海上丝绸之路"这个主题的。[②] 张一平的《南海海上丝绸之路的地位和影响》系统论述了南海海上丝绸之路的形成，以及海上丝绸之路在整个丝绸之路中的历史地位与重要性。阎根齐的《论南海丝绸之路的形成与发展》一文，深入分析了南海在海上丝绸之路形成过程中的主要特征，指出"海南岛是古代中国人向南海航行探索的首站"。张朔人的《南海海上丝绸之路变迁及其对海南影响》，根据海流的特点，充分讨论了南海海上丝绸之路具体航线的变化及其对于海南开发的影响。邢寒冬的《海上丝绸之路与海南华侨的分布》一文，通过对海南人出国的线路、海南华侨分布的分析，指出海南华侨多分布在海上丝绸之路经过的南洋地区，与海上丝绸之路航线的发展关系密切。郝思德的《试探西沙北礁水下文物所揭示的历史信息》，通过对水下考古发现的文物及出水文物的文化特征、时代等问题的分析，指出北礁水下考古发现的文物遗存是中国海上丝绸之路的历史见证。丘刚的《从海南岛出土文物看南海海上丝绸之路》，从考古的角度肯定了海南岛在海上丝绸之路中的重要地位。

施雪琴的《郑和形象建构与中国 东南亚国家关系发展》一文，探讨了郑和形象在东南亚的传播情况，分析了东南亚华族的文化特点，进而探讨了当代中国与东南亚的关系问题。张一平的另一篇文章《清朝前期海南与越南大米贸易的背景及其影响》，以鸦片战争前海南和越南之间的大米贸易为例，探讨了大米贸易对促进双方贸易发展、维护南海区域多边贸易

①杨春虹：《海南古代商贸寻迹——千年海上驿站》，《海南日报》2010 年 9 月 7 日。
②张华、赵逸民：《南海击波 丝路论道："南海海上丝绸之路学术研讨会"会议综述》，《海南师范大学学报》（社会科学版）2012 年第 1 期。

正常化、推动清政府对外贸易政策的改善等方面所起的作用。徐晓望的《隋唐宋流球与台湾北部的十三行文化》，研究了古代文献所记载的琉球，将文献记载与考古发现相结合，认为唐宋时的琉球就是今天的台湾。王慕民的《新航路开辟后宁波双屿港的勃兴与南海东海贸易圈的沟通》，指出新航路开辟之后，由于欧洲人的东来，使宁波与南海的商贸联系加强，宁波沿海的双屿港一度成为中国与南海诸国海上贸易的中心。邹振环的《〈西洋记〉的刊刻与明清海防危机中的"郑和记忆"》，则通过分析《西洋记》这部二三流晚明小说的刊刻情况，探讨了清代中国海防危机中"郑和意识"的复活，将古代文学、中外关系、社会心理等不同的领域结合在一起，从而展示了一个新的研究路径和方法。万明的《晚明东砂西珍考：海上贸易结构变化探析》，从晚明人的东西洋概念变化着手，通过晚明与明初商品结构的比较分析，认为西洋贸易结构变化不大，东洋变化较大，主要表现为白银的大规模输入。该文进而认为，这种变化与明代白银货币化有着密切的关系。该文指出，在全球化开端的时候，中国社会变化与世界变革是紧密相连的。龚缨晏的《早期欧洲地图上的海南》，以欧洲人所绘的大量早期地图为例，指出马可·波罗是最早把海南岛介绍到欧洲的人；1375年加泰罗尼亚地图是最早标出海南岛的地图，进而考察了地理大发现后海南岛在欧洲地图上的不同表现，该文结论是早期欧洲地图说明南海属于中国。耿昇的《明末西班牙传教士笔下的广东口岸》一文，介绍了明朝末年一位鲜为人知的来华耶稣会士——西班牙人亚德里亚诺·拉斯·科尔特斯。1625年科尔特斯在广东沿海因沉船事件在中国海岸漂泊近一年，《中国游记》是他在华居住的产物。与其他耶稣会士不同的是，科尔斯特在书中对明末中国社会的阴暗面描述较多，对广东海岸特别是对潮州府、肇庆府、广州府和澳门的记述甚为详细，其史料弥足珍贵。耿昇的论文不仅介绍了海外重要的学术信息，而且还通过这一实例表明，研究中国历史，研究中国南海问题，研究海上丝绸之路，海外文献也是重要的资料。

会议期间，代表们对继续推进南海海上丝绸之路的研究和南海区域研究提出了非常有见地的建议。许全胜提出应建立“南海学”，这是很有现实意义的。王政尧建议海南省相关部门应当充分利用2014年海瑞诞辰500周年的契机，通过宣传海瑞来进一步发掘和宏扬海南的历史文化，丰富南海区域文化研究。总之，这次研讨会的特点是学术性强、讨论角度多、范围广、跨学科、现实意识强烈，对南海海上丝绸之路、海南及南海区域历史文化等方面进行了广泛的讨论。正如中外关系史学会副会长龚缨晏在学术总结时所言，这次研讨会是国内学术界对于南海丝绸之路以及相关问题研究的一次集中展示，一定能够促进今后对于南海丝绸之路以及南海区域相关问题的研究。

2012年，陈洪波在《汉代海上丝绸之路出土金珠饰品的考古研究》中认为，参照国内外学者对中国大陆出土金珠饰品的研究成果，对南海沿岸汉墓历年所出金花球等饰品进行比较研究，可以得出如下认识：合浦金珠饰品体现出域外风格，它在南海一带流行的年代主要是在东汉时期，当与以海上丝绸之路为代表的南海一带经济文化交流有密切关系；但从金珠焊接方法等制作工艺判断，这种产品本身是舶来品还是汉地产品，还存在疑问。从考古发现判断，金珠饰品有在合浦当地制作的可能性。① 章佩岚则在《“海上丝绸之路”对唐代海南的影响》中探讨了海上丝绸之路在唐代对海南的影响。作者认为，海南岛悬处海中，扼守海上贸易通道，受到海上丝绸之路对外贸易的促进和影响，社会经济文化结构发生了很大的变化，这种变化也对海上贸易产生作用。这些影响主要包括海南岛建置中心的转移、海南岛移民的增长、对外贸易主要靠掠夺直接或间接地参与海外贸易以及佛教和伊斯兰教的传播等。②

①陈洪波：《汉代海上丝绸之路出土金珠饰品的考古研究》，《广西师范大学学报》（哲学社会科学版）2012年第1期。
②章佩岚：《“海上丝绸之路”对唐代海南的影响》，《福建文博》2012年第1期。

第八节　21 世纪以来海上丝绸之路研究的特点

进入 21 世纪以来，我国的海上丝绸之路研究在原有的基础上继续深入研究，并取得了非常显著的成果。这一时期的海上丝绸之路研究主要呈现出以下几个特点。

第一，全国各沿海省市全面展开，广东、福建仍然处于领先地位，但广西、浙江大有后来居上之势。进入 21 世纪以来，全国各沿海省市的海上丝绸之路研究都全面展开，广东省、澳门特别行政区、福建省、广西壮族自治区、浙江省、山东省、海南省的海上丝绸之路研究都取得了巨大进步。这不仅体现在它们的研究成果数量的增加，而且也体现在研究质量的提高和研究范围的扩大。在成果数量方面，各省市的论文和专著数量几乎是成倍地增加；在质量方面，很多论文和专著（包括论文集）都体现出了非常高的质量和见地，在研究范围方面，各省市不仅对海上丝绸之路的港口、航线、商品贸易等进行了深入研究，而且对于更细微的微观研究，特别是考古实证研究都取得了长足进步。

各沿海省市在这一时期的研究，广东和福建仍然处于全国各沿海省市研究的领先地位。其主要表现有两方面：第一，它们在保持原有深入研究的基础上，无论其研究范围、研究深度都在不断地扩大；第二，它们的研究成果数量和质量都处于领先地位。但是，随着海上丝绸之路申请世界文化遗产工作的推动，各沿海省市加大了对海上丝绸之路的研究，特别是广西和浙江的研究工作大有后来居上之势。

第二，政府倡导力度加大。在 21 世纪之前，对于海上丝绸之路的研究主要是在纯学术的范围内展开，或者说它仅仅局限于学者兴趣或爱好范围内。随着联合国教科文组织的“丝绸之路——对话之路综合考察”十年计划展开以及海上丝绸之路申请世界文化遗产工作的推动，各沿海省市政府大力提倡对海上丝绸之路的研究，直接推动了海上丝绸之路的研究。各沿海省市政府通过举办大型学术研讨会、各种展览、建设博物馆、甚至纳入政府工作计划等方式，大力倡导对海上丝绸之路的研究。

第三，关于海上丝绸之路始发港之争达到白热化程度。由于丝绸之路申请世界文化遗产工作的推动，各沿海省市展开了对海上丝绸之路始发港，特别是最早始发港冠名的争夺，而且大多是在省政府的直接推动下进行的争夺，因此，各沿海省市对海上丝绸之路始发港之争达到白热化程度。特别是广州、泉州、宁波和北海等城市之间的争论最为激烈，它们所在的省市政府也通过各种方式大力推动其争论。这些争论，对海上丝绸之路的深入研究固然有非常积极的作用，但也带有很强的目的性。

·下篇·

第四章　中国古代海外贸易政策与管理研究

对于中国古代海外贸易政策与管理的研究一直是学术界研究中经久不衰的热点和重点课题。早在 1901 年，日本学者石桥五郎的《唐宋时代的中国沿海贸易及贸易港》（1，2，3）就有所涉及；桑原骘藏的《蒲寿庚考》及《唐宋贸易港研究》对于有关海路贸易港和市舶管理进行了较多的研究。中国学者最早研究所涉及的主要内容也是关于海外贸易的政策与管理。如《宋代提举市舶司资料》（《北平图书馆馆刊》1931.10，5 卷 5 期）较早地对宋代市舶司的相关资料作了搜集和整理。程维新的《宋代广州市对外贸易的情形》（《食货》1935. 5，1 卷 12 期）以广州为例较细致的阐述了宋代市舶司的创设、职掌，并还论及当时的税收、专卖政策及铜钱外流问题。陈竺同的《唐宋元明的南海舶政》（《南洋研究》1936. 6，6 卷 3 期）则重点以闽粤为例，以外贸管理官员的贪廉为突破口论述了当时的舶政情况。而另一位日本著名学者藤田丰八的专著《宋代之市舶司与市舶条例》（商务印书馆，1936 年）则是这一时期对宋代市舶制度研究的最全面系统的成果。他考证了古代的市舶制度的源流在于“阿拉伯人勃兴，南方海上商业上的利益与年俱增。”并详述了宋代各主要海港及其市舶司条例。随后钱卓升在《唐宋以来之市舶司制度》（《遗族校刊》1937.5，4 卷 3 期）

中也对市舶制度作了研究。[①]

此后，各时期学者都对海外贸易的管理，特别是市舶制度进行了比较深入的研究。到了20世纪80年代，学者们更加注意此课题的研究。1985年，沈光耀出版了《中国古代对外贸易史》一书，其中第二章《封建主义的贸易体制和市舶制度》专门探讨中国古代的海外贸易体制及市舶制度，特别是对市舶制度进行了比较系统的阐述，包括这一制度的产生、发展与完善、职能、衰落、解体。[②]陈高华、吴泰合著《宋元时期的海外贸易》，随后，漆侠的《宋代市舶抽解制度》（《河南大学学报》，1985年第1期），台湾学者李东华的《泉州与我国中古的海上交通》（1986年），李金明的《明代海外贸易史》（1990年），李金明、廖大珂的《中国古代海外贸易史》（1995年），宁志新的《试论唐代市舶使的职能及其任职特点》（《中国社会经济史研究》1996年第1期）、《唐代市舶制度若干问题研究》（《中国经济史研究》，1997年第1期），陈高华、陈尚胜的《中国海外交通史》（1997年），黎虎的《唐代市舶使与市舶管理》（《历史研究》，1998年第3期），王川的《论市舶太监在唐代岭南之产生》（《中山大学学报》，2000年第2期），李金明的《漳州港》（2001年），黄纯艳的《宋代海外贸易》（2003年）等论著均涉及海外贸易管理制度问题的探讨，中国古代海外贸易管理制度研究进入一个新时期。[③]在这种背景下，郑有国博士出版了《中国市舶制度研究》[④]一书。该书对自唐至明市舶制度的兴衰进行了比较深入的探讨。市舶制度问题一直是中国古代海外贸易研究的一个重要论题。“市舶制度，实际上就是海上对外贸易管理制度。从唐到明几百年的时间里，市舶制度从萌芽到发展，臻于完善。伴随着历代封建统治意识的摇摆，经济、政治的变迁，几经跌宕，市舶内容也深深地打上其时代的烙印。”市舶制度自

①王庆松：《20世纪宋代海外贸易研究综述》，《海交史研究》2004年第2期。
②沈光耀：《中国古代对外贸易史》，广州：广东人民出版社1985年，第50-64页。
③刘文波：《中国古代海外贸易管理制度研究的新成果——郑有国著〈中国市舶制度研究〉评介》，《中国社会经济史研究》2005年第3期。
④郑有国：《中国市舶制度研究》，福州：福建人民出版社2004年版。

产生起，就处在不断的变化之中。作者在论述市舶制度的沿革时，对市舶制度历经唐宋元明几朝的基本状况及其发展变迁过程作了全面而系统的探讨。唐代是市舶制度始置时期。唐代市舶使，初无定所，无簿书，只是临时命使。后经王虔休献岭南旧馆有了定所并建立了簿书，在职能上确立了与地方官管理海上贸易互不相关的一个系统。宋代是市舶制度探索发展的关键时期。从置广州市舶司起，市舶制度历经变更，市舶设地、官制、管理权属、抽解等，都几经波折，最后形成了"元丰市舶法则"这一市舶制度史上的第一部成文法，以法律的形式确立了中央对市舶的直接管辖，推动了海外贸易的发展。元代是市舶制度发展的重要时期。由于元代统治民族所具有的属性，形成了以"官本船"为主要特征的市舶制度，海外贸易的活动与规模有所加强，且在承袭的基础上，形成了"至元市舶法则"和"延佑市舶法则"，促成了我国海外贸易管理体系的形成，初步建立起我国海外贸易管理的法律架构。但从商业经济原则来说，元代市舶制度呈现的是畸形的，而非良性的发展。明代是市舶制度的衰亡时期。明初在海禁政策下推行的市舶制度，把海外贸易置于政府的统一管辖之下，实行"朝贡贸易"制度，这与宋元时期的市舶制度有本质的区别，市舶司管理私人海外贸易的职能不再存在，更多的是执行"海禁"的职责。明中叶抽分制的实行，迎来了明代海外贸易管理制度变化的一个历史转机，政治型朝贡贸易体制逐渐向经济型的互市贸易体制转变，但这种转变也只限于外国商人和使者，国内商人仍被严厉禁止。《中国市舶制度研究》一书是第一部系统地、完整地研究中国古代海外贸易管理的重要制度——市舶制度的著作。[①]

从唐代市舶制度产生到明代市舶制度的衰落，学者以不同阶段、不同侧重点为目标进行了深入的探讨，下面对各时期的研究分别进行介绍。

①刘文波：《中国古代海外贸易管理制度研究的新成果——郑有国著〈中国市舶制度研究〉评介》，《中国社会经济史研究》2005 年第 3 期。

第一节　唐代海外贸易政策与市舶制度研究

最早研究唐代市舶制度的是日本学者桑原骘藏，他的《唐宋贸易港研究》（中译本，商务印书馆，1935年）是一部有关海路贸易、贸易港和市舶管理的论文结集。国内较早研究唐代海外贸易政策的有陈竺同的《唐宋元明的南海舶政》重点以闽粤为例，以外贸管理官员的贪廉为突破口论述了当时的舶政情况。①

李金明在《唐朝对外开放政策与海外贸易》中从唐朝的对外开放、对外贸易港口进行分析后，探讨了市舶使机构的成立，市舶使是我国历史上最早设立的海外贸易管理机构。它起源于互市监，在隋末唐初，大凡来华贸易的外国商人，无论从陆路或海路，皆于边境纳税，负责管理此事者即互市监。最后介绍了市舶使的基本人选与职责。②宁志新在《唐代市舶制度若干问题研究》中，对学术界有关唐代市舶制度的研究中出现的相关问题进行了深入探讨。关于市舶制度方面的分歧，作者指出“顾炎武关于唐代市舶使的论述，大部分还是言之有据的，但也确有抄袭宋朝的内容和明显错讹之处。”在有无市舶司之设方面，作者认为“唐朝只有市舶使，而无市舶司之设的历史事实，正表现了唐朝是我国古代市舶制度的草创时期，客观地反映出当时市舶制度的不完善性。而从市舶使过渡到市舶司，则是我国古代市舶制度趋于完善的标志，不过，这是入宋以后的事情了。”在岭南帅臣（即节度使）是如何监领市舶使的方面，作者认为“岭南节度使（帅臣）监领市舶使的途径，是通过兼任押蕃舶使来实现的。如果节度使不愿过问市舶事务，还可以委托他人代管。”③黎虎在《唐代的市舶使与市舶管理》一文中，对有关市舶使之设置及其人选、地方长官在市舶管理中的地位与

①王庆松：《20世纪宋代海外贸易研究综述》，《海交史研究》2004年第2期。
②李金明：《唐朝对外开放政策与海外贸易》，《南洋问题研究》1994年第1期。
③宁志新：《唐代市舶制度若干问题研究》，《中国经济史研究》1997年第1期。

作用、市舶使与地方长官在市舶管理中的关系等问题，进行了比较详细的考证，是一篇研究唐代市舶使与市舶管理颇具代表性的论文。作者的结论是：①唐代市舶使产生于开元初年；市舶使主要是派至海外贸易中心广州；市舶使在前期为临时派遣，后期转变为相对常驻的官员，并有了机构——市舶使院；市舶使偶有朝官担任，开元十年之后多由宦官担任，开成之后则由派驻广州之监军兼任，其权力亦有所增强。②唐代的市舶管理由广州地方长官全面负责，但朝廷为了需要也时派市舶使前来负责市舶事宜。有市舶使时两者共同管理，无市舶使时由地方长官单独管理。③岭南节度使虽然掌管市舶的全权，但并不兼任市舶使，而是兼任押蕃舶使，并以此身份全面负责外交与外贸的管理。[①]

进入21世纪后，学者们继续关注唐代海外贸易制度。刘玉峰在《试论唐代海外贸易的管理》中认为，唐代海外贸易的管理，主要包括唐政府对朝贡贸易和市舶贸易的管理。朝贡贸易作为唐政府与海外诸国沟通政治关系的辅助手段，由唐政府一手操办，有其特殊意义。市舶贸易作为以经商牟利为目的的通常的海外贸易，也由唐政府进行严格管理，并经历了管理体制和管理内容上的前后变革过程。从总体上来看，唐代海外贸易主要由唐政府所经营管理，商品贸易受政治权力操控是其主要特点。[②]王川在《论市舶太监在唐代岭南之产生》中论述了市舶使的出现、市舶太监的出现及其产生于唐代岭南的原因。作者认为，市舶太监之产生，既与垄断“市舶之利”、搜求“南海宝货”有关，又是西汉以来中央王朝差遣宦官市物南海及主持南海贸易之传统的必然发展；此外，还与唐代的“宫市”“宫市使”有一定关系。[③]陈明光、靳小龙在《论唐代广州的海外交易、市舶制度与财政》一文中，对学术界关于唐朝以广州为中心的海外交易视为国家财政收入的重要来源的观点进行了质疑，作者从区分帝室财政、国家财政、地

①黎虎：《唐代的市舶使与市舶管理》，《历史研究》1998年第3期。
②刘玉峰：《试论唐代海外贸易的管理》，《山东大学学报》（社会科学版）2000年第6期。
③王川：《论市舶太监在唐代岭南之产生》，《中山大学学报》2000年第2期。

方财政三个层面出发，结合其他财政制度，从海外进口商品构成、“收市”的财政意义、“进奉”的不同财政内涵、商税制度等方面，经过详细探讨后认为，广州海外交易、市舶制度与唐朝财政的关系，最基本或最主要的关系是为帝室财政采购进口珍异，这对于国家财政是一笔不菲的财政支出；无论是国家财政收入或是地方财政收入，从广州海外贸易的受益均微乎其微。广州海外贸易、市舶制度在唐朝财政中的这种地位，除了受当时进口商品构成及帝室奢侈性消费需求的制约，还与在商品经济有待发展的社会经济背景之下，唐朝君臣利用商品交换手段理财的自觉性不高有关。[①]该文从另一个角度对唐朝的海外贸易管理与财政制度提出了新的看法，具有一定的新意。刘文波在《唐五代泉州海外贸易管理刍议》一文中，对唐五代时期泉州海外贸易管理进行了研究，作者认为，市舶使曾在交州、广州两大沿海港口出现，作为沿海四大贸易港口之一的泉州却无明确记载，但据有关文献、考古材料相佐证，唐时泉州已设有“参军事”这一负责海外贸易的官职，亦具备了类似于市舶使所具有的“舶脚、收市、进奉”等海外贸易管理职能。延至唐末五代，海外贸易在王闽割据政权鼓励下，更是得到进一步的发展，当时不仅在福州已有了“榷货务”这一管理海外贸易的机构，而且在泉州亦可证明已有了类似的海外贸易管理机构。[②]梁军在《浅议唐代市舶制度》中对唐代市舶使的设置时间、主要人选、设置地、职能、市舶官员的腐败及影响进行了简单的介绍。[③]周加胜在《南汉时期的海外贸易管理制度研究》一文中，对刘岩的南汉政权对唐代对海外贸易的管理制度的延续，加强对藩坊的管理，取消市舶使，扩大了押蕃使的权力进行仔细的研究，认为南汉一系列的海外贸易及其管理制度对今天的海外贸易管理制度仍然具有重要的借鉴作用。[④]作者对押蕃舶使、监舶使、蕃坊等

①陈明光、靳小龙：《论唐代广州的海外交易、市舶制度与财政》，《中国经济史研究》2005 年第 1 期。
②刘文波：《唐五代泉州海外贸易管理刍议》《泉州师范学院学报》2005 年第 3 期。
③梁军：《浅议唐代市舶制度》，《甘肃政法成人教育学院学报》2007 年第 5 期。
④周加胜：《南汉时期的海外贸易管理制度研究》，《求索》2008 年第 3 期。

海外贸易管理的研究值得注意。

从学者们对于唐朝海外贸易管理制度的研究中，我们可以看出其一些主要特点。第一，唐代的海外贸易管理制度一直是学术界热衷研究的重要课题之一，特别是对市舶使的研究更是经久不息。

第二，学术界对唐代海外贸易管理制度的研究不断细化、深入。早期对唐代市舶制度的研究处于初始阶段，对于它的诸多认识、许多细节还缺少深入探讨，在后来的研究中，对它的认识在不断地深化，细节在不断地深入，如关于唐朝市舶使的设置、人选、地方长官在市舶管理中的地位与作用以及中央、地方与市舶使的关系、市舶太监的产生等方面的探讨都在不断地深入。

第三，关于唐代市舶制度的研究新意迭出。对于这样一个传统的研究主题，学术界研究的新意迭出是尤其难能可贵的。这在前面所述论著中也可以明显地看出，如《唐代市舶制度若干问题研究》《唐代的市舶使与市舶管理》《论市舶太监在唐代岭南之产生》《唐五代泉州海外贸易管理刍议》等文，都从不同的角度或内容对唐代市舶制度的研究进行了富有洞见的研究。《论唐代广州的海外交易、市舶制度与财政》则从相反的方面和视角审视了唐代财政制度体系下的市舶制度，得出了与众多研究者不同的结论，给人以耳目一新的认识。

第二节　宋代海外贸易政策与市舶制度研究

世界上最早研究宋代市舶制度的是日本学者桑原骘藏，在他的论文集《唐宋贸易港研究》中涉及了宋代市舶管理内容。国内较早研究宋代海外贸易政策的是陈竺同，他的《唐宋元明的南海舶政》重点以闽粤为例，以外贸管理官员的贪廉为突破口论述了当时的舶政情况。《宋代提举市舶司资料》（载《北平图书馆馆刊》1931.10, 5卷5期）较早地对宋代市舶司政的相关资料作了搜集和整理。程维新的《宋代广州市对外贸易的情形》（《食货》1935．5，1卷12期）以广州为例较细致地阐述了宋代市舶司的创设、职掌，并论及当时的税收、专卖政策及铜钱外流问题。日本著名学者藤田丰八的专著《宋代之市舶司与市舶条例》（商务印书馆，1936年）则是这一时期对宋代市舶制度研究的最全面系统的成果。他考证了古代的市舶制度的源流，并详述了宋代各主要海港及其市舶司的废置、市舶的官制和市舶条例。随后钱卓升在《唐宋以来之市舶司制度》（《遗族校刊》1937．5，4卷3期）中也对市舶制度作了研究。①

中华人民共和国成立后到改革开放前，由于种种原因，我国学术界对于宋代海外贸易政策与管理的研究进展并不顺利。到20世纪80年代，学术界对这一课题的研究成果不断出现。郑世刚在《宋代海外贸易政策初探》一文中，对宋政府的海上对外贸易政策进行了初步的探讨，作者认为宋朝政权结束了五代十国的割据局面以后，为了巩固其统治，实行“养兵政策”，军队的人数不断扩充，消耗了大量的财政收入，到英宗治平二年，养兵的费用竟占去全国财政收入的六分之五。宋政府又无限制地扩大其官僚机构，给予官僚以各种特权和极其优厚的待遇加重了政府的负担，为此，宋政府鼓励海外贸易，并设置市舶司对之进行管理。②陈高华在《北宋时期前往高丽贸易的泉州舶商——兼论泉州市舶司的设置》一文中，根据《高丽史》和我国古代文献的记载论述了北宋时期泉州海外贸易的发展及泉州市舶司的设置情况。③1981年，陈高华、吴泰出版了《宋元时期的海外贸易》一书，该著作第三部分比较详细地研究了宋元时期我国管理海外贸易的机构和法令，作者分析了宋元时期我国管理海外贸易的市舶机构和市舶官制、

①王庆松：《20世纪宋代海外贸易研究综述》，《海交史研究》2004年第2期。

②郑世刚：《宋代海外贸易政策初探》，《上海师范大学学报》（哲学社会科学版）1980年第1期。

③陈高华：《北宋时期前往高丽贸易的泉州舶商——兼论泉州市舶司的设置》，《海交史研究》1980年第2期。

宋元时期市舶条法（法则）的制定及其主要内容、市舶机构主持的祭神仪典和犒宴蕃商等。[①] 同年，林瑛在《明州市舶史略》一文中对宋代明州（即宁波）的市舶制度兴衰进行了探讨。[②] 张邦炜连续发表了两篇文章，对宋代发展海外贸易的措施和效果以及机构与办法进行了讨论。[③] 邓端本在《宋代广州市舶司》中对宋代市舶司的沿革、官制和组织情况进行了介绍，对它的职责范围进行了分析（负责船舶出入港口管理，舶货的抽分、禁榷与博买，舶货的保管、运送与出售，对违禁物品的检查和缉私，市舶的招徕和有关外事活动），最后，作者对市舶司的历史作用进行了分析。[④] 后来，作者又对宋代广州市舶司的历史作用进行了专文论述。[⑤] 连心豪在《略论市舶制度在宋代海外贸易中的地位和作用》中认为，市舶司是宋政府经营海外贸易的主要机构，海外入贡是市舶制度下的一种官方贸易，民间泛海兴贩贸易是决定市舶司经营舶货购销商业兴衰的关键环节，为保证市舶利润的财政目的，宋政府实行鼓励民间商人泛海兴贩的政策。市舶制度对宋代海外贸易事业具有某种程度的调节职能，起过一定的促进作用，但也具有强烈的掠夺性和危害性。[⑥] 陈苍松在《市舶管理在海外贸易中的作用和影响——从宋代广州和泉州的海外贸易谈起》一文中，通过对广州和泉州海外贸易的对比，考察了海外贸易兴衰与市舶管理状况的关系。[⑦] 李传印

①陈高华、吴泰编著：《宋元时期的海外贸易》，天津：天津人民出版社 1981 年版。
②林瑛：《明州市舶史略》，《海交史研究》1981 年第 3 期。
③张邦炜：《宋代发展海外贸易的措施和效果》，《国内外经济管理》1985 年第 32-33 期；《宋代管理海外贸易的机构和办法》，《国内外经济管理》1985 年第 34 期。
④邓端本：《宋代广州市舶司》，《岭南文史》1986 年第 1 期。
⑤邓端本：《宋代广州市舶司的历史作用》，《广东史志》1992 年第 1 期。
⑥连心豪：《略论市舶制度在宋代海外贸易中的地位和作用》，《海交史研究》1988 年第 1 期。
⑦陈苍松：《市舶管理在海外贸易中的作用和影响——从宋代广州和泉州的海外贸易谈起》，《海交史研究》1988 年第 1 期。后来此文收入陈柏坚主编：《广州外贸两千年》，广州：广州文化出版社 1989 年，第 140-162 页。此文后来也被广东省博物馆的王国梅几乎全文抄袭（大约相差不到 100 字）发表在《广东文物》上。参见王国梅：《市舶管理在海外贸易中的作用和影响：从宋代广州泉州的海外贸易谈起》，《广东文物》1997 年第 2 期。

在《宋代发展海上贸易的政策措施》中，从宋代海上丝绸之路发展的角度对宋代海外贸易政策进行了讨论。[①] 胡沧泽在《宋代福建海外贸易的管理》一文中介绍了宋代福建市舶司的管理情况，并介绍了宋为加强海外贸易的管理制定的一系列法令。[②] 关履权出版了《宋代广州的海外贸易》一书，其中，第四部分介绍了“宋代对海外贸易的经营管理”，分析了广州的市舶司及其管理制度，还介绍了广州的外商情况。[③]

从 20 世纪 90 年代后期起，学者们对宋代海外贸易政策与管理的研究更多起来，研究也越来越深入。廖大珂发表了一系列关于宋代市舶制度的论文，在《北宋熙宁、元丰年间的市舶制度改革》中，作者对王安石变法中对市舶制度的改革进行了论述。在《宋代市舶的抽解、禁榷、和买制度》一文中，作者认为宋代的抽解、禁榷、和买制度不断沿革变化，对宋朝财政和海外贸易的发展都有着重要影响。在《试论宋代市舶司官制的演变》中，作者将宋代市舶司官制的演变划分为三个时期，并认为这三个时期反映了宋朝廷对海外贸易的控制逐渐强化的过程。第一个时期是从北宋初至元丰三年的“州郡兼领”时期；第二个时期是从元丰三年至崇宁初的“漕臣兼领”时期；第三个时期是从崇宁初至南宋末的“专置提举”时期。宋代市舶司的三次大变动是在中央控制下进行的，市舶贸易管理体制经历了从地方兼管到专职管理的曲折演变，体现了封建政权对海外贸易的管理逐渐完善、逐渐正规化的过程。这是由于海外贸易不断发展，使管理事务日趋繁杂，国家机器必须顺应这一趋势，由简单向复杂发展，其管理海外贸易的职能亦逐渐趋于独立化。在《宋代市舶税利的抽收、分割与市舶本钱》一文中，作者认为宋朝统治者为了巩固中央集权，竭力将海外贸易置于朝廷的控制之下。市舶抽解、禁榷、和买制度就是贯彻这一意图的有力工具。

---

①李传印：《宋代发展海上贸易的政策措施》，《安庆师范学院学报》（社会科学版）1992 年第 3 期。

②胡沧泽：《宋代福建海外贸易的管理》，《福建师范大学学报》（哲学社会科学版）1995 年第 1 期。

③关履权：《宋代广州的海外贸易》，广州：广东人民出版社 1994 年版。

通过这些制度，宋朝统治者攫取了海外贸易的主要利润，并在各级官府之间进行再分配，不仅对于维护封建专制统治起了重要作用，而且还导致“市舶本钱”发生了重大变化。① 从1995年起，章深发表了一系列关于宋代市舶司的文章，对其功能进行了重新评价，不但改变了她之前对宋代市舶司的看法，而且在一定程度上改变了长期以来学术界对它给予高度评价的观点，颇具学术意义。在《北宋“元丰市舶条”试析——兼论中国古代的商品经济》一文中，探讨了宋朝曾发动过一场全国范围的外贸制度改革中的重要法律文件“元丰市舶条”（又称“元丰广州市舶条”）。作者对元丰外贸制度改革进行了论述，认为改革提供了最有利于加强外贸控制和中央集权的形式，但元丰市舶条颁行不满一年，涉及朝贡贸易的内容便已失效。几年后，宋朝增设泉州、密州市舶司，从而否定了以广州垄断贸易为主要内容的元丰市舶条。作者还分析了改革失败的原因。在《重评宋代市舶司的主要功能》一文中，作者通过对宋代市舶司发展的三个阶段的考察后，认为宋代市舶司的设置与撤废并不是为了发展外贸。市舶司逐渐强化的垄断性与外贸发展所需要的自由和宽松的环境相违背，阻碍了外贸的发展。宋朝通过市舶司使外贸逐渐脱离地方经济而直接为中央集权服务。因此，宋代市舶司是宋朝通过对外贸进行压迫和改造，以获得更多垄断收益、加强专制集权统治的工具。在《宋初市舶司“不以为利”辨——兼论宋朝海外贸易收入的变化趋势》中，作者从宋朝外贸收入结构、设置市舶司的政治背景、管理人员组成等方面对南宋著名学者陈傅良认为宋初朝廷设置市舶司不是为了增加收入，在开征进口税的初期，政府外贸收入还很少提出了批评。在《市舶司对海外贸易的消极作用——兼论中国古代工商业的发展前途》中，作者认为宋代市舶司不但不具有积极推进海外贸易的作用，反而直接地或间接地阻碍了海外贸易的发展；市舶司是对盐铁官营机构的

①廖大珂：《北宋熙宁、元丰年间的市舶制度改革》，《南洋问题研究》1992年第1期；《宋代市舶的抽解、禁榷、和买制度》，《南洋问题研究》1997年第1期；《试论宋代市舶司官制的演变》，《历史研究》1998年第3期；《宋代市舶税利的抽收、分割与市舶本钱》，《中国史研究》2003年第43期。

模仿，也是专制王朝实行工商业控制的工具。① 这些研究对于我们深化对宋代市舶制度的认识，以及开拓历史研究思维都具有一定的意义。

这一时期对宋代市舶制度研究的另一成果是以此为研究对象的研究生学位论文的不断出现。1995 年，李庆答辩通过了硕士学位论文《论宋代的对外贸易立法》，比较详细地探讨了宋代包括海外贸易在内的国家立法。②1996 年，黄纯艳完成了其博士论文《宋代海外贸易》（云南大学，1996 年）。在第三章中，作者探讨了海外贸易与宋代财政、政治和社会生活的关系，包括宋政府从海外贸易中获利情况、市舶收入在财政上的作用、宋代市舶官吏的铨选和考课、政治斗争对海外贸易的影响、政治局势对海外贸易的影响、海商的入仕；在海外贸易与宋代社会生活中，包括进口商品加工行业的出现，宫廷权贵对进口品的奢侈消费，进口品在医药、生活、建筑、祭祀和宗教中的应用等。这一章内容较多地探讨了宋代海外贸易的管理，后该论文修改出版。③2002 年，许兵通过答辩了硕士论文《宋代市舶制度述论》。作者对宋代市舶制度的主要构成即市舶机构、市舶官制和市舶管理进行了介绍，认为宋代始终没有建立起一套全国统一的具有持久效力的市舶管理制度，各地市舶司往往根据自身的情况，制定一些临时性、地方性的条例；朝廷制定的一些专项制度，如市舶抽解制度，也多有变动，这些都对海外贸易造成了一定的影响。作者“希望通过自己的研究，能够对其有一个较为全面的认识。”④

---

①章深：《北宋“元丰市舶条”试析——兼论中国古代的商品经济》，《广东社会科学》1995 年第 5 期；《重评宋代市舶司的主要功能》，《广东社会科学》1998 年第 4 期；《宋初市舶司“不以为利”辨——兼论宋朝海外贸易收入的变化趋势》，《河北大学学报》(哲学社会科学版) 2002 年第 4 期；《市舶司对海外贸易的消极作用——兼论中国古代工商业的发展前途》，《浙江学刊》2002 年第 6 期。

②李庆：《论宋代的对外贸易立法》，硕士学位论文，北京大学，1995 年。

③黄纯艳：《宋代海外贸易》，北京：社会科学文献出版社 2003 年版。2003 年，作者还发表了《论宋代贸易港的布局与管理》，对宋代贸易港口的布局与管理进行了探讨。（黄纯艳：《论宋代贸易港的布局与管理》，《中州学刊》2000 年第 6 期。）

④许兵：《宋代市舶制度述论》，硕士学位论文，河北师范大学，2002 年。

2004年，杨文新答辩通过了博士论文《宋代市舶司研究》。该论文分上、下篇。上篇主要探讨宋代市舶司的分布及变化、市舶司的职能、市舶官员的选任和奖惩、市舶司与其他机构的关系、各路市舶司的比较及其地位等问题。下篇主要考察宋代广南东路、两浙路、福建路和京东东路四路市舶官员的姓名、生卒年、字号、籍贯、科举、任期、政绩、《宋史》有传与否、著作等情况。作者认为，宋代是我国古代市舶制度发展的重要时期。市舶司辖下有市舶务、市舶场和市舶库等机构。宋代先后在多地设有市舶机构，但由于各种原因，市舶机构先后也发生了变化。宋代市舶司的经济职能包括阅货、抽解、禁榷、和（博）买、向中央纲运交纳钱物、治理港口和修筑城池；行政职能体现在监察和荐举地方官员；发放进出贸易的公据；执行国家的禁令；接待管理外商；参与组织祈风典礼和维护地方治安、剿灭盗贼等。宋代市舶司官员主要由市舶使（提举）、市舶判官（监舶务）、干办公事等不同级别的官员组成。宋代皇帝和大臣都比较重视市舶司官员的选任。就市舶官员的籍贯看，北宋时，北方籍官员略少于南方籍官员；南宋时，以两浙路、福建路、江南西路等地的官员居多。作者还分析官员的任职年龄，并认为当时对市舶官员的任命比较重视其资历和经验。大多数市舶官员是以科举进入仕途。从资序和品级来看，市舶官员主要是在正七品至从五品间官员中选任，由不同身份的官员出任。选拔的途径主要是中央官和地方监司官推荐。市舶官员的任期前后有变化。市舶官员在任职期间，政绩卓著或建有功勋，可获得转官、升迁他职等不同方式的奖赏。政绩劣等或犯有贪污等，则受惩罚。 在宋代中央政府机构中，市舶司与中央各部门关系较为密切，与地方驻军也有关系。论文的创新之处在于：对宋代市舶司的设置原因及其变化情况进行了初步的探索；较为全面地分析了宋代市舶司的职能，尤其是对其行政职能作了一些补充；在综合考察宋代市舶官员的基础上，对宋代市舶官制、官员的选任与监督提出了自己的看法，对传统的观点有所纠正；对宋代市舶司与中央和地方有关机构的关系的论述，是有益的探索；对宋代各路市舶司进行了尝试性的比较；对宋代市舶司的地位作了较为客观的评价。[①] 作者不囿于旧说，对传统观点进行纠正，较多地提出了自己的见解和观点，更显示出作者扎实的基础。总体说来，该作是研究宋代市舶制度的一篇重要论文。

2009 年，关于宋代海外（对外）贸易法研究的硕士论文就有三篇，分别是昝洁的《宋代对外贸易法研究》、王树炜的《宋代海外贸易法研究》以及姚宗亚的《宋代海外贸易法律制度初探》，这种不约而同对宋代海外贸易立法的研究，也可以看出宋代海外贸易法在中国海外贸易史上的重要地位。[②]

2010 年，李娜答辩通过了硕士论文《宋代市舶官员群体研究》。作者认为，以往学术界对宋代海外贸易的研究，主要集中在管理制度方面，而对主管贸易的市舶官员却没有太多涉及。由于宋代市舶使的任职身份经历了知州、转运使到专职提举的演变，因此其官员群体有一定的特殊性。此外，舶官任职身份与其贪廉程度、对外贸易的影响等也密切相关。作者论文将市舶官员群体作为研究对象，按其行为结果将他们分为贪渎和有为两类进行重点论述。因市舶利润丰厚，贪渎舶官往往利用职权，通过侵吞、勒索、受贿等方式，为自己谋取财富。而有为舶官，作为市舶官员群体中最有亮点的一部分，不仅廉洁自律，而且在对外贸政策进行合理调适的同时又对当地经济建设作出了贡献，他们是海外贸易中活跃的参与者。市舶官员的所作所为代表着宋王朝的国家形象，以至影响财政收入。舶官廉洁时，蕃商乐于来华贩售，外贸数额增长；舶官贪渎时，舶商怯于官员的非法剥夺而不敢轻易下海，贸易就会受损。虽然贪渎舶官要远远多于廉洁有为者，但也不缺乏洁身自好、奉公守法的舶官。有为舶官在海外贸易管理过程中，及时发现并解决问题，提出了一些切合外贸实际的建议，促进了贸易的发展。此外，他们还积极参与当地经济建设，为城市的发展作出了贡献。市

①杨文新：《宋代市舶司研究》，博士学位论文，陕西师范大学，2004 年。

②昝洁：《宋代对外贸易法研究》，硕士学位论文，南开大学，2009 年；王树炜：《宋代海外贸易法研究》，硕士学位论文，安徽大学，2009 年；姚宗亚：《宋代海外贸易法律制度初探》，硕士学位论文，华南理工大学，2009 年。

舶官员与宋政府之间就是在这样的一个互动过程中相互影响，共同致力于财赋增加和经济发展。[①] 该论文虽然研究的是传统的主题，但其研究视角颇为新颖，很有借鉴意义，这在我们的史学研究中值得提倡。

2011 年，林旭鸣在《论唐宋时期两广地区海外贸易与市舶贸易官制的变化》中从官制变化角度探讨了唐宋时期两广地区的市舶贸易，并指出这种官制的变化不是基于长远的发展，而是基于在短时间内从中榨取最大利润的思想。[②] 这对于我们理解唐宋时期的贸易政策有比较深入的启发。

2013 年，王萌在其硕士论文《北宋海外贸易法律制度研究》中，对北宋海外贸易法律制度进行了比较系统的研究。作者认为，北宋是我国封建社会的转型时期，也是我国古代世界海外贸易发展的关键时期，用以调整海外贸易法律关系的海外贸易法律制度在北宋一朝也有了进步性的发展，并且在我国古代海外贸易法律制度中占有重要地位。北宋的海外贸易法律制度包括海外朝贡制度和民间海外贸易法律制度两个方面。北宋一朝，统治阶级注重发展朝贡贸易中的海外朝贡贸易，在传承已有体制的基础上对海外朝贡贸易的各个阶段都制定了法律条例进行管理。同时，这一时期也是我国民间海外贸易立法发展的重要阶段。随着民间对外航海贸易的繁荣发展，以《市舶管理法》为核心、多种管理对外航海贸易的单行条令为辅助的民间海外贸易法律规范管理体系迅速发展壮大起来。全文共分四个部分：第一部分介绍了北宋海外贸易法律制度发展概况。通过对法制溯源、法制变革的背景以及海外贸易的两大类型及其法制管控的论述，对北宋海外贸易法律制度形成的背景形成整体认识；第二部分介绍了北宋海外朝贡贸易法律规范的主要内容，以北宋海外朝贡贸易流程，进贡—回赐为线索，对相关法律制度进行归纳总结；第三部分介绍了北宋民间海外贸易法制的主要内容。北宋统治阶级从中央到地方，相继在市舶机构、官制的设置及

①李娜：《宋代市舶官员群体研究》，硕士学位论文，暨南大学，2010 年。
②林旭鸣：《论唐宋时期两广地区海外贸易与市舶贸易官制的变化》，《岭南文史》2011 年第 3 期。

其主要职能、海外来华经商人员的管理、祈风制度、钱禁制度等方面依法作出了规定。第四部分介绍了北宋海外贸易法律制度的特点及历史影响。北宋的海外贸易法律制度从形式、结构和内容上都具有自己的鲜明特点，在我国历史中具有较高的地位，不仅推动了本朝社会经济尤其是海外贸易的发展，而且还对后世海外贸易立法的丰富和完善提供了有益借鉴，产生了深远的影响。①

此外，对于宋代海外贸易政策与管理的论文还有很多，如马珺的《试析两宋法律中的重海商色彩》（《中州学刊》，2005 年第 6 期），任满军的《宋朝〈市舶条法〉基本范畴简析》（《江苏警官学院学报》，2006 年第 1 期），王炳庆、刘文波的《宋代海外贸易政策的转变与福建海商的崛起》（《江西科技师范学院学报》，2007 年第 6 期），程皓、周跃雪的《宋代海外贸易法律制度研究》（《理论月刊》，2009 年第 10 期），陶德臣的《宋代茶叶外销管理机构述论》（《中国茶叶》，2010 年第 1 期），岳文君的《宋元时期对海外交通和贸易的管理》（《海内与海外》，2010 年第 5 期），谭阿勇的《 宋丽海上贸易及互市舶法研究》（《河南省政法管理干部学院学报》，2011 年第 1 期）等。

从前面介绍的情况，我们可以对宋代海外贸易政策与管理的研究进行一些概括，对其学术研究史的特点进行一些粗略的归纳。

第一，宋代市舶制度是学术界一直热衷的研究课题之一。从前面的叙述中，我们可以看出，我国学者最早涉及的海外贸易研究领域就是唐宋的市舶制度，特别是宋代的市舶制度更是学者们研究的热点问题，而且在以后的研究中，它一直是学术界关注的重要热点话题之一。从早期研究的资料整理，如《宋代提举市舶司资料》（1931 年）较早地对宋代市舶司政相关资料的搜集和整理，到早期的深入研究，如程维新、钱卓升、蔡美彪等学者的研究，再到改革开放后学术界这一课题成果的大量涌现，所有这些都表明，宋代市舶制度的研究一直是学术界热衷的研究课题之一。

①王萌：《北宋海外贸易法律制度研究》，硕士学位论文，山东大学，2013 年。

第二，研究成果不断深化。从最初的材料收集与整理到研究，特别是到改革开放以后学术界对宋代市舶制度的研究成果的大量出现，涉及宋代市舶制度的各项研究成果在不断地深化，这些深化体现在各方面。首先，对新材料的使用，如陈高华的《北宋时期前往高丽贸易的泉州舶商——兼论泉州市舶司的设置》中对《高丽史》材料的使用。其次，对宋代市舶制度范围研究的扩大，如以前大多研究仅局限于广州、泉州的市舶制度研究，林瑛的《明州市舶史略》则研究了明州市舶制度的兴衰。再次，对宋代市舶制度本身的深化研究，如廖大珂系列论文对宋代的抽解、禁榷、和买制度不断沿革变化对宋朝财政和海外贸易发展的影响，对宋代市舶司官制演变的三个时期的划分等；章深的系列论文对宋代市舶司功能的重新评价，从一定程度上改变了长期以来学术界对它的高度评价观点；杨文新博士论文对宋代市舶司的全面、系统、深入考察等；一系列硕士、博士论文的出现等。

第三，研究视角不断翻新。随着对宋代市舶制度研究的不断深入，对它的研究视角也不断地变化，新意迭出。如章深的系列论文从相反的方向对宋代市舶制度进行了重新评估；李娜的硕士论文从官员群体的角度对宋代市舶制度进行了深入分析等，所有这些研究都令人耳目一新。

第三节　元代海外贸易政策与市舶制度研究

元朝也是我国海外贸易非常发达的一个时期，因此，对海外贸易的管理也是这一朝的重要职责之一。宋代的市舶制度在元朝得到了进一步的发展，对它的研究同样成为学者们研究的重要内容之一。1978 年，陈高华发表了《元代的海外贸易》，该文对元代海外贸易进行考察，从一个侧面来阐明当时我国与亚、非各国的友好关系。文章内容涉及了元代海外贸易的管理、元代海外贸易的主要港口、海商海船、航海技术、海外贸易商品等。在市舶制度方面，作者主要探讨了元代的市舶法则。[①]1979年，王冠倬发表了《元代市舶制度简述》一文，讨论了元代市舶司的设立、元代海外贸易的性质、市舶司的数量、管理职责与内容、官本船制度等。[②]陈高华、吴泰出版了《宋元时期的海外贸易》一书，其中涉及元代海外贸易管理的内容主要在第三部分。[③]1983年，李幹、周祉征发表了《略论元代的海外贸易》，在讨论其海外贸易发达的原因时，认为元政府制定了有利发展海外贸易的政策。[④]1987年，孙文学发表了《元朝市舶制度论》，对元朝市舶制度进行了更深入的探讨，并对王冠倬的《元代市舶制度简述》中的一些看法提出了质疑。作者认为，元朝统治者固然不会放弃市舶的厚利，但却突破了以解决财政困难为宗旨的市舶原则，明确提出了“以损中国无用之赀，易远方难制之物”的市舶通商原则，而且这些通商原则不仅在口头上或文字上反映出来，在具体管理上也有所体现。通过对元朝对外贸易形式的讨论，作者认为官营市舶形式，代表了元朝两个时期的官营市舶情况，集中体现了元朝统治者的外贸思想，标志着中国外贸思想已经发展到了一个新的阶段。市舶课是市舶管理的重要经济杠杆，这与元朝以前的各代相比，差异较大。通过这些论述，作者认为元朝的市舶制度是对唐、宋旧制的继承和发展，在中国市舶史上占有重要地位。[⑤]

进入20世纪90年代，对元代海外贸易管理的研究更多，内容也更深入。沈道权在《元代海外贸易发展原因探析》中，叙述了市舶制度在元代发展海外贸易中的作用。在这一时期，喻常森对元代海外贸易进行了较多的研究。官本船是在元朝海外贸易活动中占据了很重要的位置的一种贸易形式，是元代独有的官方海外贸易形式，由市舶司管理与经营。作者在《元

①陈高华：《元代的海外贸易》，《历史研究》1978年第3期。
②王冠倬：《元代市舶制度简述》，《中国历史博物馆馆刊》1979年第1期。
③陈高华、吴泰：《宋元时期的海外贸易》，天津：天津人民出版社1981年版。
④李幹、周祉征：《略论元代的海外贸易》，《历史教学》1983年第10期。
⑤孙文学：《元朝市舶制度论》，《内蒙古大学学报》（人文社会科学版）1987年第1期。

代官本船海外贸易制度》中对元代的官本船制度进行了系统的研究。在《元代海外贸易发展的积极作用与局限性》中，作者分析了元代海外贸易发展对元朝经济与社会的积极作用及其不足之处。1994年，作者出版了博士论文（1992年）《元代海外贸易》一书。全书主要有四章。其中第二章专门探讨元代官方海外贸易管理制度，如市舶贸易制度、朝贡贸易制度、官本船贸易制度等。作者认为对元代海外贸易中的重大制度源流的深入探索，对元代海外贸易的阶段性和不平衡性的认识，对元代海商的构成及其经营形态的分析以及对整个元代海外贸易的历史地位的合理评价等，都成为中国对外贸易甚至中国社会经济史研究领域里的重大课题。[①]

1998年，高荣盛出版了《元代海外贸易研究》一书，该书包括六章。第一章介绍元代海外贸易制度与管理的历史演进；第二、三章讨论的是元朝海外贸易所涉国家（地区）及海外商贸活动的展开；第四章探讨了元代海外贸易的管理机构、海商构成与舶船建制；第五、六章特别研究了元代市舶管理制度——元市舶法则，如关于舶税的构成与舶税比率、舶货的起解与发卖、关于禁止出口货物、关于"官本"与"官本船"、对官吏势要的有关规定、关于出海手续与许可证形态、防范海商人等偷漏的规定、为防范非法而采取的强制性措施、关于来华商使的规定、关于舶商与梢水等人户的规定等。[②]本书在吸收前人研究成果的基础上，进一步挖掘文献资料，推陈出新，取得了很好的成果。作者对元代的舶税结构、市舶法则的观点与看法，是建立在严谨考证的基础之上，不仅可信，也给人耳目一新的感觉。[③]在对元代的海外贸易制度与管理的研究中，作者取得了非常重要的成果，受到了学术界的高度评价。[④]廖大珂在《元代官营航海贸易制度述略》中，对元朝的使臣贸易、斡脱贸易、官本船贸易进行了探讨。作者认为，

①喻常森：《元代官本船海外贸易制度》，《海交史研究》1991年第2期；《元代海外贸易发展的积极作用与局限性》，《海交史研究》1994年第2期；《元代海外贸易》，西安：西北大学出版社1994年版。

②高荣盛：《元代海外贸易研究》，成都：四川人民出版社1998年版。

③华玉芹：《元代海外贸易研究》，《书品》2000年第6期。

④李治安、申万里：《读〈元代海外贸易研究〉》，《中国史研究动态》2000年第11期。

元朝统治者为了加强对海外贸易的控制，追求海外珍奇，以满足奢侈生活的贪欲，由政府直接组织、经营航海贸易活动，其规模之大，持续时间之长，涉及地区之广，形式之多样，在中国封建社会历史上都是罕见的。元朝推行大规模的官营航海贸易制度，以国家政权的力量组织海外贩运，投入了巨大的人力、物力和财力，虽然对中国航海贸易事业的发展起了一定的积极作用，但是官营航海贸易活动是以官方高度垄断为前提，必然压制了私人海商资本的发展，也阻碍了海外贸易的正常进行。同时，由于封建政治的腐败，官营航海贸易制度推行起来，必然是弊端丛生，最后沦为扰民伤财的弊政。①

2007年，沈自强发表了《浅析元朝海外贸易政策》一文，从元朝的海外贸易政策的角度对元朝海外贸易的影响进行了分析。②2009年6月，沈自强通过了硕士论文《元代海外贸易体制研究》的答辩。作者认为，元政府在唐宋基础上制定了一系列海外贸易管理规则和法令制度，并由相应的政府职能部门专负其责，从而形成了元朝完善的对外贸易管理制度。论文主要包括三部分，第一部分主要说明元代海外贸易的发展。第二部分主要论述元朝海外贸易的经营方式。具体分为三类：第一是国家贸易；第二是官商贸易；第三是私商贸易。第三部分主要探讨了元代海外贸易管理。该部分主要从五个方面来探讨管理情况。第一是元代以前对海外贸易的管理。第二是元代的管理机构。第三是税收政策。第四是《市舶法则》。第五是海外贸易的垄断一海禁。最后总结了元朝海外贸易管理制度的特点。③

学术界对元代的市舶制度研究一直比较关注，随着研究的深入，对它的研究专著、学位论文也不断出现，这些专著和学位论文对于促进和深化元代市舶制度的研究具有重要意义。

①廖大珂：《元代官营航海贸易制度述略》，《中国经济史研究》1998年第2期。
②沈自强：《浅析元朝海外贸易政策》，《辽宁教育行政学院学报》2007年第11期。
③沈自强：《元代海外贸易体制研究》，硕士学位论文，山东师范大学，2009年。

第四节　明代海外贸易政策与市舶制度研究

明代是中国海上丝绸之路发展的一个重要转折时期，它一改唐宋以来之风格，表面盛大的海上活动却是中国古代传统海上丝绸之路走向衰落的回光返照。

一、市舶管理与制度研究

明代的海外贸易政策与管理也是学术界研究的重要内容，对它的研究也比较多。1955 年，张维华出版了《明代海外贸易简论》一书，[①] 该作是研究明代海外贸易的拓荒之作，[②] 但它涉及海外贸易政策与管理的内容并不多。1986 年，王守稼发表了《明代海外贸易政策研究——兼评海禁与弛禁之争》，作者考察了明朝的海外贸易政策，认为海禁与反海禁的斗争始终没有停止过，反映在明政府的对外贸易政策上也经常出现海禁与弛禁的变动。重农抑商政策是海禁政策出现的必然原因，并认为只有加强中外经济贸易交往，才符合历史的趋势。[③]1987 年，陈尚胜发表了《明代市舶司制度与海外贸易》一文，对明代市舶司的主要职责，即辨勘合、征私货、平交易、禁通番等方面进行了比较详细的讨论，并认为明代市舶制度从一开始就是一个矛盾体的体系。[④]

1990 年，李金明出版了自己的博士论文《明代海外贸易史》。全书共十章，其中第二章专门探讨明代前期朝贡贸易制的实行；第三章讨论朝贡贸易的兴衰；第四章介绍市舶司的沿革与市舶司制度的演变。[⑤] 该著

①张维华：《明代海外贸易简论》，北京：学习生活出版社 1955 年版。
②李庆新：《明代海外贸易制度》，北京：社会科学文献出版社 2007 年，第 6 页。
③王守稼：《明代海外贸易政策研究——兼评海禁与弛禁之争》，《史林》1986 年第 3 期。
④陈尚胜：《明代市舶司制度与海外贸易》，《中国社会经济史研究》1987 年第 1 期。
⑤李金明：《明代海外贸易史》，北京：中国社会科学出版社 1990 年版。

作不仅比较详细地探讨了明朝海外贸易的制度与管理，而且对海外贸易的其他方面也有系统的研究，是研究明代海外贸易史的重要代表性著作之一。该著作出版后，受到了学术界的一致好评。明代市舶司的研究，作者认为三市舶司的复设，明确规定其专管朝贡贸易，接待朝贡使者的主要职责，这在市舶司的职能上是一大转变，即从原来管理互市舶的机构变为管理朝贡船的机构，其实也就是充当官方控制和垄断海外贸易的工具，明成祖分别派遣中官提督市舶的事实，就充分说明了这一点。因此，市舶司已成为明代统治者实行海禁、扼杀私人海外贸易，对海外贸易实行控制和垄断的工具，正因为如此，故到明代后期海禁部分开放，准许私人出海贸易后，市舶司则被停罢或在职能上发生变化。这是对明代市舶制度研究的创新认识。①

进入21世纪后，万明出版了《中国融入世界的步履——明与清前期海外政策比较研究》一书。在该书中，作者研究了明清两朝在处理与海外国家的关系时所采取的政策，包括政治上的外交政策、经济上的海外贸易政策，以及中外文化交流政策。其中，海外贸易政策仍是全书研究的重点。第二章和第三章从静态和动态两个方面考察了明朝海外政策，第四章和第五章则从静态和动态两个方面考察了鸦片战争前清朝海外政策。②有学者认为该书是迄今为止研究明朝和清朝前期海外政策最见功力的论著，开启了学术界对明、清两朝海外政策进行比较研究的课题，学术意义显著。但也对其某些观点提出了质疑，并认为从官方出海贸易政策、海外国家朝贡贸易政策、本国商民出海贸易政策、外国商民来华贸易政策、关税政策五个方面分析，明朝与清朝前期没有本质的差异。清朝前期的许多海外贸易政策不仅直接继承于明朝，而且在很多方面比明朝更加务实，更有利于国

①韩振华：《介绍李金明新著〈明代海外贸易史〉》，《南洋问题研究》1990年第3期。（关于该著作的评价，还可以参见陈尚胜：《近来别具一只眼 另察中国衰落源——简评李金明博士〈明代海外贸易史〉》，《海交史研究》1991年第1期。）

②万明：《中国融入世界的步履——明与清前期海外政策比较研究》，北京：社会科学文献出版社2000年版。

计民生。[①]

2001年，卢平发表了《明代对外政策对福建海外贸易的影响探析》，作者在讨论了福建海外贸易的三个阶段和各阶段的特征后，对明代对外政策对福建海外贸易的影响进行了分析，并认为：第一，明初的朝贡贸易政策使得福建海外贸易具有片面性；第二，明代“海禁”政策对福建海外贸易方式产生了影响；第三，明代对外贸易政策对福建海外贸易的性质也产生了影响。[②]

2002年，彭巧红在《明代海外贸易管理机构的演变》一文中，认为明代市舶司在机构设置、职能发挥、选官制度等方面较之前代均有明显的变化。随着朝贡贸易的衰落和私人海外贸易的兴盛，市舶司的政治性职能逐渐减弱，经济性职能日益增强；其管理海外贸易的方式相应地由官方贸易为主体演变为以民间贸易为主体。明代中叶以后，不仅私人海外贸易势力直接冲击着明代的市舶制度，西方殖民者的东来，亦直接瓦解着市舶制度所维系的朝贡贸易体系。面对着东南海防与财政危机，迫使明政府不得不调整其海外贸易政策，而主持海外贸易的市舶司机构，也不得不改弦易辙，在职能方面有所转换。明代后期将打击走私贸易的防海机构——海防馆改为督晌馆，督晌馆的设立对我国海外贸易管理机构由市舶司向海关转变，起到了承上启下的过渡作用。[③]洪佳期在《试论明代海外贸易立法活动及其特点》中认为明代海外贸易立法采取严禁出海贸易、限制外商来华贸易以及迫不得已开放个别港口的政策；其立法包括中央立法与地方立法两大部分，未成独立的体系；其特点主要有：立法内容单一、零散、创新少；立法反复、稳定性差；重海禁律法。[④]

①陈尚胜：《 明与清前期海外贸易政策比较——从万明〈中国融入世界的步履〉一书谈起》，《历史研究》2003年第6期。

②卢平：《明代对外政策对福建海外贸易的影响探析》，《福建省社会主义学院学报》2001年第1期。

③彭巧红：《明代海外贸易管理机构的演变》，《南洋问题研究》2002年第4期。

④洪佳期：《试论明代海外贸易立法活动及其特点》，《法商研究》2002年第5期。

乐承耀在《论行政权力对明代宁波海外贸易的影响》中认为，明初，政府利用行政权力，轮番采取“通”与“禁”的政策，使宁波海外贸易曲折发展。明中叶以后，政府又实施“海禁”“限制私人贸易”的政策，致使地方政府不得不运用行政权力，放纵私人贸易，甚至出现与商人权钱交易的现象，从而使民间贸易快速发展。[①] 施瀚文在《浅谈明清时期开放海外贸易思想的发展及其历史导向》中认为，在明代中后期海外贸易禁与通的争论中，产生了一种具有近代海外贸易思想性质的开放海外贸易思想，这种思想持续地影响到了清代一些思想家，并对中国近代化的进程起了一定的推动作用。[②] 施瀚文、龚抗云在《论明代中后期海外贸易思想》中认为从总体上来看，明代中后期驰禁通商之论逐渐占据上风，越来越多的有识之士认识到开放海外贸易的重要性。[③] 史志宏在《明及清前期保守主义的海外贸易政策形成的原因及历史后果》中则提出了相反观点，认为明及清前期封建王朝的海外贸易政策具有保守主义的实质，这一时期封建王朝所实行的与世界发展大势相悖的海外政策，导致了近代中国的落伍。[④] 赵立人在《明代至清初的十三行与十字门海上贸易——以屈大均1662年澳门之行为中心》中，对广州十三行和十字门的海上贸易进行了探讨。[⑤] 庄国土在《论郑和下西洋对中国海外开拓事业的破坏——兼论朝贡制度的虚假性》中认为明代外贸政策的核心是朝贡制度和海禁政策。郑和下西洋的动机，既是为了营造“万国来朝、四夷咸服”的“天朝”气势，也是中央集权政府打击东南沿海民间贸易和海上流民的措施。其结果是“下西洋”活

①乐承耀：《论行政权力对明代宁波海外贸易的影响》，《宁波大学学报》（人文科学版）2003年第1期。

②施瀚文：《浅谈明清时期开放海外贸易思想的发展及其历史导向》，《湖南财经高等专科学校学报》2004年第1期。

③施瀚文、龚抗云：《论明代中后期海外贸易思想》，《探求》2004年第2期。

④史志宏：《明及清前期保守主义的海外贸易政策形成的原因及历史后果》，《中国经济史研究》2004年第4期。

⑤赵立人：《明代至清初的十三行与十字门海上贸易——以屈大均1662年澳门之行为中心》，《海交史研究》2004年第2期。

动因国库告罄而无力继续，“厚往薄来”的朝贡贸易随之烟消云散，宋元时期国人方兴未艾的海外拓殖也为之中断。明朝政府也因此背向海洋，继续维持海禁政策。中央政府对东南沿海人民的海外拓殖事业的敌视，是明清时期国人海外贸易与移民扩张的最主要障碍，它使中国多次丧失向海洋发展的机会。[①] 李庆新在《明前期市舶宦官与朝贡贸易管理》中考察了明代前期的市舶宦官与朝贡贸易管理制度。永乐元年，明朝复置广东、福建、浙江三市舶司，同时差遣中使提督，市舶宦官成为朝贡贸易的实际管理者。正统以后市舶宦官经常兼任或转迁提督地方军务、海道、盐政、珠池等职，权势倍增。嘉靖初年，裁撤外派内官，市舶宦官暂时退出海外贸易管理。宦官主导贸易管理，不仅构成明前期朝贡贸易管理的特色，而且体现了明朝宦官势力发展的一般趋势。[②]

2004年，台湾学者郑永常出版了《来自海洋的挑战：明代海贸政策演变研究》一书。全书共十二章，其中第二章研究了朝贡贸易体制的建构与挫折。第三章讨论了朝贡贸易体制的重建与南海国际秩序问题。第四章讨论广州海口贸易与抽分制度的确立。第七章以澳门与月港为例讨论了倭寇之乱与新贸易框架的建构。第十一章是关于东亚贸易框架的瓦解。[③] 该作得到了学术界的高度评价。[④]2005年，晁中辰出版了《明代海禁与海外贸易》一书，全书共计十章。其中，第二章分析了明初封建专制的强化和实行海禁的原因，主要包括明初封建专制的全面强化（包括政治上、思想文化上和经济上）、明初对外政策的两重性和实行海禁的原因。第三章探讨了明代海禁的实施和朝贡贸易。第五章分析了永乐后海禁政策的再强化和私人海外贸易的暗中发展（洪熙—弘治）。[⑤] 该书是作者多年研究明代海禁与

①庄国土：《论郑和下西洋对中国海外开拓事业的破坏——兼论朝贡制度的虚假性》，《厦门大学学报》（哲学社会科学版）2005年第3期。

②李庆新：《明前期市舶宦官与朝贡贸易管理》，《学术研究》2005年第8期。

③郑永常：《来自海洋的挑战：明代海贸政策演变研究》，台北：稻乡出版社2004年版。

④钱江：《台湾学者对明朝海外贸易政策的解读：评郑永常〈来自海洋的挑战——明代海贸政策演变研究〉》，《海交史研究》2008年第2期。

⑤晁中辰：《明代海禁与海外贸易》，北京：人民出版社2005年版。

海外贸易的结晶，其中不少内容涉及了明代海外贸易的政策与管理。冯飞鹏在《对明清政府海外贸易政策的反思——纪念郑和下西洋600周年》中，从封建制度、文明传统、思想观念和军事力量等方面，分析了自明代以来，资本主义因素日益增长的情况下，明清政府为什么没有顺应时代潮流做到自我更新走向近代化道路的根源。[①] 戚印平在《明末澳门葡商对日贸易的若干问题》中探讨了澳门葡萄牙商人对日本贸易问题，认为明末澳门葡商的对日贸易具有大航海时代典型的多元特质，它是由澳门葡萄牙商人的商业行会在广州的对外贸易集市上统一购入以生丝为主的中国商品，用定期商船的形式输往日本；由于葡萄牙王国实行“为了胡椒与灵魂的拯救”的海外政策，澳日贸易与耶稣会士的传教活动密切相关，并成为后者的主要经费来源与换取传教许可的政治筹码。因此，当贸易与政治情境发生变化时，澳日贸易便与宗教传播同归于尽了。[②]

2007年，李庆新出版了《明代海外贸易制度》一书。[③] 全书共计五章，其中第二章研究了明前期朝贡贸易及其管理体系。第三章探讨了明中期海外贸易转型与“广中事例”的诞生。第四章研究了明后期开海贸易与制度调适。第五章作为结论，探讨了制度的力量及其局限性。这部著作被我国著名史学家冯尔康誉为“明代海外贸易史研究的基础性专著”[④]，德国学者普塔克等也对此著有很高评价，认为这是一部富于启发的著作，观点新颖，结构清晰；既是一部视野开阔、语言简练的专题论著，同时也有助于我们加深对某些制度来龙去脉的认识。……毋庸置疑，它必将在此一研究领域中得到广泛认可。[⑤] 国内更有学者从世界历史的长河，特别近代资本

①冯飞鹏：《对明清政府海外贸易政策的反思——纪念郑和下西洋600周年》，《玉林师范学院学报》2006年第2期。

②戚印平：《明末澳门葡商对日贸易的若干问题》，《浙江大学学报》（人文社会科学版）2006年第5期。

③李庆新：《明代海外贸易制度》，北京：社会科学文献出版社2007年版。

④李庆新：《明代海外贸易制度》，北京：社会科学文献出版社2007年版，序。

⑤普塔克、陈贤波：《从制度史视野探索传统中国的海外贸易机制：李庆新〈明代海外贸易制度〉评介》，《广东社会科学》2008年第6期。

主义兴起后的世界历史发展角度，对该著作进行了更宏大的评价。[①] 李金明在《明朝对日本贸易政策的演变》中认为，明朝对日本实行的贸易政策，围绕着被动依赖日本方面抑制倭寇活动或主动加强海禁、打击倭寇骚扰等问题，随时进行着调整。刚开始对日本实行羁縻政策，准许他们入明朝贡，企图通过外交活动来抑制倭寇的侵扰，但由于双方对朝贡贸易的理解不一样，遂引发了宁波的拼杀事件——“争贡之役”。明朝以此罢市舶，严海禁，断绝与日本的朝贡贸易关系，并一直维持到明朝末年。[②] 尚畅在《从禁海到闭关锁国——试论明清两代海外贸易制度的演变》中认为“闭关锁国”政策由来以久，最早应追溯到明初时期的海禁政策，在此后的300多年间，历代统治者出于政治的需要，对海外贸易采取了不同的政策，经过一段曲折漫长的演变过程，最终导致了整个近代中国社会经济的衰退陨落，也改变了中国近代史的发展方向。[③] 郭艳茹在《海外贸易管制中的寻租、暴力冲突与国家权力流失：一个产权经济学的视角》中从新的视角对明代的海外贸易管埋制度进行了研究，颇具新意。作者认为在贸易管制的条件下，私人从事贸易的权利被国家剥夺，私人总是会利用监督的不足，实际获取贸易权利，这使得正式制度在边际上被实际调整。这种调整从短期来看的确能够创造更多的经济收益，但是从长期来看，则隐藏着巨大的社会危机和政治风险。私人为竞争非法贸易租金所进行的寻租和暴力冲突，会导致国家权力流失，威胁到国家统治安全和社会稳定。[④]

从对于明朝海外贸易管理的研究中可以看出，虽然学者们对其政策与管理主要集中在市舶司问题上，但很少有研究把市舶司作为单独历史现象

①单世联：《“大明烛扬今无外”：明代皇权对海外贸易的桎梏——李庆新〈明代海外贸易制度〉读后》，《开放时代》2008年第6期。

②李金明：《明朝对日本贸易政策的演变》，《福建论坛》（人文社会科学版）2007年第2期。

③尚畅：《从禁海到闭关锁国——试论明清两代海外贸易制度的演变》，《湖北经济学院学报》（人文社会科学版）2007年第10期。

④郭艳茹：《海外贸易管制中的寻租、暴力冲突与国家权力流失：一个产权经济学的视角》，《世界经济》2008年第2期。

进行孤立讨论，大多研究都把它与明朝的整个海外贸易政策甚至是国家政策联系在一起，甚至把明朝的海外贸易管理与世界历史发展相联系。这对于明朝海外贸易史而言，不仅是应该的，甚至是必须的，因为明朝的海外贸易政策在很大程度上就是国家发展走向的表象之一。上面所述研究不仅有助于我们加深对明朝海外贸易政策与制度的了解，更有助于我们对明朝历史乃至世界历史发展的理解。

二、关于海上走私贸易

明朝的海外走私贸易是这一时期非常重要的另一内容，而它又往往与海禁、倭患等紧密相连，因此，对这一主题的关注也一直为学界重视。1955 年，张维华在《明代海外贸易简论》一书中，列专章对明代私人海外贸易进行了比较系统的探讨，作者讨论了明代私人海外贸易的性质、方式、主要发展过程、倭寇之患与海外贸易的关系、海寇问题与私人海外贸易的关系等问题。[①]1986 年，林仁川发表了《试论明末清初私人海上贸易的商品结构与利润》，对这一时期私人海上贸易的进出口商品的构成、商品的数量、贸易额和利润率进行了估算。[②]1987 年，林仁川出版了《明末清初私人海上贸易》，全书共十章，其中大量内容就是关于明朝海上走私贸易的研究。第一章分析了私人海上贸易发展的历史背景。第二章探讨了私人海上贸易商人反海禁的斗争。作者分析了倭寇的构成及民族成分、真倭的地位和作用、真假倭寇混同的原因，而且对御倭战争作了客观的评价。第三章研究了私人海上贸易集团的形成。第四章研究了私人海上贸易商港的出现。第五章探讨了私人海上贸易的国家和地区。第六章详细分析了私人海上贸易的商品、贸易额与利润率。第七章讨论了私人海上贸易的管理与

---

①张维华：《明代海外贸易简论》，北京：学习生活出版社 1955 年，第 55-98 页。
②林仁川：《试论明末清初私人海上贸易的商品结构与利润》，《中国社会经济史研究》1986 年第 1 期。

条令。第八章分析了私人海上贸易的特点和性质。第九章研究了私人海上贸易的影响和作用。最后，作者研讨了私人海上贸易的困难和障碍。[①] 该作也是我国第一部研究私人海上贸易史的专著，出版后，很快受到了学术界的重视。该作无论在观点方面还是资料方面都有很大突破。[②] 特别在资料方面，更有“筚路蓝缕，以启山林”之功。[③] 关于这一时期海上私人贸易研究的论著还有很多，这里不再一一介绍。[④]

第五节　清代（鸦片战争前）海外贸易政策与管理研究

清代前期的海外贸易政策与管理，是学界常提及的重要问题，对它的研究也颇受关注。20 世纪 80 年代，黄启臣发表了一系列相关论文。在《清代前期海外贸易的发展》中，作者认为，在清代前期 196 年中，实行严格

①林仁川：《明末清初私人海上贸易》，上海：华东师范大学出版社 1987 年版。

②王日根、成之平：《评介林仁川〈明末清初私人海上贸易〉》，《中国社会经济史研究》1988 年第 3 期。

③吕功：《独辟蹊径的研究——评〈明末清初私人海上贸易〉》，《福建论坛》（人文社会科学版）1990 年第 3 期。

④比如黄桂：《试论唐至清初潮州的海外贸易与海上走私》，《南洋问题研究》2001 年第 4 期；翁礼华：《反走私之战——明代嘉靖年间海上贸易之反思》，《中国财经信息资料》2001 年第 16 期；陈君静：《明中叶浙东海上私人贸易及其影响》，《宁波大学学报》（人文科学版）2003 年第 2 期；肖方峥：《略论明朝中后期福建私人海外贸易的发展与海外移民》，《福建史志》2003 年第 2 期；吴光会、向远莉：《明朝私人海外贸易刍议》，《唐山师范学院学报》2005 年第 3 期；颜广文：《晚明时期走私贸易对社会经济发展的危害——以广州府为例》，《华南师范大学学报》（社会科学版）2005 年第 4 期；肖智慧：《明朝中晚期私人海上贸易的地位》，《宜宾学院学报》2005 年第 8 期；崔来廷：《16 世纪东南中国海上走私贸易探析》，《南洋问题研究》2005 年第 4 期；程方、陶亚敏：《明代民间海外贸易发展原因探析》，《聊城大学学报》（社会科学版）2009 年第 5 期；荆晓燕：《明末清初中日私人海外贸易的间接渠道初探》，《中国社会经济史研究》2010 年第 1 期。

海禁和部分地区的海禁总共不过39年，而其余157年的海外贸易基本上是开放的，即便在禁海期间，也没有完全断绝与外国的贸易往来，因此，不能笼统地说清代前期的海外贸易是实行闭关锁国政策，它实行的是开海设关、严格管理贸易的政策，海外贸易额比宋明两朝是有发展的。《清代前期广东的对外贸易》则对黄菩生“清代广东对外贸易，不能发展”[①]的观点进行了质疑，对当时广东对外贸易的发达、出现的新特点及原因进行了分析。《清代前期广州的对外贸易》则对广州的对外贸易情况进行了阐述。[②]但是，对于黄先生的观点，有学者进行了质疑，如关于清前期海外贸易额的估算、关于清前期海外贸易状况的基本估价、关于清前期海外贸易政策性质等，都提出了自己相反的看法，得出了相反的结论。[③]赵立人、章深等对十三行与清代海外贸易进行了探讨。[④]李金明的文章则讨论了清康熙末年禁止南洋贸易对南洋华侨的影响。[⑤]韩振华在《十六世纪至十九世纪前期中国海外贸易航运业的性质和海外贸易商人的性质》中对明中后期至清的海外贸易的性质进行了讨论。[⑥]傅宗文在《中国古代海外贸易的管理传统与早期海关》中对清代的海外贸易管理制度与海关制度的产生进行了探讨。[⑦]1993年，陈尚胜出版了《闭关与开放——中国封建晚期对外关系研究》一书，全书包括前言和四卷正文，总共由作者的13篇论文组成。[⑧]

---

①黄菩生：《清代广东贸易及其在中国经济史上之意义》，《岭南学报》第3卷第4期。

②参见黄启臣：《清代前期海外贸易的发展》，《历史研究》1986年第4期；《清代前期广东的对外贸易》，《中国经济史研究》1988年第4期；《清代前期广州的对外贸易》，载陈柏坚主编：《广州外贸两千年》，广州：广州文化出版社1989年，第210-244页。

③陈尚胜：《也论清前期的海外贸易：与黄启臣先生商榷》，《中国经济史研究》1993年第4期。

④赵立人：《清初海禁时期广东的海外贸易与十三行》，《国际经贸探索》1985年第4期；章深：《十三行与清代海外贸易的特点》，《中国社会经济史研究》1987年第1期。

⑤李金明：《清康熙末年禁止南洋贸易对南洋华侨的影响》，《南洋问题研究》1995年第4期。

⑥韩振华：《十六世纪至十九世纪前期中国海外贸易航运业的性质和海外贸易商人的性质》（上）（下），《南洋问题研究》1996年第2期、第3期。

⑦傅宗文：《中国古代海外贸易的管理传统与早期海关》，《海交史研究》1997年第1期。

⑧陈尚胜：《闭关与开放——中国封建晚期对外关系研究》，济南：山东人民出版社1993年版。

在作者看来，中国古代的对外关系，在明代以前主要是围绕着西北边防展开的，而到明清时期，中外关系又开始与海防问题交织在一起。作者对明清的对外政策、涉外体制（包括明朝的市舶司制度和朝贡制度、清朝体制）、中外关系重要事件（包括胡惟庸通倭问题、明初海防与郑和下西洋、明朝对日政策与宁波事件、殖民模式与天朝体制［马戛尔尼使团来华问题］）、中外贸易进行了专题式的讨论，受到了学者的好评。①

进入21世纪，学者们仍然对清代海外贸易政策进行了较多关注。王超在《清代海外贸易政策的演变》中认为清政府在对外贸易上所实行的闭关政策被认为是近代中国落后的原因之一，但闭关政策的形成实际上是经过禁海—开放—闭关发展过程的。清代海外贸易政策的发展是清代政治、经济环境所造成的，同时它也反映出清代各个时期政治、经济上的变化以及它对各个时期海外贸易所造成的不同影响。②冯立军在《试论清朝前期厦门海外贸易管理》中认为清政府在康熙末年至雍正初年实行的禁止南洋贸易政策，应该说给刚刚兴旺起来的海外贸易蒙上了一层阴影，因而一些地方大臣以此为借口，为达到开洋的目的，大力渲染和夸张禁洋令所带来的负面影响，有的甚至脱离事实。但由于此次禁洋的真实意图并不是要禁止中国与东南亚的贸易往来，而是要以此来断绝华侨与中国的联系，从而达到"安不忘危""固一安邦"的目的。所以"禁止南洋贸易"政策在所颁布的内容上以及在具体的实施中都较为宽松，尤其是澳门不禁、安南不禁，给贸易商民开了方便之门，而清政府内部从皇帝到一些地方大臣对禁洋贸易的态度模棱两可、漠然置之，于是东南沿海贸易商民冒死犯险，对禁洋贸易仍趋之若鹜。这也使得在禁洋期间中国到南洋贸易的船只数还能保持开海时的水平，海关关税也能逐年有所增加。由此可见，"南洋禁航令"并非像想象的那样具有破坏性，禁止南洋贸易期间海外贸易事业仍在

① 楚秦：《简评〈闭关与开放：中国封建晚期对外关系研究〉》，《中国史研究动态》1994年第10期。

② 王超：《清代海外贸易政策的演变》，《辽宁师范大学学报》（社会科学版）2001年第1期。

发展。[①] 郭孟良在《清代前期海外贸易管理中的具结现象》中，对清代前期的海外贸易管理中的具结现象进行了研究。具结不仅是广大从业人员资格审查和认证的基本方式，而且在海外贸易实践中得到广泛应用，从而成为封建官府规范管理的基础。具结现象对于维护传统的海外贸易体制、确保封建官府对海外贸易的管理与控制起到了一定的作用，但在当时的历史环境中，也不可避免地限制和阻滞了海外贸易的发展。[②] 陈尚胜在《"闭关"或"开放"类型分析的局限性——近20年清朝前期海外贸易政策研究述评》中，对自改革开放以来我国学术界对清朝前期海外贸易政策研究进行了述论，对学术主流看法的清朝前期的海外贸易政策的闭关性观点以及对清朝前期海外贸易政策在相当程度上带有开放性而非闭关性观点进行综述，并在"闭关"与"开放"问题上提出了自己的一些看法。[③] 这是一篇关于20世纪八九十年代中国学者对清前期海外贸易政策性质的很好总结性文章。荆晓燕在《清顺治十二年前的对日海外贸易政策》中认为清朝初期顺治帝在对日海外贸易方面未行海禁，而是允许拥有政府热照的商船前往日本及东南亚国家进行贸易；[④] 在《试论康熙时期的对日海外贸易政策》中，她认为康熙时期，清政府采取了较为积极的对日贸易政策。康熙开海，为处于夹缝中的中日贸易提供了良好的发展机遇，中日贸易随之出现前所未有的繁荣局面。为了加强对日本的了解，康熙帝还派人密访日本，这为制定相应的贸易政策提供了依据。康熙帝还试图对日本采取进一步的外交行动，从而打破两国之间的外交僵局，虽然这种努力未获成功，但这种积极的外交态度是值得肯定的。1715年，中日贸易发生"信牌风波"，两国贸易一度陷入停顿状态。康熙帝力排众议，坚定地支持中日贸易，使这场风波得

① 冯立军：《试论清朝前期厦门海外贸易管理》，《南洋问题研究》2001年第4期；《"禁止南洋贸易"后果之我见》，《东南亚》2001年第4期。
② 郭孟良：《清代前期海外贸易管理中的具结现象》，《中国边疆史地研究》2002年第2期。
③ 陈尚胜：《"闭关"或"开放"类型分析的局限性——近20年清朝前期海外贸易政策研究述评》，《文史哲》2002年第6期。
④ 荆晓燕：《清顺治十二年前的对日海外贸易政策》，《史学月刊》2007年第1期。

以化解，中日贸易得以继续顺利开展。[①]李想、杨维波在《论清朝前期海外贸易政策的非闭关性》中，对长期以来学术界存在的主流观点，即认为清朝前期实行的是闭关政策提出了质疑，并认为清朝前期禁海、一口通商、公行制度以及对外商来华贸易的种种限制措施，并非是闭关性政策。[②]

从总体来看，在对中国古代海外贸易的研究中，国家对海外贸易的政策与管理一直是学术界热衷的重要课题，研究成果也非常丰富。特别是自唐以来，国家设立专门管理海外贸易的机构即市舶机构以后，市舶管理更成为学者们乐此不疲的话题，其中的成果最为丰富，创新研究也最为明显。到明朝，市舶司被废除后，特别是进入清代以来，学者们对国家海外贸易政策与管理的研究更多集中到海外贸易与国家命运关系中。

---

① 荆晓燕：《试论康熙时期的对日海外贸易政策》，《社会科学辑刊》2010年第2期。
②李想、杨维波：《论清朝前期海外贸易政策的非闭关性》，《湛江师范学院学报》2008年第4期。

第五章　中国古代海上丝绸之路空间

中国古代海上丝绸之路的空间范围主要是指与古代中国进行海外贸易的主要国家和地区。古代中国的海上丝绸之路地区非常广阔，频繁的海外贸易足迹遍及亚非欧三大洲。中国的海上丝绸之路对所到之处的经济、文化产生了重要的影响。

第一节　中国与亚洲的海上丝绸之路研究

1955年，张维华出版了《明代海外贸易简论》一书，作者首先在《引言》中阐明了明代海外贸易活动的范围，因为“研究明代的海外贸易，应该首先指出此种贸易活动的范围，从地理上给读者一个清楚的概念；而且明确了当时海外贸易活动的范围，也有助于了解此种贸易在中国商业发展历史上所占的地位。”[①] 作者认为，“在欧洲诸国东来之前，中国商人所到达的地域，可以划分为下列几个重要区域：①印度支那半岛；②印度半岛沿海各地；③南洋各地；④日本与琉球；此外，波斯海口以外的阿曼湾以及红海海口和非洲东岸的某些地方，也曾和明朝发生过邦交关系和商业关系，

① 张维华：《明代海外贸易简论》，北京：学习生活出版社1955年，第1页。

但并不是主要的区域。”[①]但该著作在专门讨论中国与各国的贸易范围时，最主要是集中在中国与南洋海外贸易关系的讨论中，[②]对于其他地区的专门讨论并不集中。尽管如此，本书作为研究明代海外贸易的拓荒之作，虽然受到这一时期政治因素的影响，但仍然具有重要价值。1978年，童家洲、王洪涛发表了《宋元时期泉州与亚非国家的友好往来和经济文化交流》一文，作者主要依据泉州出土的阿拉伯碑刻及祈风碑文资料，对宋元时期泉州港与亚非国家的海外贸易情况进行了研究，进而讨论了当时泉州海外贸易的主要商品。[③]

1985年，沈光耀出版了《中国古代对外贸易史》一书，该书第七到十四章分别论述了古代中国与朝鲜、日本、南洋各国和印度支那各国、南亚各国及阿拉伯国家、非洲、拉丁美洲、欧洲的早期贸易关系。[④]1993年，夏秀瑞出版了论文集《中国古代对外贸易史研究》（第1辑），收录了作者5篇论文。在《古代中国同印度尼西亚的友好贸易关系》中系统地论述了两国从公元前2世纪到清代前期的贸易关系史；[⑤]在《唐代中国同亚非各国的友好贸易关系》中主要讨论了唐代同东亚各国、东南亚、南亚各国以及西亚、非洲各国的友好贸易关系。[⑥]

2001年，夏秀瑞、孙玉琴编著出版了《中国对外贸易史》（第1册）主要阐述了中国古代对外贸易的发生、发展、变化及其规律，重点介绍了从汉代至鸦片战争以前各个历史时期的对外贸易政策、管理制度等。在海外贸易方面，作者在对中国古代每一个时期的海外贸易中，都讨论了那一

① 张维华：《明代海外贸易简论》，北京：学习生活出版社1955年，第1-4页。
② 张维华：《明代海外贸易简论》，北京：学习生活出版社1955年，第99-111页。
③ 童家洲、王洪涛：《宋元时期泉州与亚非国家的友好往来和经济文化交流》，《福建师范大学学报》（哲学社会科学版）1978年第1期。
④ 沈光耀：《中国古代对外贸易史》，广州：广东人民出版社1985年，第207-363页。
⑤ 夏秀瑞：《中国古代对外贸易史研究》（第1辑），北京：海洋出版社1993年，第1-37页。
⑥ 夏秀瑞：《中国古代对外贸易史研究》（第1辑），北京：海洋出版社1993年，第59-86页。

时期中国与海外各地（特别是亚非欧）的贸易。[①]2004 年，孙玉琴又出版了《中国对外贸易史》（第 2 册）该书主要研究了 1840—1948 年近代中国一百年间对外贸易的发展历史。该著作和第 1 册一起构成了从古代到二战后的中国对外贸易通史，两者构成了一个比较完整的体系。[②]2005 年，第 1 册和第 2 册合在一起，更名为《中国对外贸易史教程》出版。[③]2008 年，又再次更名为《中国对外贸易史》出版。[④]2007 年，马金龙、项坤鹏在《中东、南亚、东南亚和中国：早期地区间海上贸易的一个注记》一文中，对古代中国与中东、南亚、东南亚早期海外贸易进行了探讨。[⑤] 美国学者贾志扬在《宋代与东亚的多国体系及贸易世界》一文中，揭示了宋代中国在 10—13 世纪东亚世界中的地位。作者认为在此时期内，东亚的国际环境集中体现为各国彼此竞争以及相互间繁荣的海运贸易，这样一个政治上分立的东亚世界导致海外贸易成为宋代经济中一个重要的组成部分；这种多国体系相当稳定，最后是蒙古的崛起和入侵这样一个历史上的突发事件才终止了这样的国际秩序。[⑥] 此文对我们深化宋代海外贸易研究提供了新的认识视角。廖大珂在《朱纨事件与东亚海上贸易体系的形成》中认为，明代中后期东亚海上贸易有四种主导势力：明朝政府、中国私人海商、日本人和葡萄牙人，彼此之间的激烈竞争，其实质乃是新旧贸易体制之间的斗争。朱纨事件的发生，与此历史背景紧密相连，对当时东亚海域各种势力的消长及其活动，对葡萄牙人占据澳门以及早期东亚海上贸易体系的形成，都发挥了较大的历史影响。[⑦]

---

①夏秀瑞、孙玉琴编著：《中国对外贸易史》（第 1 册），北京：对外经济贸易大学出版社，2001 年。

② 孙玉琴：《中国对外贸易史》（第 2 册），北京：对外经济贸易大学出版社 2004 年版。

③ 孙玉琴：《中国对外贸易史教程》，北京：对外经济贸易大学出版社 2005 年版。

④ 孙玉琴：《中国对外贸易史》，北京：对外经济贸易大学出版社 2008 年版。

⑤ 马金龙、项坤鹏：《中东、南亚、东南亚和中国：早期地区间海上贸易的一个注记》，《故宫博物院院刊》2007 年第 6 期。

⑥ 贾志扬：《宋代与东亚的多国体系及贸易世界》，《北京大学学报》（哲学社会科学版）2009 年第 2 期。

⑦ 廖大珂：《朱纨事件与东亚海上贸易体系的形成》，《文史哲》2009 年第 2 期。

一、朝鲜半岛

古代中国与朝鲜半岛的关系一直非常密切，在与其海上贸易方面也从未间断，因此，在中国与朝鲜半岛的关系中，双边的海上丝绸之路研究也是重要内容。

早在1936年，张家驹就发表过《两宋与高丽之关系》，对两宋与高丽的海外贸易关系有所涉及。[①]1977年，宋晞的《宋商在宋丽贸易中的贡献》则考察了宋代商人前往高丽贸易的路线及交易物品，并论及了宋商在政治活动中的贡献。[②]1980年，陈高华的《北宋时期前往高丽贸易的泉州舶商——兼论泉州市舶司的设置》探讨了北宋时期泉州与高丽的海上贸易关系。[③]倪士毅、方如金在《宋代明州与高丽的贸易关系及其友好往来》中，对宋代与高丽的海上贸易、海上交通路线及海上贸易的主要商品进行了探讨。[④]1995年，许孟光在《明州与高丽的交往以及高丽使馆》一文中，对明州与高丽之间的海上贸易进行了讨论。[⑤]毛立坤、张金苹发表了《甲午前夕朝鲜海上对外贸易初探（1884—1893）》，认为甲午前夕朝鲜对外贸易发生重大转型，进出口商品结构次第翻新，海上对日贸易取代陆上边境对华贸易成为其对外贸易的新主流。受不同贸易主导因素的影响，仁川、釜山、元山三口岸的具体贸易情形同中有异，支配朝鲜贸易活动的中日两国商人也各有优劣势。虽然有诸多不利因素制约着贸易的扩大，但对外贸易仍使朝鲜体验到外向型经济发展带来的好处。朝日贸易的互补性急剧增强是促使日本决心发动甲午战争进而吞并朝鲜的重要原因。[⑥]张伟、谢艳

---

① 张家驹：《两宋与高丽之关系》，《民族杂志》1936年第4卷第6期。
② 宋晞：《宋商在宋丽贸易中的贡献》，《史学汇刊》1977年第8期。
③ 陈高华：《北宋时期前往高丽贸易的泉州舶商——兼论泉州市舶司的设置》，《海交史研究》1980年第2期。
④ 倪士毅、方如金：《宋代明州与高丽的贸易关系及其友好往来》，《杭州大学学报》（哲学社会科学版）1982年第2期。
⑤ 许孟光：《明州与高丽的交往以及高丽使馆》，《海交史研究》1995年第2期。
⑥ 毛立坤、张金苹：《甲午前夕朝鲜海上对外贸易初探（1884—1893）》，《安徽史学》2008年第4期。

飞在《明州与宋丽官方贸易》中对北宋时期明州与高丽的官方贸易进行了探讨。①

二、日本

日本是古代中国海上丝绸之路的另一重要邻国和贸易伙伴，对与它的海上贸易关系研究也是古代中日关系研究的重要内容。

早在 1944 年，我国著名中日关系史专家汪向荣就发表了《宋代之中日关系》，其中涉及了宋代中日之间的海上贸易关系。②1964 年，台湾学者余又荪出版了《宋元中日关系史》一书，其中第一章第四节专门探讨了南宋与日本的海上贸易问题，第二章第十节探讨了元朝与日本之间的海上贸易关系。③

进入 21 世纪，我国大陆学者对古代中日海上贸易关系进行了较多的关注。胡沧泽在《略论唐宋时期福建与日本的海外贸易》中专门探讨了唐宋时期福建与日本的海外贸易关系的基本状况、规模、特点、原因及影响。④徐淑华在《清雍正朝中日海上贸易的特点、历史地位与影响》一文中，通过日本"正德新令"的颁布给中日海上贸易带来的影响，阐明了由此所形成的清雍正朝中日海上贸易特点、历史地位及影响，得出结论认为雍正朝是整个清朝中日海上贸易由盛而衰的一个"过渡"时期，中日海上贸易在此之后逐渐走向衰落。⑤后来，作者又对清雍正朝中日海上贸易概况进行了介绍。⑥何志标等在《明末清初中日之间的海上贸易》中，对明末清初

① 张伟、谢艳飞：《明州与宋丽官方贸易》，《浙江海洋文化与经济》（第三辑），北京：海洋出版社 2009 年，第 259-265 页。

② 汪向荣：《宋代之中日关系》，《日本研究》1944.8—10，3 卷 2-4 期。

③ 余又荪：《宋元中日关系史》，台湾商务印书馆 1964 年，第 15-17 页、第 172-183 页。

④ 胡沧泽：《略论唐宋时期福建与日本的海外贸易》，《海交史研究》2001 年第 1 期。

⑤ 徐淑华：《清雍正朝中日海上贸易的特点、历史地位与影响》，《海交史研究》2005 年第 1 期。

⑥ 徐淑华：《清雍正朝中日海上贸易概况》，《江苏商论》2010 年第 3 期。

中国与日本之间海上贸易的情况进行了简单的介绍。[①] 荆晓燕在《清顺治十二年前的对日海外贸易政策》中，认为清朝初期，顺治帝开始调整对日政策，采取一种更加积极的姿态，力图将日本纳入其宗藩体系之内。在对日海外贸易方面，这一时期并未厉行海禁，而是允许拥有政府执照的商船前往日本及东南亚国家进行贸易，贩卖铜斤或者一些政府急需的物品。这一时期的对日贸易政策具有重要的意义，对清朝以后的海外贸易政策产生了深远的影响。[②] 之后，作者又在《试论康熙时期的对日海外贸易政策》中对康熙时期的对日海外贸易政策进行了探讨，认为康熙时期，清政府采取了较为积极的对日贸易政策。康熙开海，为处于夹缝中的中日贸易提供了良好的发展机遇，中日贸易随之出现前所未有的繁荣局面。为了加强对日本的了解，康熙帝还派人密访日本，这为制定相应的贸易政策提供了依据。康熙帝还试图对日本采取进一步的外交行动。从而打破两国之间的外交僵局，虽然这种努力未获成功，但这种积极的外交态度是值得肯定的。1715 年，中日贸易发生"信牌风波"，两国贸易一度陷入停顿状态。康熙帝力排众议，坚定地支持中日贸易，使这场风波得以化解，中日贸易得以继续顺利开展。[③] 赵莹波在《宋日贸易再考——海上丝绸之路东亚贸易圈的形成》中认为，宋日贸易是宋朝商人主导的贸易，宋商还在日本博多（现日本福冈市内）落地生根，建造了唐房（即唐人街）。宋代商人从原来的货船到岸后的"岸边交易"已发展成"住番贸易"，使日本九州的博多成为宋人和日本人杂居的贸易都市。宋代的这种民间贸易形成了一个东亚贸易圈。[④] 徐晓望在《晚明日本市场的开拓及限制》中认为，明代中国商品在海外最大的市场是日本，但由于进贡体制及倭寇问题，明朝最终下决心对日本进行制裁，全面封锁对日本贸易。明朝的制裁使中国对日本贸易的

① 何志标、吴春芳、顿贺：《明末清初中日之间的海上贸易》，《武汉船舶职业技术学院学报》2007 年第 1 期 。

② 荆晓燕：《清顺治十二年前的对日海外贸易政策》，《史学月刊》2007 年第 1 期。

③ 荆晓燕：《试论康熙时期的对日海外贸易政策》，《社会科学辑刊》2010 年第 2 期。

④ 赵莹波：《宋日贸易再考——海上丝绸之路东亚贸易圈的形成》，《河南社会科学》2009 年第 1 期。

优势延续数百年，并获得巨额利润。迄至清朝开放对日本的自由贸易，中国商品如潮水般涌入日本，很快导致中国商品价格的下降，利润的流失，反而引致日本对中日商品的限制和对中国商人的制裁。可见在国际贸易中如何控制输出总量，是一个永恒的课题。①

需要特别提及的是，20 世纪 90 年代以来，国内一批学者对东亚海上丝绸之路（特别是对日本）的研究取得了令人瞩目的进展。如王勇在《“丝绸之路”与“书籍之路”——试论东亚文化交流的独特模式》中认为，“丝绸之路”最初是西方人针对东西方贸易路线提出的术语，不能无节制地套用于世界其他区域间的文化交流。若从东方人的立场对古代东亚（尤其是中日）文化交流史进行考察，可以发现，东亚文化交流无论在内容、形式还是在意义、影响等方面，均有别于“丝绸之路”，故应倡导“书籍之路”的概念。如果说丝绸是中华物质文明的象征，那么，书籍则是中华精神文明的结晶；一般而言，物质文明缺乏自我再生能力，而精神文明则可影响人们的心灵，并超越时空，惠及后代。日本的遣隋唐使均以购求书籍为重任，这便是中日两国虽然人员往来极少，但日本继承中国文化甚多之原因所在。因此，较之“丝绸之路”概念，“书籍之路”更能贴切地概括东亚文化交流的模式。②葛兆光在《从“西域”到“东海”——一个新历史世界的形成、方法及问题》中指出，东亚海域与地中海、西域一样，是一个“文明交错的空间”。自从唐、宋两代陆上丝绸之路被北方民族政权阻绝，宋代逐渐将重心移往东南之后，“东海”逐渐取代“西域”，成为元明以后中国更重要的对外交流空间。文中更值得关注的一个论点是：与地中海和西域逐渐“由异而同”的历史发展走向不同，东亚海域周边的各个区域则由共享历史传统转向彼此文化疏离，而且这种趋势随着新航路开辟带来的西方因

①徐晓望：《晚明日本市场的开拓及限制》，《中共福建省委党校学报》2010 年第 6 期。
②王勇：《“丝绸之路”与“书籍之路”——试论东亚文化交流的独特模式》，《浙江大学学报》（人文社会科学版）2003 年第 5 期。

素的介入而更为加剧。[①] 该文对于我们从更宏观的意义上理解海上丝绸之路具有重要意义。韩昇强调，东亚自古就是一个紧密联系的整体，古代中日关系、中朝关系和日朝关系三者相互联动，无法割裂开来进行考察。就东亚文化的传播路线而言，朝鲜半岛的中转作用不容忽视。[②] 对于这些研究成果，学界给予了很高的评价。[③]

对于东亚海域的海上丝绸之路研究，学术界往往注重于山东、江苏、浙江宁波等地与朝鲜、日本的研究，对于作为海上丝绸之路中继站，被称为“海上敦煌”的舟山群岛没有足够的重视。2009 年 1 月，由浙江工商大学日本文化研究所和浙江舟山市普陀海洋文化研究会等单位主办的“东亚海域文化交流：以普陀为中心”的国际学术研讨会在舟山市普陀区举办，会后出版了论文集《舟山普陀与东亚海域文化交流》，[④] 收录与会论文 20 篇，全面围绕普陀山与日本的海上交流展开了研究，发表了较多的高质量论文，对于研究东亚海上丝绸之路很具意义。

三、琉球

对于古代中国与琉球的海上贸易研究，也曾一再引起学者们的关注。早在 1947 年，傅衣凌就曾发表《福州琉球通商史迹调查记》，该文是 1947 年福建省研究院历史组为展开福建对外贸易史研究进行调查的一个研究报告。[⑤] 1965 年，台湾学者梁嘉彬出版了《琉球及东南亚诸海岛与中国》

① 葛兆光：《从“西域”到“东海”——一个新历史世界的形成、方法及问题》，《文史哲》2010 年第 1 期。

② 韩昇：《东亚世界形成史论》，上海：复旦大学出版社 2009 年版。

③ 龚缨晏：《中国“海上丝绸之路”研究百年回顾》，杭州：浙江大学出版社 2011 年，第 132-133 页。

④ 张捷、郭万平：《舟山普陀与东亚海域文化交流》，杭州：浙江大学出版社 2009 年版。

⑤ 萨士武、傅衣凌、胡寄馨：《福建对外贸易史研究》，福建省研究院社会科学研究所 1948 年 3 月印行。

一书，全书共两部分，第一部分是“中国海洋发展及与琉球有关诸问题”，第二部分是“琉球史地丛考及其与中国关系之论证”。其中第二部分内容最为翔实，包括从早期以来琉球与中国的关系。该著作虽然不仅仅是研究中国与琉球的海上贸易的著作，但仍然是研究古代中国与琉球海上丝绸之路关系最重要的著作。①

1991 年，王耀华在《中国音乐文化对日本冲绳（古琉球）音乐文化的影响及其特点——海上丝绸之路音乐一隅》中探讨了中国音乐文化（包括乐器、乐谱、音阶、曲目）对日本冲绳（古琉球）音乐文化的影响，以及日本冲绳（古琉球）音乐对中国音乐文化受容的特点。②

2002 年，徐斌在《郑和下西洋与琉球海上贸易》中认为，郑和七次下西洋既是中国、也是亚洲海上交通的重大历史事件。当时的福州不仅是郑和下西洋的重要造船基地和后勤基地，同时也是琉球王国向明朝进贡和册封使臣出使琉球的主要门户。作者结合具体史实探讨了郑和下西洋与琉球海上贸易的密切关系。③

2003 年，徐斌在《从〈历代宝案〉看泉州与琉球的友好关系》中，根据琉球王国外交文书集成《历代宝案》中收录的泉州海外交往史料，对泉州商船遭风漂流到琉球和琉球海船漂流到泉州的情况，以及清咸丰二年（1852 年）泉州华工在琉球国八重山石垣岛上的生活及他们与美、英殖民侵略军抗争的情况进行了研究。④

---

①梁嘉彬：《琉球及东南亚诸海岛与中国》，台中：台湾私立东海大学出版社 1965 年版。
②王耀华：《中国音乐文化对日本冲绳（古琉球）音乐文化的影响及其特点——海上丝绸之路音乐一隅》，载联合国教科文组织海上丝绸之路综合考察泉州国际学术讨论会组织委：《中国与海上丝绸之路》，福州：福建人民出版社 1991 年，第 120-129 页。
③徐斌：《郑和下西洋与琉球海上贸易》，《福建师范大学学报》（哲学社会科学版）2002 年第 4 期。
④徐斌：《从〈历代宝案〉看泉州与琉球的友好关系》，载中国航海学会、泉州市人民政府编：《泉州港与海上丝绸之路 2》，北京：中国社会科学出版社 2003 年，第 454-465 页。

四、东南亚及南亚

东南亚自古就是中国海上丝绸之路的重要地区，学者们对古代中国与它的海上丝绸之路历史关注较多。林家劲在《两宋时期中国与东南亚的贸易》一文中，除介绍当时中国与东南亚贸易的主要贸易港口、管理机构和两地的物资交流外，还特别论述了当时外贸的主要形式，并认为朝贡贸易的经济作用意义要远远超过其在政治和外交上的作用意义。[①] 陈造福在《19世纪以前中国和印尼关系考略》中，对自远古以来至19世纪前的中国与印尼关系进行了仔细的梳理，认为两国自古便是友好邻邦，两国人民友谊深厚。[②] 卢苇在《宋代海外贸易和东南亚各国关系》中，考察了宋朝与东南亚各国的海外贸易关系，认为宋代海外贸易的收入，主要来自市舶贸易，为保持市舶收入的增长，宋朝政府大力招致海商来华贸易，为此需要搞好和海外国家的关系，关键是搞好和东南亚各国的关系。因此，东南亚地区在宋代海上丝绸之路中具有特别重要的地位，这又影响了宋朝政府在东南亚地区采取和平友好的方针，从而才出现了宋代中国和东南亚各国的和平友好关系。由此可见，宋代中国和东南亚各国和平友好关系的形成并非偶然，它与宋代海上丝绸之路有着密切联系。[③] 作者还在《论郑和下西洋与东西方交往及东南亚地区的繁荣稳定》中认为郑和下西洋适应了当时东西方交往的需要，也符合东南亚社会发展的需求，并且促进了东南亚地区的繁荣稳定。在《郑和下西洋与东南亚贸易圈》一文中，认为郑和下西洋对东南亚地区影响深远，意义重大。在15世纪东南亚贸易圈形成过程中，马六甲王国的兴起具有重要意义，而马六甲王国的建立与兴起是和明朝政府的大力支持分不开的，同时也是郑和下西洋中，贯彻明朝指示具体活动

---

① 林家劲：《两宋时期中国与东南亚的贸易》，《中山大学学报》1964年第4期。
② 陈造福：《19世纪以前中国和印尼关系考略》，《历史研究》1980年第3期。
③ 卢苇：《宋代海外贸易和东南亚各国关系》，《海交史研究》1985年第1期。此文后收入作者论文集《中外关系史研究》，兰州：兰州大学出版社2000年，第248-263页。

的结果。[①]日本学者宫崎正胜在《从郑和海图看十五世纪中国对南海的认识》中认为，郑和海图记录的中国人对南海的认识，只限于南中国海贸易区，外加地处与阿拉伯商人进行贸易的商路上的古里、忽鲁谟斯及其周围地区。而对错综交织的印度洋贸易区则缺乏全面认识。中国人对其所谓的“西洋”的认识，也完全是根据本身的商业利益。其主要目的是：①把马六甲作为国际主要贸易港口收集来自西方的各种货物；②扩大苏门答腊的胡椒生产；③活跃朝贡贸易；④扩大中国棉布生产。对印度洋（即所谓西洋）贸易区的重要性明显缺乏认识。因此，自 15 世纪后半叶以后，中国人对南海的认识逐渐后退到马六甲海峡以东，葡萄牙人于 1511 年占据了马六甲海峡起了决定作用。及至明末，中国人对南海的认识就只限于马六甲海峡以东的狭小区域了，以文莱（加里曼丹岛北岸）为界分成东洋和西洋，完全失去 15 世纪前叶对浩瀚南海的认识。[②]李金明在《十六世纪后期至十七世纪初期中国与马尼拉的海上贸易》一文中认为，16 世纪后期，西班牙殖民者占据了菲律宾群岛，在马尼拉开辟了通往墨西哥阿卡普尔科的“大帆船贸易”航线，以把中国的手工业品源源不断地运往南美各地。此时在中国，正值明朝政府在福建漳州海澄月港部分开放海禁，准许私人海外贸易商申请文引出海贸易，于是，数以千计的中国海外贸易船满载着各种货物涌向马尼拉，使中国与马尼拉的海上贸易达到了繁盛时期。作者就这一时期中国与马尼拉海上贸易的发展情况、影响贸易发展的几种因素以及贸易对菲律宾、南美各国经济发展的作用等问题进行了初步的探讨。[③]

1993 年，夏秀瑞出版的论文集《中国古代对外贸易研究》（第 1 辑），收录了《古代中国同印度尼西亚的友好贸易关系》，该文系统地论述了两

① 卢苇：《论郑和下西洋与东西方交往及东南亚地区的繁荣稳定》《郑和下西洋与东南亚贸易圈》，载《中外关系史研究》，第 305-312 页、第 313-324 页。

②宫崎正胜、曲翰章：《从郑和海图看十五世纪中国对南海的认识》，《国外社会科学》1987 年第 2 期。

③李金明：《十六世纪后期至十七世纪初期中国与马尼拉的海上贸易》，《南洋问题研究》1989 年第 1 期。

国从公元前2世纪到清代前期的贸易关系史。[①]1995年，李金明、廖大珂出版了《中国古代海外贸易史》，全书共分四编：汉唐时期的海外贸易、宋元时期的海外贸易、明代的海外贸易、清代（鸦片战争以前）的海外贸易。在各编中，作者都或多或少地探讨了当时中国与东南亚的海外贸易情况。[②]庄国土在《海外贸易和南洋开发与闽南华侨出国的关系——兼论华侨出国的原因》中讨论了海外贸易与南洋开发的关系，认为在明朝后期隆庆开放以前，中国海外移民的数量很少，基本上都是封建范畴内的移民。隆庆开放后，中国出现了第一次真正的华侨出国高潮，而且最先与资本主义生产方式联系在一起。因此，隆庆开放在华侨史上是一个具有分水岭性质的重大事件，其地位是不可忽视的。[③]张廷茂在《明季澳门与马尼拉的海上贸易》中，考察了明代澳门与马尼拉的海上贸易关系。葡萄牙人于16世纪中期入居澳门后，开辟了新的澳门—马尼拉航线与贸易，菲律宾的马尼拉成为澳门葡人同东南亚地区开展海上贸易的重要地区，其重要性仅次于对日贸易。到17世纪30年代末40年代初，由于客观形势的发展变化，澳门相继丧失了几条重要的国际贸易航线，原来使澳门海上贸易得以繁荣的特殊历史机遇已不复存在。在随着中国明清交替而到来的漫长的困难时期，澳门葡人面对变幻莫测的世界形势和错综复杂的国际关系，不得不努力开拓新的贸易领域，迎接各种挑战，经受各种考验。[④]1997年，我国翻译出版了荷兰史学家包乐史的《巴达维亚华人与中荷贸易》，全书共分十章，主要内容由四个方面构成：第一（即该书的一、二两章），讨论明代后期至鸦片战争前夕华人对东南亚的贸易和移民的方式、海外华商贸易网络的形成及其对东南亚当地社会的影响；第二（三至五章），主要探讨荷兰东印度公司是如何将海外华商的航海贸易网络并入其贸易体系当中的；第三

①夏秀瑞：《中国古代对外贸易史研究》（第1辑），北京：海洋出版社1993年版。
②李金明、廖大珂：《中国古代海外贸易史》，南宁：广西人民出版社1995年版。
③庄国土：《海外贸易和南洋开发与闽南华侨出国的关系——兼论华侨出国的原因》，《华侨华人历史研究》1994年第2期。
④张廷茂：《明季澳门与马尼拉的海上贸易》，《岭南文史》1999年第1期。

（六至九章），是对几位与荷兰东印度公司有接触往来的海外华商及华人的个案研究，从中试图来阐释当时海外华商及华人的能力及其局限；第四（该书的最后一章），则是对荷兰早期的汉学家及其研究成果进行评述。[①]该作受到了学者的高度评价。[②]

进入21世纪以后，学者们对中国与东南亚的海上丝绸之路史的研究也有较多关注。和洪勇在《明前期中国与东南亚国家的朝贡贸易》中从朝贡贸易的实行措施、鼎盛表现和历史意义三个方面对明代前期中国与东南亚国家的朝贡贸易进行全面考察。[③]范丽萍在《19世纪中暹海上民间贸易的市场运作》中认为，在19世纪，从事中暹海上民间贸易的商人由侨商、海商和外商组成，其资本经营方式有自船自营型、合资型等类型，并体现出分散性和家族性的特点；商品结构主要是一些农副产品和日用生活必需品；商品的交易过程包括收购、贮存、运输、销售和结算等环节。[④]白芳在《电白与南海海上交通贸易》中认为，广东西南部的电白自古就在南海海上交通贸易中占据着重要的历史地位，是我们在研究海上交通贸易史中不容忽视的重要港口之一。[⑤]蒋国学在《17世纪初至18世纪中后期越南南河海外贸易中的华商》中认为，17世纪初至18世纪中后期，越南南河阮氏政权的海外贸易迅速发展，成为东亚海上贸易的一大亮点。作为当时东亚海上贸易的主导者，华商以操作者、推动者和管理者的身份参与南河海外贸易发展的全过程，为其发展和兴盛作出了重要贡献，同时也为自身的生存和发展打下了坚实的基础。[⑥]

---

①包乐史：《巴达维亚华人与中荷贸易》，庄国土、吴龙、张晓宁等译，南宁：广西人民出版社1997年版。

② 聂德宁：《 明清海外贸易史与海外华商贸易网络研究的新探索（荷兰）包乐史著〈巴达维亚人与中荷贸易〉评介》，《中国社会经济史研究》2000年第3期。

③ 和洪勇：《明前期中国与东南亚国家的朝贡贸易》，《云南社会科学》2003年第1期。

④ 范丽萍：《19世纪中暹海上民间贸易的市场运作》，《广西师范大学学报》（哲学社会科学版）2004年第2期。

⑤ 白芳：《电白与南海海上交通贸易》，《南方论刊》2007年第10期。

⑥ 蒋国学：《17世纪初至18世纪中后期越南南河海外贸易中的华商》，《南洋问题研究》2008年第2期。

在东南亚其他地区及南亚海上丝绸之路的研究中，1935 年，张锡伦发表了《十五六七世纪间中国在印度支那及南洋群岛的贸易》，探讨了 15—17 世纪中国与印度支那及南洋群岛的海外贸易关系。[①] 翦伯赞的《明代海外贸易的发展与中国人在南洋的黄金时代》讨论了明朝中国人在南洋的发展状况。[②]1985 年，沈光耀在《中国古代对外贸易史》一书的第十章《与南亚各国的经济贸易关系》中，专门探讨了古代中国与南亚国家，特别是巴基斯坦、孟加拉、印度、斯里兰卡、尼泊尔等国的贸易与通商关系。[③] 白晓霞、张其凡的《元朝与印度的海上贸易》认为元朝时，中国海船主要从泉州、广州两个港口出航到印度贸易，出口商品以瓷器、纺织等手工业品为主；停泊交易地主要是沿马拉八儿海岸的几个港口；不仅与印度进行直接贸易，而且也在印度的古里佛等待波斯、阿拉伯商人进行交易，进口商品主要以香药为主；元代的中印贸易，是当时国际贸易中的重要环节。[④]

第二节 中国与非洲的海上丝绸之路研究

非洲是古代中国海上丝绸之路的另一重要地区。1936 年，江应梁发表了《阿拉伯海船东来贸易与两宋国家经济的关系》，探讨了两宋时期阿拉伯与中国的海上贸易。[⑤] 白寿彝在《宋时伊斯兰教徒的香料贸易》中，对宋代的香料贸易作了专题研究。他认为当时的香料贸易在宋代海外贸易中

① 张锡伦：《十五六七世纪间中国在印度支那及南洋群岛的贸易》，《食货》半月刊 1935 年第 2 卷第 7 期。
② 翦伯赞：《明代海外贸易的发展与中国人在南洋的黄金时代》，《时事类编特刊》1941 年 5 月第 63 期。
③ 沈光耀：《中国古代对外贸易史》，第 287-308 页。
④ 白晓霞、张其凡：《元朝与印度的海上贸易》，《内蒙古大学学报》（人文社会科学版）2004 年第 6 期。
⑤ 江应梁：《阿拉伯海船东来贸易与两宋国家经济的关系》，《新亚细亚》1936 年第 12 卷 3 期。

占有“明显的主要地位”，属于“领袖贸易”。[①] 刘铭恕则在《宋代海上通商史杂考》一文中对海南岛在当时南海通商史上的重要地位进行了考证，并主要以阿拉伯人与中国之交流为例较全面地论述了宋代的海外贸易。[②]

改革开放以来，童家洲、王洪涛在《宋元时期泉州与亚非国家的友好往来和经济文化交流》中，主要依据泉州出土的阿拉伯碑刻及祈风碑文资料，对宋元时期泉州港与亚非国家（包括阿拉伯国家）的海上丝绸之路情况进行了研究，进而讨论了当时泉州海外贸易的主要商品，如瓷器、丝绸、香药等。[③]1981 年，李康华等编著了《中国对外贸易史简论》，该书第二部分是各专题介绍，其中第二个专题，主要介绍唐宋时期中国同阿拉伯的友好贸易关系，特别是与阿拉伯世界的海上贸易往来。[④]1985 年，沈光耀出版了《中国古代对外贸易史》一书，其中第十一章专门探讨中国与阿拉伯国家的经济贸易关系，特别是唐宋时期中国与阿拉伯国家的海外贸易关系。第十二章探讨中国与非洲的早期贸易关系。[⑤] 郭应德在《唐代中阿经济关系》中认为，唐代封建经济繁荣，奉行了很有远见的开放政策，发展了和阿拉伯及其他亚非国家的经济关系，社会生产进一步上升。长安城居住着成千上万的胡客，其中有不少阿拉伯人。阿拉伯的统治者同样实行对外开放政策，与唐王朝建立了密切的经济关系。[⑥]

2003 年，陈鹏在《泉州与非洲的历史交往》中，考察了自唐至清泉州与非洲的交流情况，作者认为，泉州与非洲的历史交往源远流长，至今在毛里求斯、留尼汪、南非、埃及、苏丹、埃塞俄比亚、索马里、肯尼亚、利比里亚、几内亚、赤道几内亚、马达加斯加、塞舌尔、坦桑尼亚、赞比亚、

① 白寿彝：《宋时伊斯兰教徒的香料贸易》，《禹贡》1937 年第 7 卷 4 期。
② 刘铭恕：《宋代海上通商史杂考》，《中国文化史研究汇刊》1945 年第 5 卷上。
③ 童家洲、王洪涛：《宋元时期泉州与亚非国家的友好往来和经济文化交流》，《福建师范大学学报》（哲学社会科学版）1978 年第 1 期。
④ 李康华、夏秀瑞、顾若增：《中国对外贸易史简论》，北京：对外贸易出版社 1981 年版。
⑤ 沈光耀：《中国古代对外贸易史》，广州：广东人民出版社 1985 年，第 327-342 页、第 343-352 页。
⑥ 郭应德：《唐代中阿经济关系》，《阿拉伯世界》1994 年第 2 期。

斯威士兰、莱索托、马拉维等国还居住着泉州籍的侨民。①

杨怀中在《蕃客东来与郑和出使西洋》中认为，明太祖、明成祖两代帝王了解到唐宋元数百年间回回民族及其先民阿拉伯、波斯人在中国的海外贸易中作出了重要的贡献，具有重要地位，所以当明成祖物色出使西洋的领导人员时，很可能把预选人员锁定在具有航海经验的回族官吏中。郑和是伊斯兰教圣裔，作为统帅的他要顺利地完成出使西洋的任务，必须充分尊重各国家、各民族的宗教信仰自由和不同的风俗习惯。②

第三节　中国与欧洲的海上丝绸之路研究

古代中国与欧洲的海上贸易远不如亚非国家和地区（特别是亚洲）频繁，这与古代的航海技术等密切相关。欧洲国家与中国大规模的海上贸易时间相对比较晚，直到葡萄牙来中国后，这种状况才有所改变。但此后，随着西班牙人、荷兰人、英国人、法国人等陆续来到中国进行贸易，中国与欧洲之间的海上贸易日益兴盛并对中国和世界都产生了重大的影响，直到鸦片战争的爆发，中国社会“进入近代”，传统的中国古代海上丝绸之路“走向衰落”。

葡萄牙与中国的早期海上交流构成中国与欧洲海上丝绸之路的重要内容。1936 年，周景濂出版了《中葡外交史》，作者运用大量的文献资料记述了 16 世纪初至 19 世纪后期有关中葡外交和经济贸易关系的历史，特别是葡萄牙殖民者由强行租占、不断扩大范围到最后强占澳门的经过。其中第五章《葡人赴浙江通商之始末》、第六章《葡人赴福建通商之始末》、第七章《葡人之再至屯门通商及其出入浪白港》专门探讨葡萄牙与中国各

① 陈鹏：《泉州与非洲的历史交往》，载中国航海学会、泉州市人民政府编：《泉州港与海上丝绸之路 2》，北京：中国社会科学出版社 2003 年，第 438-453 页。
② 杨怀中：《蕃客东来与郑和出使西洋》，《回族研究》2005 年第 2 期。

沿海港口的通商情况。[①]20世纪上半期，探讨澳门与葡萄牙通商问题的论文还有很多，据不完全统计，1909—1929年，介绍澳门历史与划界问题的文章有9篇；1930—1949年，研究葡萄牙人来华及租占澳门的论文有18篇，这些文章都申明澳门是中国领土，比较重要的有张维华的《葡萄牙人第一次来华使臣事迹考》（《史学年报》第1卷第6期）、陈祖武的《明代葡人人居濠镜考略》（《历史学报》第1卷第5期）、朱杰勤的《葡萄牙人最初来华时地考》（《社会科学》第4卷第12期）等。[②]

改革开放以来，对葡澳关系的研究进入了一个新阶段，研究成果非常多，主要专著有费成康的《澳门四百年》《澳门：葡萄牙人逐步占领的历史回顾》，元邦建、袁桂秀的《澳门史略》，黄文宽的《澳门史钩沉》，黄鸿钊的《澳门史》《澳门史纲要》《澳门简史》，黄启臣的《澳门历史（自远古—1840）》《澳门通史》，郑炜明和黄启臣合著的《澳门宗教》，邓开颂的《澳门历史（1840—1949）》，邓开颂和谢后和合著的《澳门历史与社会发展》，吴志良的《澳门政制》《澳门政制发展史》，汤开建的《澳门开埠初期史研究》，韦庆远的《澳门史论稿》，刘景莲的《明清澳门涉外案件司法审判制度研究》等。[③]除专著外，还有一些关于澳门的重要论

① 周景濂：《中葡外交史》，北京：商务印书馆1936年，第40-60页。

② 李庆新：《明代海外贸易制度》，北京：社会科学文献出版社2007年，第3-5页。

③ 费成康：《澳门四百年》，上海：上海人民出版社1988年版；《澳门：葡萄牙人逐步占领的历史回顾》，上海：上海社会科学院出版社2004年版；元邦建、袁桂秀：《澳门史略》，香港：香港中流出版社1988年版；黄文宽：《澳门史钩沉》，澳门：澳门星光出版社1987年版；黄鸿钊：《澳门史》，福州：福建人民出版社1999年版；《澳门史纲要》，福州：福建人民出版社1991年版；《澳门简史》，福州：福建人民出版社1999年版；黄启臣：《澳门历史（自远古—1840）》，澳门历史学会，1995年；《澳门通史》，广州：广东教育出版社1999年版；郑炜明、黄启臣：《澳门宗教》，澳门基金会，1994年；邓开颂：《澳门历史（1840—1949）》，澳门历史学会，1991年；邓开颂、谢后和：《澳门历史与社会发展》，珠海：珠海出版社1999年版；吴志良：《澳门政制》，澳门基金会，1995年；《澳门政制发展史》，上海：上海社会科学院出版社1999年版；汤开建：《澳门开埠初期史研究》，北京：中华书局1999年版；韦庆远：《澳门史论稿》，广州：广东人民出版社2005年版；刘景莲：《明清澳门涉外案件司法审判制度研究》，广州：广东人民出版社2007年版。

文集收录了众多关于葡萄牙与澳门关系的论文，值得注意。[①] 关于葡澳关系研究最新的专著是由钱乘旦主编的“全球史与澳门”系列丛书，其中包括大量的葡澳关系专著。[②]

除了专著，学术界对中葡关系的中文及葡文资料整理也取得了重要成就，这些档案资料及大量文献的出版，为研究早期中葡关系及澳门地方史提供了宝贵的资料，对于推动中葡早期关系的研究具有重要意义。[③]

在古代中国，特别是明清，西方传教士（特别是天主教）与中国的关系是中西交往中非常重要的事件，也是当前学界研究的重要热点之一。这里只概括介绍鸦片战争前夕的天主教与中国的关系，而且只介绍相关的通史性的专著。

1982 年，孙尚扬出版了《明末天主教与儒学的交流和冲突》，[④] 该书以利玛窦研究为主要线索，阐述了他在中国的传教之路，并着重探讨了儒学与古儒、理学以及心学的关系，一改过去对天主教的表象研究。1983 年，方豪的《中西交通史》得以出版，[⑤] 该作是迄今为止第一部最为完整的中

① 吴志良：《东西方文化交流》，澳门，1994 年；黄晓峰等主编：《澳门历史文化国际学术研讨会论文集》，澳门，1995 年。

② 该丛书涉及中葡交往与交流的著作主要包括：臧小华：《陆海交接处：早期世界贸易体系中的澳门》，北京：社会科学文献出版社 2013 年版；顾卫民：《“以天主和利益的名义”：早期葡萄牙海洋扩张的历史（1415—1700 年）》，北京：社会科学文献出版社 2013 年版；周湘、李爱丽，等：《蠔镜映西潮：屏蔽与缓冲中的清代澳门中西交流》，北京：社会科学文献出版社 2013 年版；程美宝：《把世界带进中国：从澳门出发的中国近代史》，北京：社会科学文献出版社 2013 年版；等。

③ 黄启臣、邓开颂：《澳门港史资料汇编》，广州：广东人民出版社 1991 年版；《中外学者论澳门历史》，澳门，1994 年；张海鹏主编：《中葡关系史资料集》，成都：四川人民出版社 1999 年版；中国历史第一档案馆、澳门基金会、暨南大学古籍所：《明清时期澳门问题档案汇编》，北京：人民出版社 1999 年版；中国历史第一档案馆编：《澳门问题明清珍档荟萃》，澳门，2000 年；刘芳辑，章文钦校：《葡萄牙东波塔档案馆藏清代澳门中文档案汇编》，澳门，1999 年；金国平、吴志良主编校注：《粤澳公牍录存》（八卷），澳门，2000 年。

④ 孙尚扬：《明末天主教与儒学的交流和冲突》，台北：文津出版社 1982 年版。（大陆版改名《基督教与明末儒学》，北京：东方出版社 1994 年版。）

⑤ 方豪：《中西交通史》，长沙：岳麓书社 1987 年版。

西交通史著作，作者详尽地论述了史前至近代包括南洋区域在内的中西交往史迹及历史过程，内容涉及民族、宗教、文化、交通、政治和贸易等，尤以明清之际中西文化交流为主，书中包含了大量天主教在中国的传播内容。全书内容丰富，取材广泛，考证缜密，论断精详，为研究中西交通史必参之书，堪称集中西交通史研究之大成的名著。[①]1988 年，他的《中国天主教史人物传》出版，[②]书中收录了 40 余位明末清初接受天主教或对天主教的传播有贡献从而在中国天主教史上留名的人士的传记，是我们研究这一时期天主教在中国传播情况的重要著作。1987 年，江文汉的《明清间在华的天主教耶稣会士》中介绍了明清时期在华传教的主要耶稣会会士。[③]同年，张维华的《明清之际中西关系简史》也出版，该作从交通、宗教与文化三个方面论述了明清之际的中西关系，较多内容涉及明清天主教的在华传播。[④]1991 年邹晓辛、吕延涛出版了《龙与十字架》，该书是一本史话，时间范围大致从明末到 1920 年，对了解基督教在华历程及其与中国的摩擦与交融，有一定的价值，且全书论史客观，可读性强。[⑤]1998 年，顾卫民出版了《基督教与近代中国社会》一书，[⑥]作者在对唐元明清的基督教传播进行概要介绍后，将近代中国的基督教传播与古代基督教传播作了相应的对比，从而对作为外来文化意识形态的基督教信仰，以及作为外来社会力量的基督教会，与中国传统文化和传统社会之间的歧异与趋同、冲突与调和，以及由此引起的对教会内部与中国社会之间的互动关系和相互影响等问题，作了系统、全面、深入的研究。该书最大的贡献在于能突破以往的政治局限，参阅国内外论著，以翔实的史料将基督教在华史呈现出来，并给予客观的评价。学术界对该作的评价非常高。[⑦]这一时期还包括周燮

① 修彩波：《方豪与中西交通史研究》，《史学理论研究》2003 年第 3 期。
② 方豪：《中国天主教史人物传》，北京：中华书局 1988 年版。
③ 江文汉：《明清间在华的天主教耶稣会士》，北京：知识出版社 1987 年版。
④ 张维华：《明清之际中西关系简史》，济南：齐鲁书社 1987 年版。
⑤ 邹晓辛、吕延涛：《龙与十字架》，长春：吉林文史出版社 1991 年版。
⑥ 顾卫民：《基督教与近代中国社会》，上海：上海人民出版社 1998 年版。
⑦ 陶飞亚、杨卫华：《改革开放以来的中国基督教史研究》，《史学月刊》2010 年第 10 期。

藩的《中国的基督教》及卓新平的《基督教犹太教志》等通史性著作，前者较为简略，后书的基督教志包括基督教的传入与历史沿革、教派组织和教义礼仪、重要经籍和汉译《圣经》、著名传教士和教会代表人物及文物与教堂等。[①]李宽淑1995年在韩国出版、1998年修改成中文版的《中国基督教史略》对了解基督教在华历史也有一定的通史性价值。[②]

进入21世纪以来，关于明清天主教在华传播的通史性研究仍然是学界研究的重要热点领域之一。2003年，顾卫民的《中国天主教编年史》出版，[③]作者以编年史的形式客观地描述天主教会在中国曲折发展的历史。本书在时段上分为三个时期，即唐元时期、明清时期以及近代时期，主要是依据天主教入华的三次历史过程来划分。书中所涉及的中西历史人物均有生平、职官及著述简介。所收的原始文献包括中国皇帝的有关谕旨、奉教士大夫为传教士著作所写序跋、重要的护教和反教文献，以及相关的游记与诗歌等。因此，该书是一本既有深度又实用的研究著作和工具书。2004年孙尚扬、钟鸣旦在大陆出版了《1840年前的中国基督教》，该著从唐代景教传入中国开始，经过元朝，直到明清，分别讨论了各时期天主教在中国的传播、发展及其与中国文化的关系。[④]2006年，黄一农的《两头蛇——明末清初的第一代天主教徒》在大陆出版，[⑤]该书作者尝试追索明末清初第一代天主教徒奉教的因缘、心态与历程，并析究他们如何运用其人际网络以扩张西学、西教的影响力，以及其在面对异文明碰撞所产生的糅合与冲突时究竟如何自处。书名以两头蛇作为譬喻，来形容这些夹在中西两大传统之"首鼠两端"的奉教人士。又因天主教的入华，只是近代欧洲海权扩张中的一支插曲，故书中将触角延伸至中国以外的世界，希望给读者提供一个较为

---

① 周燮藩：《中国的基督教》，北京：商务印书馆1997年版；卓新平：《基督教犹太教志》，上海：上海人民出版社1998年版。

② 李宽淑：《中国基督教史略》，北京：社会科学文献出版社1998年版。

③ 顾卫民：《中国天主教编年史》，上海：上海书店出版社2003年版。

④ 孙尚扬、钟鸣旦：《1840年前的中国基督教》，南京：学苑出版社2004年版。

⑤ 黄一农：《两头蛇——明末清初的第一代天主教徒》，上海：上海古籍出版社2006年版。

宽广的历史视野。2008 年，尚智丛出版了《传教士与西学东渐》一书，主要介绍西方传教士（特别是天主教教士）在西学东渐中的历史活动，特别是他们对中国科学技术的影响。[①]

除了研究著作，早期天主教在华传播的史料汇编也越来越受到重视。2005 年，黄山书社出版了由中国宗教历史文献集成编纂委员会编纂的《东传福音》（25 册），[②] 所收文献主要有中外教士的中文著述（传记）等，其中诸多内容是不易见到的，其侧重在基督教教理思想本身，对其社会活动方面的材料则相对较少。2008 年，吴旻、韩琦编校的《欧洲所藏雍正乾隆朝天主教文献汇编》出版，[③] 该汇编辑选的雍正、乾隆时代天主教中文档案，分别保存在巴黎外方传教会档案馆、罗马耶稣档案馆、方济各会档案馆、梵蒂冈教廷图书馆、传信部档案馆、法国国家图书馆等地。主体部分则是福安、江南教案的审计记录，此外也收录了当时天主教的各类史料。这批文献不仅弥补了清廷文献之缺，对研究清代雍正、乾隆年间天主教史以及官方从容教到禁教政策的转变极具价值，且为研究地方官员对天主教的态度、中国教徒的宗教生活等方面提供了新的视角。2010 年徐宗泽的《明清间耶稣会士译著提要》得以重新出版，对明清时期重要的耶稣会传教士的译著进行介绍。[④] 提要按“真教辩护”“神哲学”“教史”“历算”“科学”等七大门类，介绍明清间耶稣会士译著及本土有关著述 200 余种，凡著述提要、著译者姓名、刊印日期与地点等，皆有著录，有序者直录其序，无序者详载目录，另有译著者传略、书名表及各种索引，是中国传教士著述专题书目的开创之作，所收各书序跋等珍贵资料尤为学人利用之重点所在。2012 年，张晓编著的《近代汉译西学书目提要：明末至 1919 年》出版，[⑤] 提要收录了我国明末至民国初年近 6 000 种汉译西学书目，部分重点图书

① 尚智丛：《传教士与西学东渐》，太原：山西教育出版社 2008 年版。
② 中国宗教历史文献集成编纂委员会：《东传福音》（25 册），合肥：黄山书社 2005 年版。
③ 吴旻、韩琦：《欧洲所藏雍正乾隆朝天主教文献汇编》，上海：上海人民出版社 2008 年版。
④ 徐宗泽：《明清间耶稣会士译著提要》，上海：上海书店出版社 2010 年版。
⑤ 张晓：《近代汉译西学书目提要：明末至 1919 年》，北京：北京大学出版社 2012 年版。

撰写了内容提要，编著者以发掘的新史料，阐释了包括洋务运动在内的近代“西学东渐”在中国文化史上深远意义的独到研究心得，是这个历史时期“西学东渐”的如实记录和全面展示，从而填补了中外文化交流史研究和近代出版文化史史料整理的空白。同年，黄兴涛、王国荣编的《50种重要文献汇编：明清之际西学文本》（4册）出版，[①]内容涉及宗教神学、教育学、伦理学、逻辑学、语言学、心理学、哲学、美术学、文艺学、地理学、历史学、天文学、地理学、物理学、医学、数学（主要是几何学）、植物学和动物学等众多学科，是各个学科史追根溯源必须涉及的内容，在中西文化交流史、清代思想史和学术史上，都具有着不容忽视的价值。

2003年，廖大珂在《宋元时期泉州与欧洲的交流》中，主要考察了宋元时期泉州与意大利的交流情况、泉州与欧洲的交通和贸易情况、基督教在泉州的传播情况以及西方游历家对泉州的介绍。[②]

① 黄兴涛、王国荣：《50种重要文献汇编：明清之际西学文本》，北京：中华书局2013年版。

② 廖大珂：《宋元时期泉州与欧洲的交流》，载中国航海学会、泉州市人民政府编：《泉州港与海上丝绸之路2》，北京：中国社会科学出版社2003年，第414-437页。

第四节　中国与美洲的海上丝绸之路研究

对于古代中国与美洲的交往，学术界的研究热点主要集中在以下几个方面：一是关于“古代中国人发现美洲”问题的讨论，二是关于1840年前中国与拉丁美洲海上交往问题的研究。[①] 对于“古代中国人发现美洲”问题，学术界主要观点包括以下几种：第一，“慧深东渡扶桑”说。关于“慧深东渡扶桑”说，早在20世纪上半期就曾有过比较激烈的争论，到80年代后，由于不少人将美国加州海底发现“石锚”视为哥伦布以前中国沉船的遗物，使该说再度兴起。其中坚持该说的主要的代表人物包括景振国、王家祐、邓少琴、张维慎等，[②] 而反对者主要包括罗荣渠等人。[③]

第二，“殷人航渡美洲”说。该说早在19世纪上半期就有西方学者提出过，20世纪70年代，香港和台湾一些学者也力主此说，但并未引起大陆学者的关注，到20世纪80年代这种说法得到了许多大陆学者的支持。对该说持基本肯定者包括房仲甫、委历、石钟健、张虎、张铠、王大有、

---

① 龚缨晏：《中国“海上丝绸之路”研究百年回顾》，第279-323页，本节内容主要参考了该部分内容，特此说明。

② 景振国：《扶桑新释》，《南美洲丛刊》1981年第4期；王家祐、史岩：《玉米的种植与美洲的发现新探》，《社会科学研究》1982年第2期；邓少琴：《从北美印第安人之“月相”、慧深所说“扶桑国”之礼俗谈到古代中国人东渡美洲》，《重庆师院学报》1983年第3期；张维慎：《扶桑国在美洲“再考”》，《陕西师范大学学报》1998年第2期。

③ 罗荣渠：《扶桑国猜想与美洲的发现——兼论文化传播问题》，《历史研究》1983年第2期（该文用新的方法和资料充实了作者在60年代提出的观点，参见罗荣渠：《论所谓中国人发现美洲问题》，《北京大学学报》1962年第4期）；《“石锚”与中国人发现美洲之谜》，《海洋观察家》1984年第1期；《中国人发现美洲之谜中国和南美洲历史联系论集》，重庆出版社1988年版；罗荣渠：《15世纪中西航海发展取向的对比与思考》，《历史研究》1992年第1期。

王双有、韶华、宝忠双、欧阳如水明、许辉等。[①]需要特别说明的是，范毓周先生长期研究这一问题，多次到美洲实地考察，并有新的收获。2007年他曾在浙江海洋学院作过关于他的新发现的报告，用他的话说还需要进一步充实，因而并没有公开发表。2014年4月11日，他在北京大学道家研究中心举办的道家学术大讲堂上再次作了此报告，并得出结论："早在哥伦布发现美洲新大陆前的2 000多年前，中国人不仅来到了新大陆，而且经历了一个可圈可点的繁盛王朝。"[②]对该说基本持否定意见者主要包

① 房仲甫：《扬帆美洲三千年——殷人跨越太平洋初探》，《人民日报》1981-12-25；委历：《古代已有亚洲移民到美洲的新论证》，《世界历史》1981年第2期；石钟健：《古代中国船只到达美洲的文物证据——石锚和有段石铸》，《思想战线》1983年第1期；张虎：《石锚证物与殷人东渡辨析》《南美洲丛刊》1982年第3期；张铠：《明清时代美洲华人述略——兼论中国古代文明在美洲的传播》，《南美洲丛刊》1983年第6期；房仲甫：《殷入航渡美洲再探》，《世界历史》1983年第3期；王大有、王双有：《古代美洲奥尔梅克玉圭殷文研究》，《华声报》1992-02-28；韶华、宝忠双、欧阳如水明：《中华祖先拓荒美洲》，哈尔滨：黑龙江人民出版社1992年版；冯英子：《三千年前的大逃亡、大移民》，《中国文化》1994年第6期；冯英子：《殷人东渡于史有据》，《方法》1998年第4期；蔡培桂：《说"东"——谈谈"殷人东渡美洲问题"》，《山东师大学报》（社会科学版）1996年第6期；许辉：《商周文化与中美洲文明——试论史前泛太平洋文化的传播》，《上海社会科学院学术季刊》1999年第3期；吴晨：《印地安人——亚洲人的后裔？》，《民族论坛》1998年第1期；韶华、宝忠双：《中华文明与美洲古代文明亲缘关系图证（2）太极万象》，《寻根》1998年第2期；韶华、宝忠双：《扶桑圭表——中华文明与美洲古代文明亲缘关系图证（3）》，《寻根》1998年第3期；王大有、宋宝忠、王双有：《璋牙璇玑——中华文明与美洲古代文明亲缘关系图证（4）》，《寻根》1998年第4期；稽立群：《殷人是否远航到达美洲？》，《航海》1998年第5期；刘树人：《早期华夏先民到达美洲的考究》，《地球信息科学》2004年第3期；浦泳修：《究竟是谁先发现了美洲》，《世界科学》2000年第1期；许辉：《美洲华缘又一证》，《殷都学刊》2000年第1期；胡远鹏：《最早移民至美洲的印第安人来自何处——印第安人来自中国的考古证据（一）》，《化石》2000年第3期；张启成：《美洲古文明与中华古文明之关系——兼述美洲远古时期的亚洲移民》，《贵州文史丛刊》2000年第6期；胡远鹏：《中秘文化源远流长"基因""病毒"唯天可证——最早移民至美洲的印第安人来自何处？（五）》，《化石》2001年第3期；王红旗：《古人能够乘冰山漂流到美洲吗——论乘冰山漂流世界的中国先民》，《文史杂志》2004年第6期。

② 报道见凤凰网：《范毓周：殷商人已经东渡美洲并建立繁盛王朝》，http://news.ifeng.com/exclusive/lecture/dongtai/detail_2014_04/21/35929091_0.shtml（2014年6月14日）。

括安泰库、张箭、龚缕晏等人。[①]

第三，“法显航渡美洲”说。此说最早发轫自章太炎，但自他在民国初年提出后，并没有得到当时学界的响应。1949 年以后，“慧深东渡扶桑”说是学术界争论的焦点，此说基本上无人提及。20 世纪 80 年代初期，国内有学者开始对法显的生平及其著作《佛国记》展开相关研究。支持此说者主要包括连云山、邱明全、连俊义、祝注先、刘树人、段保庆、汪传华等。[②]此说的反对者主要包括张箭、袁维学、薛克翘、刘宁、郭永琴、逄文豆等。[③]

第四，“郑和首先环球航行发现新大陆”新说。进入 21 世纪，有学者提出明代的郑和发现了美洲，最先提出这一说法的是英国人加文·孟席斯。[④]加文·孟席斯的观点提出后，引起了国内学术界、各类媒体、社会公众的强烈兴趣。有的报纸杂志认为他的“新说”客观上对郑和研究进一步走向世界起到了有力的推动作用，为研究郑和带来了新的活力，引发人

① 安泰库：《石锚古生物学的研究与新大陆的发现》，《世界历史》1992 年第 4 期；张箭：《缺乏历史依据的推断就“殷人航渡美洲”问题与房仲甫先生商榷》，《南美洲研究》1992 年第 6 期；张箭：《从石锚辨殷人航渡美洲》，《文史杂志》1992 年第 6 期；张箭：《商代的造船航海能力与殷人航渡美洲》，《大自然探索》1993 年第 4 期；龚缕晏：《古代美洲奥尔梅克玉器匡谬》，《世界历史》1992 年第 6 期；龚缕晏：《关于古代中国与美洲的交往问题》，《世界史研究动态》1992 年第 12 期，《学术研究》1992 年第 6 期。

② 连云山：《谁先到达美洲》，北京：中国社会科学出版社 1992 年版；邱明全、连俊义：《石破天惊：中国人先到达美洲》，《西南民兵》1994 年第 6 期；《中国人先于哥伦布到达美 洲》，《广西审计》1994 年第 4 期；祝注先：《法显〈佛国记〉和谁最先发现新大陆》，《中南民族学院学报》（哲学社会科学版）1995 年第 4 期；刘树人：《法显比哥伦布早 1080 年到达美洲》，《地球信息科学》2002 年第 4 期；段保庆：《最先到达美洲的襄垣人——纪念法显横渡太平洋 1590 年》，《文史月刊》2002 年第 9 期；汪传华：《我国最早的地理学家晋僧法显》，《文史月刊》2003 年第 8 期。

③ 张箭：《“法显航渡美洲”说批判》，《中国历史地理论丛》1996 年第 1 期；张箭：《评“法显航渡美洲”说的理论和方法》，《史学理论研究》1997 年第 2 期；张箭：《论所谓“法显航渡美洲”说》，《世界历史》1997 年第 2 期；张箭：《法显乘船的国籍、数量、乘员和航经的海区》，《中国史研究》1997 年第 3 期；袁维学：《法显何曾到过美洲》，《东南亚》1994 年第 2 期；薛克翘：《法显赴美质疑》，《佛学研究》1994 年第 1 期；刘宁：《法显与〈法显行传〉《唐都学刊》2010 年第 1 期；郭永琴：《法显与中国古代中西交通》，《五台山研究》2010 年第 3 期；逄文豆：《“法显航达美洲”——一个无中生有的妄说》，《中国海事》2010 年第 6 期。

④ 加文·孟席斯：《1421——中国发现世界》，师研群等译，北京：京华出版社 2005 年版。

们重新探索郑和航海史实、进一步审视郑和在世界航海史上的地位。[①] 在学术界，有部分学者对孟席斯的“新说”持肯定态度，[②] 但更多的学者对此提出了质疑。[③]

关于1840年前中国与拉丁美洲海上交往问题的研究，主要包括：关于美洲白银输入中国以及中国与拉丁美洲早期的贸易往来；关于明清时期美洲农作物传入中国的研究等。这些内容在前面的相关叙述中或多或少有所涉及，这里不再细述。

① 文舟：《欲改写世界航海史的英国老人》，《中国地名》2002年第3期；朱大可：《孟席斯现象》，《新闻周刊》2002年第39期；胡奎：《孟席斯：中国最先环球航行》，《新闻周刊》2002年第41期；戴维·威尔逊、翠元莹：《郑和改写了历史——一访问英国学者孟席斯》，《回族研究》2003年第1期；康慨：《1421：业余研究？》，《新闻周刊》2003年第6期；王健、陈显泪：《震动世界的孟席斯说》，《华夏人文地理》2005年第1期；索占鸿：《海上丝绸之路加文·孟席斯“郑和首先环球航行发现新大陆”“1421：中国发现世界”》，《大陆桥视野》2006年第11期。

② 毕全忠：《有关郑和航海的几则史料》，《回族研究》2003年第1期；马超群：《郑和船队首次环球航行的可能性》，《回族研究》2003年第1期。

③ 宋正海：《孟席斯的郑和环球航行新论初评》，《太原师范学院学报》（社会科学版）2002年第3期；范金民：《郑和第六次下西洋发现美洲了吗？》，《南洋问题研究》2004年第3期；张施娟、龚缨晏：《〈毛罗地图〉与郑和船队——评孟席斯的〈1421年：中国发现世界〉》，《史学理论研究》2005年第3期；廖大珂：《〈罗兹地图〉中的“澳洲”之谜》，《世界历史》2005年第1期。

第六章　中国古代海上丝绸之路商品研究

贸易商品研究一直是中国古代海上丝绸之路研究中的重头戏，也是海外贸易研究最重要的部分之一。中国古代海上丝绸之路商品不仅反映了古代中国社会经济的发展与进步，而且其量的多寡在一定程度上也决定着海外贸易收入的多少，影响着古代中国国家政治与社会结构，因此，对于中国古代海上丝绸之路的商品研究一直为学者们所重视。

中国古代海上丝绸之路商品种类繁多，但在长期的海外贸易中，占据中国输出商品分量最重的主要是瓷器、丝绸、茶叶、香料等，以下叙述主要以它们为类群加以讨论。

第一节　中国古代丝绸海外贸易研究

丝绸是中国古代海上丝绸之路的传统出口商品之一，中国丝绸在世界各地都备受欢迎，而且往往成为外国高档奢侈品。由于丝绸出口贸易在古代中国对外贸易中占有重要地位，因此，学术界把古代中国的重要对外贸易路线称为“丝绸之路”，而海上的对外贸易常被学者们称为“海上丝绸之路”，由此可见丝绸在古代中国对外贸易中的地位。

对古代中国的丝绸对外贸易，学者们早就对它有所关注。早在1877年，德国地理学家李希霍芬就将张骞开辟的以促进东西方经济贸易和文化交流的大道称为“丝绸之路”。“海上丝绸之路”是相对陆上丝绸之路而言的，由日本学者三杉隆敏在他1967年出版的《探索海上丝绸之路》的专著中初次提及，这个概念如今已被学术界所普遍接受。“海上丝绸之路”这一概念出现的时间是比较晚的，它与中国的海上贸易是紧密相连的，甚至可以说中国古代的海上贸易都可以纳入“海上丝绸之路”之中。由于学术界对它们的关系并没有严格的厘清，也没有泾渭分明的界限，仍然处于一种相互混用的状态。我们这里讨论作为“海上丝绸之路”商品的丝绸时，是具体的商品内容，与“丝绸之路”概念的“丝绸”并不完全等同。

1955年，季羡林发表了《中国丝绸输入印度问题的初步研究》，对中国丝绸输入印度的线路问题进行了比较深入的研究，作者认为，古代印度（即身毒）的丝绸是由成都输往缅甸，又通过缅甸传入印度的。[①]1985年，沈光耀在《中国古代对外贸易史》一书的第四章《传统进出口商品的结构和演变》第一节中，专门探讨了中国丝绸的对外贸易状况。[②]

1991年，庄国土在《论明季海外中国丝绸贸易》中，主要探讨了明季中国丝绸的主要海外市场，包括南洋市场、欧洲市场、美洲市场、日本市场等；中国丝绸的贩运途径和贩运商；华商在海外中国丝绸贸易中的地位；明季海外丝绸贸易的直接后果：导致明季巨额贸易顺差，大量白银内流；加强了中国海商在远东贸易中的地位；是欧洲人远东殖民事业的支柱等。[③]

进入21世纪后，夏秀瑞、孙玉琴在其主编的《中国对外贸易史》（第1册）中介绍了中国丝绸的早期贸易以及丝绸之路的形成。[④]毛锽祖在《广

① 季羡林：《中国丝绸输入印度问题的初步研究》，《历史研究》1955年第8期。
② 沈光耀：《中国古代对外贸易史》，广州：广东人民出版社1985年，第94-110页。
③ 庄国土：《论明季海外中国丝绸贸易》，载联合国教科文组织海上丝绸之路综合考察泉州国际学术讨论会组织委：《中国与海上丝绸之路》，福州：福建人民出版社1991年，第35-45页。
④ 夏秀瑞、孙玉琴：《中国对外贸易史》（第1册），北京：对外经济贸易大学出版社2001年，第1-7页。

东丝绸生产、贸易与“海上丝绸之路”》中，对广东丝绸的地位及广东丝绸贸易与“海上丝绸之路”的关系进行了介绍。[①]朱立智在《浅谈隋唐时期岭南的对外丝绸贸易》中认为，岭南的对外丝绸贸易主要在广州，隋唐两代因为生产技术的发展，中央王朝的重视与连通南北的大运河的开通，广州成为中国对外贸易的第一大港；大批的丝绸经由内地运过南岭，再由广州出口。随着丝绸贸易的扩大，我国航海造船技术的进步，加上市舶制度的建立，使岭南经济、政治地位大幅提升。[②]顾国达在《十九世纪的中美生丝贸易与美国丝绸业的发展》中，考察了19世纪美国蚕丝绸业的发展，以中美两国的历年生丝贸易量等统计数据为依据，就19世纪中美生丝贸易与美国丝绸业发展的关系，对美生丝出口在中国生丝贸易上的地位，以及中国生丝在美国生丝市场上地位变化及其背景进行了实证分析。[③]许秀娟在《宋元时期广东与海外的丝绸贸易》中认为，丝绸是我国古代海外贸易的大宗货品。宋元时期，由于政府大力扶持丝织业，并以空前开明的态度鼓励海外贸易，广东丝绸贸易出现了前所未有的兴盛。广东地区的蚕桑业虽然并不发达，但其丝绸贸易有坚实的货源后盾，而得天独厚的地理位置又使其易于与海外各国进行丝绸贸易，成为声名显赫的丝绸吞吐中心。[④]朱鹏在《浅议唐代广东的海上丝绸贸易》中认为广东作为中国对外交往的南大门和海上丝绸之路的主要起点，在丝绸的外销中一直起着不可替代的作用。唐代是我国历史发展的一个重要时期，也是丝绸贸易由陆路向海路的转变时期，广东的丝绸贸易从产品来源、贸易范围、贸易方式到贸易管理都较前代有很大发展。[⑤]宋建良在《汉通西域前中国丝绸外流的主要途径》中认为，汉通西域前中国丝绸对外贸易的主要途径一是早期的北方南俄草

---

① 毛铿祖：《广东丝绸生产、贸易与“海上丝绸之路”》，《广东蚕业》2001年第4期。
② 朱立智：《浅谈隋唐时期岭南的对外丝绸贸易》，《岭南文史》2001年第4期。
③ 顾国达：《十九世纪的中美生丝贸易与美国丝绸业的发展》，《浙江学刊》2001年第2期。
④ 许秀娟：《宋元时期广东与海外的丝绸贸易》，《五邑大学学报》（社会科学版）2002年第4期。
⑤ 朱鹏：《浅议唐代广东的海上丝绸贸易》，《五邑大学学报》（社会科学版）2003年第1期。

原之路，二是漫长艰辛的南亚滇缅印度道，而丝绸供求矛盾急待开辟新的贸易通道。[①]同年，该作者又发表了《古罗马的海上丝绸贸易之路》一文，作者认为，在丝绸之路开通之前，中国丝绸已流入古罗马，引发了古罗马对丝绸需要的矛盾，使其亟待寻求和开辟丝绸贸易途径，虽然开通了南北两条陆上贸易之路，但更为重要的是在公元前开辟了一条通向中国海岸的远洋航道，使古罗马有了海上的丝绸贸易之路。[②]2013 年，张振玉在《海上丝绸之路与福州丝织品贸易》中，主要从近 20 多年来福州地区考古发掘出土的宋、明墓葬丝织品的实物资料入手，结合福州港古代的航线，以及郑和七下西洋屡次在福州太平港驻泊候风、扬帆出洋等史实，论证了福州是中国古代丝织品生产的重要基地之一。福州丝织品通过中国"海上丝绸之路"飘洋过海、跨越海洋、输往世界各地，从而使福州成为中国走向世界的桥梁纽带，福州港也是中国"海上丝绸之路"丝织品对外贸易的重要港口。[③]

当然，作为古代中国海上丝绸之路最重要的出口商品之一的丝绸，对它的研究远远不止于此，更大量的相关研究散见于各种相关专著及涉及它的论文中。

第二节　中国古代瓷器海外贸易研究

瓷器是中国古代海上丝绸之路的又一重大商品，它在海外贸易商品中的重要性甚至不会亚于丝绸在古代海上丝绸之路中的地位，也正因如

① 宋建良：《汉通西域前中国丝绸外流的主要途径》，《西安工程科技学院学报》2006 年第 2 期。
② 宋建良：《古罗马的海上丝绸贸易之路》，《陕西教育学院学报》2006 年第 3 期。
③ 张振玉：《海上丝绸之路与福州丝织品贸易》，《福建文博》2013 年第 1 期。

此，甚至有学者认为“海上丝绸之路”应称为“瓷器之路”。[①] 由此可见，瓷器在我国古代海上丝绸之路中的重要地位，也正如此，对它的研究也比较多。

1954 年，贾敬颜在《明代瓷器的海外贸易》中主要论述了“瓷器”的外销问题，其中的内容涉及朝贡贸易。[②]1981 年，李康华等在《中国对外贸易史简论》一书的第二部分第一个专题中专门讨论了中国古代的瓷器出口问题。[③] 叶文程在《宋元时期我国陶瓷器的对外贸易》中认为，陶瓷器是我国宋元时期对外贸易的重要商品之一，在国际市场上享有很高的声誉，运销范围非常广泛。我国陶瓷的对外贸易自唐代以来就颇活跃，宋元时期由于海外交通日益频繁，我国陶瓷的对外贸易达到兴盛的地步。宋元两代有关文献对于我国陶瓷的对外贸易都有详细的记载，作者正是以相关文献记载讨论了宋元时期我国陶瓷器的对外贸易情况及其有关问题。[④]1984 年，王建辉在《求索》上发表了《“海上丝绸之路”应称为“瓷器之路”》一文，作者认为“（海上丝绸之路）这种称法不甚适合，应称之为‘瓷器之路’。”其原因主要有二：第一，“丝绸不是导致海上通道大畅的经济动力，因为丝绸主要产于远离海道的中国北方。……瓷器输出便成为海上交通线发展繁荣的经济推动力，可以说古代海道在唐代的正式开辟，完全是瓷器输出的功劳。”第二，“在唐代，中国南方和沿海的经济有很大发展，瓷器的发展速度超过了丝绸，在海外销路很广。……因此，只有将这条海道定名为‘瓷器之路’，才能正确评价瓷器和丝绸的不同历史功绩，也才能正确阐明中华民族对于世界文明所作的贡献是丰富多彩的。”[⑤] 此文对于我们深化对海上丝绸之路的概念具有一定的意义，但也有人对文章的观点提出了质疑，“近年有些史学家认为海上中西直接通航和海上‘丝绸之路’的

① 王建辉：《“海上丝绸之路”应称为“瓷器之路”》，《求索》1984 年第 6 期。
② 贾敬颜：《明代瓷器的海外贸易》，《历史教学》1954 年第 8 期。
③ 李康华、夏秀瑞、顾若增：《中国对外贸易史简论》，北京：对外贸易出版社 1981 年，第 317-338 页。
④ 叶文程：《宋元时期我国陶瓷器的对外贸易》，《中国社会经济史研究》1984 年第 2 期。
⑤ 王建辉：《“海上丝绸之路”应称为“瓷器之路”》，《求索》1984 年第 6 期。

最终形成，是距东汉400年后的‘唐代正式开辟，主要是用于瓷器输出’，因而‘海上丝绸之路’应称‘瓷器之路’。这种观点，我们不敢苟同。”[①] 沈光耀在《中国古代对外贸易史》第四章第二节“瓷器的生产和对外出口的发展”中，对唐、宋、元、明及鸦片战争前的瓷器生产与外销进行了论述，并介绍了中国制瓷技术的外传。[②] 冯小琦在《景德镇民窑青花瓷的对外传播》中考察了历代景德镇青花瓷器的外销情况。作者认为，景德镇青花瓷器在元代已经开始向外销售，而大量销往国外，则是明、清时期。从我国历史文献、世界各国收藏以及出土的青花瓷器可反映出明清时期景德镇民窑瓷器广泛的贸易市场及其盛况。作者还分析了我国瓷器在国外畅销的原因。[③] 谢明良在《十七至十八世纪中国对欧洲贸易中的瓷器》中对中国古代各时期的瓷器外销概况进行了分析，特别考察了荷兰及各国东印度公司在中国瓷器海外贸易中的情况，并研究了欧洲的中国瓷器收藏及流通，最后分析了景德镇瓷器生产与外销瓷的没落情况。该文引用了大量数据材料，并附有大量图片，是一篇颇具分量的论文。[④] 胡雅蓓在《景德镇宋代青白瓷与褐彩》中认为，宋代在全国范围内以景德镇为中心形成了一个巨大的“青白瓷”窑系，相继有江西南丰窑、吉安窑，安徽繁昌窑，广西藤县窑，浙江泰顺窑，福建德化窑及湖北、广东等地的一些窑口在宋代仿烧景德镇的青白瓷器。景德镇生产的这一青白相间的品种还远渡重洋，飞往海外。它为促进中外贸易，加强中外文化的交流起到了桥梁作用。[⑤] 吴建雍在《清代外销瓷与早期中美贸易》中认为，大约在16世纪中期，中国瓷器开始传入美洲。进入清代，由于中西贸易的扩展，华瓷不断被英国、荷兰、西班牙、法国的商船，载往北美大陆。但是，中国瓷器畅销美洲的高峰期，

---

① 黄启臣：《广州海上丝绸之路的兴起与发展》，载广东省人民政府外事办公室、广东省社会科学院编：《广州与海上丝绸之路》，广州：广东省社会科学院1991年，第51-67页。
② 沈光耀：《中国古代对外贸易史》，广州：广东人民出版社1985年，第111-131页。
③ 冯小琦：《景德镇民窑青花瓷的对外传播》，《景德镇陶瓷》1986年第3期。
④ 谢明良：《十七至十八世纪中国对欧洲贸易中的瓷器》，《文物与考古》1986年第1期。
⑤ 胡雅蓓：《景德镇宋代青白瓷与褐彩》，《景德镇陶瓷》1987年第1期。

却是在中美直接通商后。从乾隆四十九年（1784年），美国“中国皇后”号到达广州，直到鸦片战争前夕，瓷器与茶叶、丝绸共同构成中国向美国出口的主要商品，瓷器贸易则在促进中美文化交流中，发挥了特殊的作用。[①]钱江在《十七至十八世纪中国与荷兰的瓷器贸易》中，对17至18世纪中荷瓷器贸易兴起的背景、贸易发展的概况、贸易的结构与特点、输荷中国瓷器的品种和类型以及此项贸易对中荷两国所产生的影响等问题进行了讨论，对于深化中国古代外销陶瓷历史和中国海外贸易史的研究具有意义。[②]

进入20世纪90年代后，学者们继续对瓷器的海外贸易状况进行研究，并取得了相当的成果。叶文程在《元以后景德镇青花瓷器的外销》中介绍了元代以后景德镇青花瓷器的外销国家和地区的概况。[③]刘洪石在《唐宋时期的海州与海上“陶瓷之路”》一文中认为，唐和五代是我国陶瓷生产大发展的时代，也是我国海上交通海外贸易迅猛发展、全面开放的时代，象征着唐、五代瓷业发展高峰的重要事实是：至迟在9世纪下半叶，我国陶瓷继丝绸和茶叶之后成为重要的外销商品而大量出口，为宋代大规模的陶瓷外销开了先河。现代世界性考古成果表明，不管是陆上丝路所到的西亚，还是海上丝路东西洋航线所经历的每一处古址，都发现了大量的唐宋时期完整瓷器和瓷片，日本陶瓷专家三上次男把这条海上运输的航线称为“陶瓷之路”。正是这些瓷片还原了历史的本来面目，弥补了史书失记的不足，为我们勾勒了唐宋时期我国外销陶瓷的重要口岸和航路的轨迹。[④]杨焕新在《马尔代夫出土的中国瓷器——兼谈中·马海上交通》一文中考察了马尔代夫与中国历代的瓷器贸易以及中马之间的海上交通。[⑤]戴鸿文在《论宋代瓷器外销的历史条件》中认为，宋代资器外销所以致盛，是因为宋代农、工、商业经济的发展，为瓷业繁荣提供了物质前提，而社会生

① 吴建雍：《清代外销瓷与早期中美贸易》，《北京社会科学》1987年第1期。
② 钱江：《十七至十八世纪中国与荷兰的瓷器贸易》，《南洋问题研究》1989年第1期。
③ 叶文程：《元以后景德镇青花瓷器的外销》，《景德镇陶瓷》1990年第3期。
④ 刘洪石：《唐宋时期的海州与海上“陶瓷之路”》，《东南文化》1990年第5期。
⑤ 杨焕新：《马尔代夫出土的中国瓷器——兼谈中·马海上交通》，《景德镇陶瓷》1992年第1期。

活尚瓷与饮茶之风，也促进了瓷业的兴旺和竞争机制的产生、制瓷技术的加强，以致瓷业产品既多且美，在宋代造船航海业与海外贸易发达的条件下，瓷器外销空前发展。[①]董健丽在《十八世纪销往欧洲的中国瓷器》中认为，中国和欧洲的瓷器贸易始于明末，到18世纪达到顶峰。18世纪20年代前后，英国、法国、荷兰、丹麦、瑞典等国先后在广州设立代理行，通过广州商行向景德镇订造中国瓷器，其中大多是先由国外提供货样，再由中国进行批量生产。在18世纪的一百年间，中国输入欧洲的瓷器大约在6 000万件以上，品种以餐饮器为主，也有少量的装饰品。[②]李金明在《明清时期中国瓷器文化在欧洲的传播与影响》一文中考察了明清时期中国瓷器经由葡萄牙人和荷兰人（特别是东印度公司）向欧洲的传播以及由此带来的对欧洲文化的影响。[③]

詹嘉在《对澳门海外贸易的历史考察——兼析陶瓷世界贸易》中，从经济、政治、地理方面考察了澳门海外贸易兴衰的历史原因，阐述了关税及牙行、牙商的管理制度。分析了明代中国商品经济，特别是陶瓷、丝绸对其拓展国际市场的支持作用。[④]林元平在《宋元时期闽南窑业的繁荣与海外贸易的互动》中认为，宋元时期是闽南区域经济的繁荣时期，重要的表现包括港市商业的喧嚣；交通运输网络的发达；人口剧增；手工业生产力的提高；产业结构的专业化；跨洋贸易的勃兴等。在此历史背景下，闽南窑业的发展与闽南地区在宋元时期王朝版图内政治地望位移后对区域海洋经济的倾斜相关联，是海洋贸易发达带动陆域经济发展的典型代表，其阶段性超速壮大的发展轨迹有着明显不同于他地的模式。[⑤]刘昌兵在《海外瓷器贸易影响下的景德镇瓷业》中认为，宋代以前中国是唯一掌握制瓷

① 戴鸿文：《论宋代瓷器外销的历史条件》，《辽宁大学学报》（哲学社会科学版）1994年第5期。

② 董健丽：《十八世纪销往欧洲的中国瓷器》，《紫禁城》1996年第4期。

③ 李金明：《明清时期中国瓷器文化在欧洲的传播与影响》，《中国社会经济史研究》1999年第2期。

④ 詹嘉：《对澳门海外贸易的历史考察——兼析陶瓷世界贸易》，《陶瓷研究》2001第1期。

⑤ 林元平：《宋元时期闽南窑业的繁荣与海外贸易的互动》，《南方文物》2005年第3期。

技术的国家，景德镇瓷业是古代中国瓷业的最重要代表。国内经济发展、海外贸易需求和朝廷需求始终是影响中国制瓷的三大因素。景德镇自北宋以来瓷业一千多年来不间断发展，其间海外贸易不断促进景德镇瓷业发展，尤其是明中晚期以后至清中期，在大规模海外瓷器贸易的推动下，景德镇瓷业迅速发展，逐渐摆脱封建社会自然经济下小手工业生产作坊，诞生了资本主义性质的手工工场，制瓷的品种、质量和规模达到了鼎盛，促成了景德镇瓷都地位的最终确立。[①] 董亮在《怒海掀澜　谁与争锋——明末清初海上陶瓷贸易战一掠》中认为，16 世纪后期，葡萄牙海船历经千难万险终于闯入中国，成为第一个与中国进行贸易的国家，并由此揭开了海上陶瓷贸易战的序幕，葡萄牙商人从中国大量购买的各类商品中，有很大的一部分是瓷器，由于路途遥远和当时航海技术尚不发达，葡萄牙人不能直接运输瓷器至欧洲，便在亚洲各国间转卖，充当起一个亚洲贸易中间人的角色，而不断地将赚取的金银财富运回国内。[②] 万明在《从明代青花瓷崛起看郑和下西洋伟大功绩》中认为，郑和下西洋在中国航海史乃至世界航海史上，具有里程碑的意义，青花瓷在中国陶瓷史乃至世界陶瓷史上，也具有里程碑的意义。唐代就产生了青花瓷，但是到明代青花瓷才脱颖而出，黄金时代在明朝永乐、宣德时期，与郑和下西洋在时间上重合，作者力图证明，以下西洋为分界，作为大航海时代中外文明交融结晶的青花瓷，在明代崛起并形成中国陶瓷主流是与郑和远航活跃的对外贸易密不可分的。[③] 黄慧怡在《香港出土宋元瓷器的初步研究》中，考察了香港出土的宋元瓷器。作者经过研究后认为，香港出土的宋元时期的瓷器主要来自广东、浙江、福建和江西等地。品种有青瓷、青白瓷、白瓷、黑釉器及青酱釉器，以青瓷和青酱釉器产品为主。出土的瓷器器类、造型较单调，为外销生产的具有广东窑特征的器物在香港较少见，而且南宋晚期至元代瓷器的地点、品

① 刘昌兵：《海外瓷器贸易影响下的景德镇瓷业》，《南方文物》2005 年第 3 期。
② 董亮：《怒海掀澜 谁与争锋——明末清初海上陶瓷贸易战一掠》，《中外文化交流》2007 年第 1 期。
③ 万明：《从明代青花瓷崛起看郑和下西洋伟大功绩》，《郑和研究》2007 年第 4 期。

种、器类减少，这与港口和瓷器贸易中心转移和广东窑业大大萎缩有关。[①]赵莹波在《宋日贸易再考——海上丝绸之路东亚贸易圈的形成》中认为，宋日贸易是宋朝商人主导的贸易，宋商还在日本博多（现日本福冈市内）落地生根，建造了唐房（即唐人街）。从出土的陶瓷器中还可以看到多重烧制的痕迹，由此可以断定，这些瓷器常常是刚刚出窑就立刻被运到日本博多，并在日本进行最后的加工。这说明博多不仅是商品流通场所，还是宋朝商人们的营业据点。日本学者把这种贸易叫作“住番贸易”。也就是说宋代商人从原来的货船到岸后的“岸边交易”已发展成“住番贸易”，使日本九州的博多成为宋人和日本人杂居的贸易都市。宋代的这种民间贸易形成了一个东亚贸易圈。[②]万钧在《东印度公司与明清瓷器外销》中考察了东印度公司在明清瓷器外销中的作用，认为明清时期中欧海上航线开通后，中国的瓷器、丝绸、茶叶在西方广受欢迎，荷兰、英国等国家组建东印度公司从事与东方的贸易。东印度公司在中国瓷器大量销往海外的过程中发挥着至关重要的作用。这一时期，明清政权交替、西方列强对海上霸权的争夺战争等中外时局变化与重大历史事件对中国瓷器的输出以及中外瓷器贸易的格局产生重大影响。[③]

2010年，万明发表了《明代青花瓷西传的历程：以澳门贸易为中心》，作者认为，明代青花瓷直接传入欧洲，影响了整个欧洲，它与16世纪澳门海上贸易密切相关。明代青花瓷对于欧洲文明史乃至世界文明史也具有重要意义。[④]甘淑美、张玉洁在《葡萄牙的漳州窑贸易》中认为，“汕头器”的名称来自对其出口地为中国广东省北部汕头港的误解，它的产地已经确认为相邻的福建省漳州地区的一些民窑。漳州窑主要生产外销瓷，活跃于明末清初。从16世纪后半叶到17世纪前半叶，这里生产的风格独特的瓷

① 黄慧怡：《香港出土宋元瓷器的初步研究》，《考古》2007年第6期。

② 赵莹波：《宋日贸易再考——海上丝绸之路东亚贸易圈的形成》，《河南社会科学》2009年第1期。

③ 万钧：《东印度公司与明清瓷器外销》，《故宫博物院院刊》2009年第4期。

④ 万明：《明代青花瓷西传的历程：以澳门贸易为中心》，《海交史研究》2010年第2期。

器从漳州月港大量出口到日本及东南亚国家，并有少量出口到欧洲和新大陆。虽然漳州窑瓷器受到景德镇很大影响，但它们的材质和生产方式存在很大差别。[①]熊煌、丁磊在《简述16—18世纪中国外销瓷对欧洲制瓷的影响》中考察了欧洲人在制造瓷器的过程中对中国瓷器及制瓷工艺从初期认识到早期仿制再到硬质瓷的烧制这样一个基本过程。欧洲现代瓷业格局的形成得益于中国瓷器的影响，是16—18世纪中国外销瓷对欧洲的出口促成了欧洲现代瓷业的产生。[②]

2011年，王伟在《论古代瓷器出口贸易》中认为，从唐朝开始我国就向其他国家出口瓷器，在促进中外友好交流、加强经济往来、促进陶瓷技术的改进等多方面都具有重大的历史意义。[③]余张红在《十八世纪晚期至十九世纪中期华瓷外销》中认为，华瓷外销始于汉，发展于唐五代，兴于宋元，明中期至清中期达到顶峰，18世纪晚期，由于欧洲制瓷业的发展、华瓷质量下降等原因，华瓷的外销发生转折，在瓷器贸易方面，欧洲市场不断萎缩，美国市场兴起。19世纪前中期，随着欧美国家和东亚日本制瓷业技术的提高，中国瓷器的国际市场渐被其侵夺，华瓷贸易的重要地位开始动摇。[④]辛婷在《论荷兰东印度公司与明末清初克拉克瓷发展演变》中考察了荷兰东印度公司对克拉克瓷的命名与发展演变所产生的至关重要的影响。[⑤]甘淑美在《荷兰的漳州窑贸易》中考察了荷兰在利用自身地理位置优势，作为北欧和南欧之间的中间人通过倒卖葡萄牙进口的亚洲奢侈品牟取暴利的历史。[⑥]

2012年，刘文胜在《论清代中国与东南亚瓷器贸易对瓷业的影响》中

---

① 甘淑美、张玉洁：《葡萄牙的漳州窑贸易》，《福建文博》2010年第3期。
② 熊煌、丁磊：《简述16—18世纪中国外销瓷对欧洲制瓷的影响》，《陶瓷研究》2011年第2期。
③ 王伟：《论古代瓷器出口贸易》，《山西财经大学学报》2011年第S3期。
④ 余张红：《十八世纪晚期至十九世纪中期华瓷外销》，《中国陶瓷工业》2011年第4期。
⑤ 辛婷：《论荷兰东印度公司与明末清初克拉克瓷发展演变》，《中国陶瓷》2011年第9期。
⑥ 甘淑美：《荷兰的漳州窑贸易》，《福建文博》2012年第1期。

认为，东南亚是中国清代瓷器外销最重要市场之一，与东南亚的瓷器贸易对于中国瓷业的发展具有非常重要而积极的作用，它促进了清代瓷业布局的转变，同时对瓷艺风格亦有重要影响。[①]张哲翔、薄占宇在《从中西交流论清代瓷器对外贸易之探讨》中，以中国瓷器在中西文化交流中占有的特殊地位作为主体，介绍了瓷器在中国内部从上古时期至清代的发展，并从艺术与经济的层面对清代外销瓷器在中西文化交流影响中的作用，并以欧洲与日本近代瓷器贸易的成功发展为例，分析清代中国制瓷业衰落的原因。[②]李颖慧在《北宋时期的瓷器贸易经济史考》中论述了北宋时期的陶瓷贸易经济，并从宋代陶瓷生产盛况、北宋对外贸易及北宋陶瓷贸易发展状况三个角度进行探讨。[③]

2013年，王雪艳在《17世纪后通过海上丝绸之路西方文化对中国陶瓷艺术的影响》一文中认为，融精美技术与艺术为一体的中国陶瓷，通过海上丝绸之路传播到西方各国。最初销往西方的瓷器是以中国风格的造型、装饰为主的，但是中国风格的瓷器并未受到西方各国的欣赏。为了迎合西方消费者的审美情趣和文化风格，中国瓷器相应地具有了欧洲文化色彩。[④]汪震在《从刘华墓出土蓝釉波斯陶瓶看海上丝绸之路的中外交流》中认为，波斯陶器尤以铜蓝釉和钴蓝釉的使用为显著特征。随着海上与陆上丝绸之路的开辟，中国固有的工艺技术、生活风俗、审美情趣等都更深地受到外来因素的影响。以闽国刘华墓出土陶瓶为代表的波斯类型陶瓶，在其生产、演变、传入、融合等方面，都值得作进一步的研究分析。[⑤]

---

① 刘文胜：《论清代中国与东南亚瓷器贸易对瓷业的影响》，《中国陶瓷工业》2012年第2期。

② 张哲翔、薄占宇：《从中西交流论清代瓷器对外贸易之探讨》，《东亚论坛》2012年第475期。

③ 李颖慧：《北宋时期的瓷器贸易经济史考》，《兰台世界》2012年第24期。

④ 王雪艳：《17世纪后通过海上丝绸之路西方文化对中国陶瓷艺术的影响》，《陶瓷学报》2013年第1期。

⑤ 汪震：《从刘华墓出土蓝釉波斯陶瓶看海上丝绸之路的中外交流》，《福建文博》2013年第2期。

第三节　中国古代茶叶海外贸易研究

茶叶是我国古代海上丝绸之路中的另一大宗商品，对其研究的成果也比较多。1990 年，程镇芳在《清代的茶叶贸易与资本原始积累》中认为，清代的茶叶对外贸易，正式揭开了中国资本原始积累的序幕。在 17 世纪末叶以后的一个多世纪中，茶叶的生产与贸易，成为中国资本原始积累的主要手段，曾经为中国导向近代化进程，提供了优良的物质条件和千载难逢的历史机遇。从清代茶叶生产与贸易所造成的资本原始积累状况和发展趋势来看，19 世纪以后，倘不遭受西方资本主义列强的侵掠，中国完全有条件、有能力跟上世界近代化的潮流。① 这种对历史假设性的推断虽然并不具备科学性，但作为一种想象也并非不允许。庄国土在《18 世纪中国与西欧的茶叶贸易》一文中认为，中国茶叶在 17 世纪传入西欧，在 18 世纪前期，成为中国最重要的出口商品，其输入地及贩运者也以西欧国家为主。研究 18 世纪中国与欧洲的海上茶叶贸易，对了解 18 世纪中外海上交通、白银内流以及中国对外贸易史有着重要意义。② 杨仁飞在《清前期广州的中英茶叶贸易》中对广州的中英茶叶贸易进行了考察，认为 1685 年以前，我国海上茶叶贸易主要为荷兰、葡萄牙商人所控制。英国商人虽从 1658 年起想通过广州口岸直接与中国从事茶叶贸易，但由于受到葡商的排挤和清廷的限制而无法在广州进行。③

郭丹英在《 从有关茶叶内容的外销画看十九世纪初广东的茶叶对外贸易》中，以《十九世纪中国市井风情三百六十行》画册中有关茶叶内容的 18 幅画所反映的 19 世纪初广东的茶叶外销场景进行了描述。④ 陶德臣在《论

① 程镇芳:《清代的茶叶贸易与资本原始积累》,《福建师范大学学报》(哲学社会科学版)1990 年第 1 期。

② 庄国土:《18 世纪中国与西欧的茶叶贸易》,《中国社会经济史研究》1992 年第 3 期。

③ 杨仁飞:《清前期广州的中英茶叶贸易》,《学术研究》1997 年第 5 期。

④ 郭丹英《 从有关茶叶内容的外销画看十九世纪初广东的茶叶对外贸易》,《农业考古》2002 年第 2 期。

清代茶叶贸易的社会影响》中认为，清代是中国茶叶外销兴盛时期。由于世界茶叶市场的需求拉动和国内茶叶生产的发展，茶叶出口量迅速扩大，成为中西贸易的核心商品，获取了丰厚利润。茶叶贸易对发展茶叶生产、改善交通运输、活跃金融、繁荣经济，产生了积极影响，并成为外交和军事斗争的重要武器。[①] 张燕清在《略论英国东印度公司对华茶叶贸易起源》中，从 17 世纪英国东印度公司的建立与兴起、对外贸易的指导思想、对华茶叶贸易的发生和发展等方面探讨了英国东印度公司对华茶叶贸易起源问题。[②] 刘祖陛在《清代福建茶叶经济兴衰初探》中认为，清代福建茶叶经济是福建的支柱产业。福建茶叶出口是对外贸易的唯一大宗商品，它涉及农工商交通运输诸行业，影响千家万户。作者认为研究清代福建茶叶经济的兴衰，可以了解清代福建社会经济发展变化之一斑，对振兴民族经济寻找发展途径有借鉴意义。[③] 王力在《清末茶叶对外贸易衰退后的挽救措施》中考察了 19 世纪后期中国茶叶在国际市场上遭遇印度、锡兰和日本等国的激烈竞争，加之国内茶叶生产、流通等多方面原因，出口和国际市场占有额出现了明显下降的历史。作者认为，中国茶叶出口的衰退对清政府、茶商、茶农都造成了损害，为此，各方都采取了相应的措施，试图挽回已经衰退的茶叶贸易，其中包括引进制茶机器，控制伪劣茶叶出口，吸收和普及茶叶生产知识，拓展茶叶销路，减轻茶叶关税等举措。[④] 刘志华、黄超在《清后期广东茶商的发展阶段与特点》中认为，中国茶叶外销历史悠久，在中国古代茶叶的对外贸易中，广东茶商占据着极其重要的位置。从“一口通商”时期到“五口通商”时期，广东茶商精于商、勤于作，为我国茶叶的对外贸易作出了重大贡献，并探讨了清后期广东茶商的发展阶

① 陶德臣：《论清代茶叶贸易的社会影响》，《史学月刊》2002 年第 5 期。
② 张燕清：《略论英国东印度公司对华茶叶贸易起源》，《福建省社会主义学院学报》2004 年第 3 期。
③ 刘祖陛：《清代福建茶叶经济兴衰初探》，《福建史志》2005 年第 3 期。
④ 王力：《清末茶叶对外贸易衰退后的挽救措施》，《中国社会经济史研究》2005 年第 4 期。

段及其经营方式与特点。[①]陶德臣在《宋代茶叶外销管理机构述论》中认为，宋代以辽、金、夏为代表的周边市场和以朝鲜、日本为代表的海外市场得以拓展。为适应茶叶外销的发展，官府对茶马贸易、榷场贸易、海路贸易分别建立了相应的经营管理机构。[②]职晓东、秦法广在《论清朝鸦片战争前广州茶叶外贸兴盛的原因》考察了广州古代茶叶外贸兴盛的主要原因。[③]

第四节　中国古代香料（药物）海外贸易研究

在中国古代海上丝绸之路商品中，香料也是大宗贸易商品。早在 1937 年，白寿彝就发表了《宋时伊斯兰教徒的香料贸易》，对宋代伊斯兰教徒的香料贸易进行了深入的探讨。[④]1960 年，林天蔚出版了《宋代香药贸易史稿》，全书共分三编十一章。第一编《序论》，包括“10 世纪至 13 世纪时的世界形势与宋代对外贸易的关系”“宋代对外贸易发达所具备的条件”两章；第二编《总论》，包括“香药的种类及其性质”“香药的产地”“香药的运销路线”“香药贸易与市舶司制度”四章；第三编《分论》，包括“各国的香药进贡”“香药的专卖（禁榷）”“香药的储销机构”“香药的用途”“香药贸易对各方面的影响”五章。[⑤]该著作是研究宋代香药贸易史的重要著作。1963 年，关履权发表了《宋代广州的香料贸易》，对宋代广州的香料贸易状况进行了探讨。[⑥]叶文程发表了《宋元时期泉州港与阿拉伯的友好交往——从“香料之路”上新发现的海船谈起》，认为自古

① 刘志华、黄超：《清后期广东茶商的发展阶段与特点》，《古今农业》2009 年第 3 期。
② 陶德臣：《宋代茶叶外销管理机构述论》，《中国茶叶》2010 年第 1 期。
③ 职晓东、秦法广：《论清朝鸦片战争前广州茶叶外贸兴盛的原因》，《农业考古》2012 年第 2 期。
④ 白寿彝：《宋时伊斯兰教徒的香料贸易》，《禹贡》1937 年第 4 期。
⑤ 林天蔚：《宋代香药贸易史稿》，香港：香港中国学社 1960 年版。
⑥ 关履权：《宋代广州的香料贸易》，《文史》（第三辑）1963 年。

以来，中国人民与阿拉伯人民就有着友好往来和传统友谊。2 000 多年来，我国人民与阿拉伯人民通过“香料之路”这条海路，进行着频繁的政治、经济和文化交流。由于中阿海上交通主要是以运销香料闻名，便被人们誉称为“香料道”或“香料之路”。1973 年年底，在泉州湾后渚港这条“香料之路”上新发现的宋代海船，船上运载着大宗香料、药物等，便是“香料之路”上的一项重要新发现，这一传播友谊的工具——宋代海船的新发现，是中阿海上交通、友好交往、经济贸易和文化交流的历史见证。它对于研究泉州港同阿拉伯的海上交通、经济交流和中国同阿拉伯的友好关系史方面，提供了极其宝贵的实物证据。① 同年，还有学者对泉州湾后渚港发现的宋代海船进行了研究。研究者考察后发现，这条古代海船出土文物十分丰富，其中数量最多的是香料，达 4 700 余斤。经初步鉴定，主要有降真香、檀香、沉香、乳香、龙涎香和胡椒等。香料是我国古代对外贸易的主要进口商品。宋元时代更占有重要的地位。唐代以来，从事南海香料贸易的多为阿拉伯人，宋末元初泉州市舶司蒲寿庚便是世代以经营香料为业的家族名商。泉州古船出土的大宗香料与蒲家香业有着密切的联系。② 陈瑞华等在《泉州湾宋代沉船中降（真）香的鉴定及考证》中，对 1977 年 11 月福建泉州海外交通史博物馆送去的十余件沾有泥土的检品进行了检测，经当地药工初检，可能为降香、沉香、檀香、紫檀木等。该文经过鉴定，对古沉船中发掘的大量香料木药材和沉船的航线进行了考证，认为古沉船中发掘出多种不同的大量香料木，正是当时泉州一带极为广泛用作辟恶祛邪、预防疾病的薰香料。根据所载产地，即现今印尼的苏门答腊、爪哇和马来半岛、柬埔寨等地，其航行路线是由远航东南亚地区交易药材等物后货运返航，它是我国宋代和东南亚等地区国家友好往来进行海外交通贸易的史

① 叶文程：《宋元时期泉州港与阿拉伯的友好交往——从“香料之路”上新发现的海船谈起》，《厦门大学学报》（哲学社会科学版）1978 年第 1 期。

② 庄为玑、庄景辉：《泉州宋船香料与蒲家香业》，《厦门大学学报》（哲学社会科学版）1978 年第 Z1 期。

证。降香的来源品种大致可分为两种：①进口降香，称为番降；②国产降香。[①]沈光耀在《中国古代对外贸易史》第四章第四节探讨了我国历史上的传统进口商品——香料，作者讨论了香料的结构和经济价值以及产地和作用。[②]

蔡景峰在《海上丝绸之路与古代医药交流》中研究了海上丝绸之路开通以后到鸦片战争前，中国与外国的医学和药物交流情况，并认为，直到鸦片战争之前，海上丝绸之路的医药交往，主流仍然是药物贸易。[③]王棣的《李珣与〈海药本草〉：唐代广州海外贸易对中国药物学的促进》中，考察五代时的药物学著作《海药本草》。李珣是定居于中国的波斯人后裔，《海药本草》是一部专门收载唐代从广州输入的海外药物的药物学著作。作者通过对李珣和《海药本草》的考证、评述，从一个侧面揭示了唐代广州海外贸易和海上丝绸之路对中国的影响。[④]后来，王棣在《宋朝的海外药物交流》中认为，中国与海外的药物交流，以其独具的实用性和普及性，历来是中外海上贸易和科技文化交流的重要组成部分。宋代，随着中外海上交通的日益发展，中国与海外的药物交流也愈加频繁、兴旺。据中外史籍记载，通过“海上丝绸之路”，宋与亚、非、欧数十个国家和地区有药物交流，以朝贡、互赠、通商贸易等方式交流的药物有上百种。地区范围之广，品种数量之多，作用影响之大，都远远超过以前各代。然而，以往治宋代海上交通史及海外贸易史者，多偏重于经济上的商舶贸易和政治上的使节往来，对与人民生活密切相关的中外海上药物交流，却甚少论及，作者正是从此角度切入研究的。[⑤]李玉昆在《宋元时期泉州的香料贸易》

① 陈瑞华、缪细泉、戴金瑞：《泉州湾宋代沉船中降（真）香的鉴定及考证》，《上海中医药杂志》1979年第5期。

② 沈光耀：《中国古代对外贸易史》，广州：广东人民出版社1985年，第139-144页。

③ 蔡景峰：《海上丝绸之路与古代医药交流》，载联合国教科文组织海上丝绸之路综合考察泉州国际学术讨论会组织委：《中国与海上丝绸之路》，福州：福建人民出版社1991年，第97-105页。

④ 王棣：《李殉与〈海药本草〉：唐代广州海外贸易对中国药物学的促进》，载广东省人民政府外事办公室、广东省社会科学院：《广州与海上丝绸之路》，广州：广东省社会科学院出版社1991年，第179-191页。

⑤ 王棣：《宋朝的海外药物交流》，《晋阳学刊》1992年第6期。

中考察宋元两个海外贸易非常发达的时期的香料贸易情况。①

进入21世纪以后，学者们对中国古代海外香料贸易的研究更多起来。喻常森在《中国与荷属东印度的早期贸易关系》中，考察了荷兰殖民者夺取班达群岛收购香料的特权，继而占领安汶群岛，作为通向摩鹿加群岛（香料群岛）的据点，以及东印度与中国的香料贸易情况。②2003年，朱立智的硕士学位论文《宋代与东南亚的药物交流》中认为，宋代是中国和东南亚药物交流迅速发展的时期。药物交流的规模之大、数量之巨、种类之多、国家和地区之广，都是以前各代所未见。通过政府（官方）的贸易、主要是朝贡贸易和民间（私人）贸易，大量的东南亚药物和中国的药物不断地交流。其原因除了一般的促成宋代与东南亚的贸易繁荣的条件，还有其他的特有的因素。宋代气候的变化，政治经济中心的南移，宋朝政府的重视医学和士人习医风气的炽热，战祸、天灾频繁，疾病流行对药物的需求以及统治阶级奢侈生活的需要，刺激了输入东南亚等地区药物的急剧上升；东南亚大多地处热带雨林地区，疟疾肆行，多疮疥，中国的大黄、川芎、白芷等均为其治病的良药等。宋代中国与东南亚的药物交流是宋代中国与东南亚贸易的重要组成部分，在中国与东南亚的药物交流史和中国与东南亚的关系史上占有重要的地位。③韩毅发表了《唐宋时期回回民族对海外农业和药材业品种的引进与输入》，认为唐宋时期，中国和阿拉伯诸伊斯兰国家展开了频繁的经济文化交流。随着回族的东来，海外珍贵的农业和药材业品种，也源源不断地通过丝绸之路输入我国。这些由回族新输入和引进的经济品种，不仅增加了我国农业和药材业的种类，而且也丰富了各族人民的物质文化生活，对中西经济文化交流与中国古代社会经济开发，起到了重要的促进作用。④张德明发表了《论16世纪葡萄牙在亚太地区扩

---

① 李玉昆：《宋元时期泉州的香料贸易》，《海交史研究》1998年第1期。
② 喻常森：《中国与荷属东印度的早期贸易关系》，《海交史研究》2000年第2期。
③ 朱立智：《宋代与东南亚的药物交流》，硕士学位论文，暨南大学，2003年。
④ 韩毅：《唐宋时期回回民族对海外农业和药材业品种的引进与输入》，《青海民族研究》2003年第4期。

张活动的性质》，认为西方颇有影响的学者将16世纪葡萄牙在亚太的扩张活动——争夺香料贸易垄断权和传播基督教——描述为基督徒与穆斯林之间的斗争，而作者经过研究后认为，该活动的性质是殖民侵略，其理由主要有：①在形式上该斗争是16世纪之前，伊比利亚半岛两教斗争的继续，但性质却完全不同；②争夺财富是葡萄牙人对亚太的经济侵略；③争夺灵魂是葡萄牙人对亚太的精神文化侵略。[①] 郑家馨在《郑和下西洋时代西亚形势及与中国的关系》中认为，15世纪初，明朝永乐皇帝派遣郑和七次下西洋是人类文明史上的伟大创举，它并不包含从亚洲西南包围帖木儿帝国的战略动机。帖木尔帝国已经分裂，不再对中国西陲形成威胁，其继承者同明朝关系友好。郑和船队下西洋规模空前，当时地中海欧洲诸国对中国人民的航行竟毫无所知，亦无反应。埃及马木路克王朝执行垄断香料贸易的政策，在西亚地区阻断了欧洲商人同东方商人的任何直接交往，形成红海难越、信息割断的态势，中国人迅速全部撤出西印度洋。[②] 王北固在《古代世界贸易的香料与丝绸价格——郑和下西洋“厚往薄来”论之商榷》中，对传统观点认为郑和下西洋是为了宣扬国威，对所到之处“厚往薄来”的观点提出了质疑。[③] 景兆玺在《唐朝与阿拉伯帝国海路香料贸易初探》中认为，唐代是中阿贸易发展史上的一个关键时期。一方面，从唐代中后期开始，海上丝路逐渐取代陆上丝路成为中阿贸易的主通道，加速了唐以后中阿海路贸易的发展；另一方面，中阿海路贸易物品种类明显增多，贸易航线更为明确，贸易互补性进一步加强。对唐代中阿海路贸易交通线、中阿海路贸易香料种类及香料贸易互补性等问题的探讨，有助于唐代中外贸易史和中阿关系史研究的不断深入。[④] 严小青、惠富平在《宋代香料贸易

---

① 张德明：《论16世纪葡萄牙在亚太地区扩张活动的性质》，《世界历史》2003年第4期。

② 郑家馨：《郑和下西洋时代西亚形势及与中国的关系》，《西亚非洲》2005年第2期。

③ 王北固：《古代世界贸易的香料与丝绸价格——郑和下西洋“厚往薄来”论之商榷》，《历史月刊》2005年第210期。

④ 景兆玺：《唐朝与阿拉伯帝国海路香料贸易初探》，《西北第二民族学院学报》（哲学社会科学版）2007年第5期。

及其影响》中认为，宋代海上贸易繁荣，是域外香料传入我国的高峰期。檀香、乳香、沉香、胡椒、丁香等域外香料的大量传入改变了当时我国香料稀缺状况，对宋代国家财政及其以后的医药、饮食、农业等社会生活产生了重要影响。[①] 后来，两位作者又发表了《郑和下西洋与明代香料朝贡贸易》，文中认为，在宗教祭祀、医药薰香、饮食调味过程中，香料必不可缺。明代是继宋代之后又一域外香料朝贡的高峰期，对当时的国家政治、经济影响深远，意义重大。郑和出使西洋，在明代香料朝贡贸易中扮演了重要的角色，在中西政治、文化与经济交流史上不可忽略。宫廷和民间对香料的旺盛需求，以及朝廷“四海归顺”的政治目的和寻找海外香料，是促成郑和下西洋的根本原因。它使海外国家认识到中国的强盛，促进了中外香料贸易的积极发展，香料朝贡贸易带来的民间香料贸易，是历史发展的必然结果。[②] 严小青在《南宋京城临安的市井香业加工和贸易》中认为临安是南宋都城，城中百姓生活安居乐业、富足安逸，追求精神享受。香料气味芳香浓郁，在饮食、化妆、薰香、宗教等方面都有利用，与人们生活息息相关。在此背景下，临安城的香市、花市以及香料加工业很快繁荣起来，不仅满足了百姓的生活需求，而且对城中宫廷生活也带来了影响。[③]

到了最近一两年，学术界仍然保持了对香料贸易的研究热情。2011 年，刘冬雪的硕士学位论文《宋代海外贸易对中医药发展的影响：以香药方的研究为中心》中认为，在以自然经济为主体的古代中国，宋代海外贸易的兴盛是极为引人注目的现象。香药是各种进口品中最重要的商品之一，香药贸易进口数量大、地域广、品种多、影响深远。香药大量进口，并不意味着国内出产的香药无足轻重，唐宋时期甲香的分布和应用情况说明了这一点。以此为背景，香药开始应用于宋人日常生活的各个领域，包括医药领域。香药频繁并广泛地应用于医方，并在此基础上推动中医药的发展，

① 严小青、惠富平：《宋代香料贸易及其影响》，《江苏商论》2007 年第 4 期 。
② 严小青、惠富平：《郑和下西洋与明代香料朝贡贸易》，《江海学刊》2008 年第 1 期。
③ 严小青：《南宋京城临安的市井香业加工和贸易》，《江苏商论》2008 年第 10 期 。

是宋代香药应用的一大特点。香药在医方中的重要应用，可通过香药在医方中用作汤头和君药两方面来体现。香药作汤头，意指以香药命名。香药用作君药，是指香药是该医方的核心，是最重要的一味药。熟水是宋人日常饮品，也是香药在医药领域应用的重要代表。此外，宋代方书中还有一些其他医方，可明确表明香药在宋代医生心中的重要地位。香药在宋代医药领域受到重视，还表现在它广泛地出现在医案和传说中。这些案例表明宋人对于香药的药性及应用掌握得较好，香药的应用也得到宋代医家的重视。在香药广泛应用的背景下，宋代中医药有了一定发展。首先是芳香药性理论的萌芽，其次是中药剂型的丰富和性气理论的出现。此外还可以看到对香药的其他药用价值的记载，如杀菌、醒酒、宁神等。宋人因滥用香药受到了后人的批评，宋代医家中的有识之士早已认识到香药滥用的危害，并提出了警告。[①] 许永璋在《宋代中国对非贸易探讨》中认为随着南海丝绸之路的延伸，宋代中国与非洲建立起了贸易关系。中国向非洲输出的主要是丝绸、瓷器和钱币，从非洲输入的主要是香料和象牙。中非之间的贸易，是通过多种方式进行的。[②] 赵文红在《试论 16 世纪葡萄牙以马六甲为支点经营的海上贸易》中考察了 16 世纪葡萄牙人的海上经营。1511 年葡萄牙攻占马六甲后，遂急迫地开始从东南亚各地攫取香料，然后销往欧洲、印度和中国等地。很快，以马六甲为支点，形成了联系东西两端的马六甲—果阿—里斯本、马六甲—中国贸易航线。此后，这两条贸易航线上的贸易都得到了不同程度的发展，其中与中国的贸易在 16 世纪 50 年代葡萄牙人得以留居澳门后发展迅速，且比较稳定。[③] 同年，该文作者还发表了《试论近代早期欧洲殖民者对东南亚海上贸易格局的影响》，认为近代早期，随着葡萄牙、西班牙和荷兰等欧洲殖民者先后进入东南亚，东南亚传统海

① 刘冬雪：《宋代海外贸易对中医药发展的影响：以香药方的研究为中心》，硕士学位论文，上海师范大学，2011 年。

② 许永璋：《宋代中国对非贸易探讨》，《黄河科技大学学报》2011 年第 2 期。

③ 赵文红：《试论 16 世纪葡萄牙以马六甲为支点经营的海上贸易》，《红河学院学报》2011 年第 5 期。

上贸易格局受到了前所未有的挑战：东南亚关键海域的制海权被欧洲殖民者所掌控；香料贸易基本为欧洲殖民者垄断；东南亚本土商人、印度商人和中国商人等传统商人都受到了不同程度的冲击；欧洲殖民者也逐渐参与或垄断了东南亚与其他地区的诸多主要贸易。实际上，欧洲殖民者已成为了东南亚海上贸易的主导者。[①] 严小青、张涛发表了《郑和与明代西洋地区对中国的香料朝贡贸易》，探讨了郑和采买香料的主要原因。郑和出使西洋采买香料主要有两方面的原因：一是国内宫廷与民间的宗教活动、医药熏香、饮食养生对域外热带香料需求量大；二是“宣德化，柔远人”的政治需求。郑和不仅在西洋地区传播了中华文明，而且船队史无前例地到达红海沿岸，把中外交流范围扩大到了被称为香料之角的索马里等非洲地区，对当时乃至后来的国家政治、经济影响深远。[②]

第五节　中国古代其他商品海外贸易研究

中国古代海上丝绸之路商品种类繁多，除前面所述主要的、大宗的商品外，还有很多其他品种的商品，学者们也对其进行了研究。

王曾瑜在《宋代的铜钱出口——兼谈泉州发掘的宋船铜钱》一文中认为，宋代经济发展水平较唐代大大提高，其货币的生产量与流通量也远胜唐代。宋代的铜钱和铜器也是很多外国人所珍爱的重要出口物资，宋代的铜钱主要输往日本、爪哇、新加坡、印度、非洲等地。大量钱币的输出，

① 赵文红：《试论近代早期欧洲殖民者对东南亚海上贸易格局的影响》，《东南亚纵横》2011 年第 9 期。

② 严小青、张涛：《郑和与明代西洋地区对中国的香料朝贡贸易》，《中国经济史研究》2012 年第 2 期。

使其没有在国内市场上发挥支付手段的作用，从而带来宋代的钱荒。①

黄天柱、林宗鸿在《泉州湾宋船出土果核的考释》中，对泉州湾宋船出土的果核，包括杨梅、桃、李、荔枝、橄榄、银杏等进行了研究，认为这些果品在我国的生产历史均在二三千年以上。作者得出结论认为，古船的航向绝不是由北线的日本、朝鲜南下之船，而是由南线向北返航至泉州湾后渚港码头停靠的货船。这也可与船舱中所出土的檀香、沉香、降真香、槟榔、胡椒、苏木、乳香、龙涎香、朱砂、水银、玳瑁等东南亚诸国出产的香料、药物互为印证。故其结论为由南线返航之船是毫无疑问的。②

闵宗殿的《海上丝绸之路和海外农作物的传入》中归纳了海上丝绸之路开通以后，海外农作物传入我国的情况和我国农作物传往外国的情况，并探讨了海外农作物传入我国对我国农业生产的影响，如为我国植物油生产提供了重要的原料、使我国的衣着原料发生了全新的变化、使我国形成了吸烟的社会风气、对明清时期我国粮食供应紧张起了缓解作用、对蔬菜夏缺起了缓解作用等。③

戴一峰在《饮食文化与海外市场：清代中国与南洋的海参贸易》一文中，以清代中国与南洋间的海参贸易为个案，探讨中国传统饮食文化与区域市场拓展两者间的互动关系。同时也揭示了海参贸易与这一时期南海海域发展变化着的贸易格局的密切关系：包括海参在内的华人传统食品的贸易，成了环南中国海华商贸易的重要组成部分，维系着这一时期该区域华商贸易网络的内在发展。④

---

① 王曾瑜：《宋代的铜钱出口——兼谈泉州发掘的宋船铜钱》，《海交史研究》1978年创刊号。

② 黄天柱、林宗鸿：《泉州湾宋船出土果核的考释》，《农业考古》1983年第1期。

③ 闵宗殿：《海上丝绸之路和海外农作物的传入》，载联合国教科文组织海上丝绸之路综合考察泉州国际学术讨论会组织委：《中国与海上丝绸之路》，福州：福建人民出版社1991年，第106-118页。

④ 戴一峰：《饮食文化与海外市场：清代中国与南洋的海参贸易》，《中国经济史研究》2003年第1期。

郑丽虹在《明代“苏式”工艺美术与海外贸易》中认为，明代中晚期，苏州依托太仓浏河口通向外海的航运优势，一方面输出丝绸、工艺品和书画，对日本等国的工艺美术发生深刻影响；另一方面也通过贸易输入高档材料、工艺品和工艺技术，从而产生了如硬木家具、倭漆、折扇等新鲜样式或新兴品种，有力地推动了“苏式”工艺美术的进一步发展。[①]戴华刚则在《清代广州外销画家研究》中认为，18世纪30年代以后，在最早对海外开放商贸的广州口岸出现了一种纪实性绘画，其题材包括了中国人家庭生活、农业生产、手工业制作、商业贸易、街头职业、法律刑法、游艺娱乐、婚嫁殡葬等传统风俗画中常见的内容，品类繁多，通常都以画册的装帧形式系列地呈现，构建出异彩纷呈的清代广州口岸城市的社会、经济与风俗的全貌。这些绘画为当时来华西方人所画，反映了当时广州海外贸易的发达。[②]

沈光耀在《中国古代对外贸易史》中辟专节探讨了中国漆器的外销，包括汉代漆器的制作与出口，唐宋漆器的外销和品种的改变，元明时期漆器的演变与对外出口的变化。[③]

麻小兵在《论大食与唐宋的商贸交往及其兴盛原因》中认为，阿巴斯王朝存在的500多年间，商贸繁荣，它与唐宋两朝存在着转运贸易和朝贡贸易。贸易的路径有5条，主要贸易城市为广州、交州、泉州、扬州、长安、洛阳；贸易的商品种类丰富，有中国的丝绸、瓷器、铁器、漆器、农产品和中亚西亚的毛织品、玻璃、宝石、香料、药材和化妆品等；贸易规模宏大。大食与唐宋商贸兴盛的原因有三：一是大食国特殊的地理位置；二是伊斯兰教对商业贸易的鼓励；三是唐宋时开放的对外政策。[④]

---

① 郑丽虹：《明代“苏式”工艺美术与海外贸易》，《南京艺术学院学报》2009年第4期。
② 戴华刚：《清代广州外销画家研究》，《艺苑》2009年第3期。
③ 沈光耀：《中国古代对外贸易史》，广州：广东人民出版社1985年，第93-144页。
④ 麻小兵：《论大食与唐宋的商贸交往及其兴盛原因》，《湖北第二师范学院学报》2010年第1期。

刘军在《明代海上贸易的出口商品》一文中指出，有些人认为，宋元时期是中国古代海上贸易的高峰。事实上，明代以前，贸易商品以奢侈品为主，真正意义上的大宗商品海上贸易，始于明代。甚至丝、瓷等古老而著名的海上贸易商品，此前也属于奢侈品，只是到了明代才成为大宗日用商品，伴随这一变化的自然有贸易量的增长。明代中国工艺技术不仅普遍高于亚洲周边国家，也比西方国家先进精致，商品成本低、质量高，很多商品在世界市场上有着强悍的竞争力，出口商品的种类极为丰富，各种史料所载者达数百种。按大类说，主要是农产品及其加工品，但经过加工的制成品和半制成品占绝大比例，未经任何加工的初级产品只占很小比例。就具体商品的相对重要性而言，最重要的是丝、瓷，其次则为铜钱、书籍、药材、棉布和蔗糖。至于茶叶则是到了清代才成为大宗出口商品。中国通往外国的道路有陆路、海路之分，海上商路分为东、南、西三个方向，旧称东洋、南洋、西洋。[①] 该文对中国史学界的传统观点提出了质疑，而且其论据论证也具有说服力，文章颇显新意。

① 刘军：《明代海上贸易的出口商品》，《财经问题研究》2010 年第 12 期。

第七章　21 世纪以来
我国海上丝绸之路研究的热点问题

随着 21 世纪对海上丝绸之路研究的不断深入，一些主题逐渐成为学者们争论的焦点而成为研究热点。这些热点可能因为每位学者思考的角度和目的各不一样，得出的结论也大相径庭，但他们的讨论对于深化我国海上丝绸之路研究都具有一定的启发性意义。这些热点主要集中在海上丝绸之路的概念、海上丝绸之路的开辟时间及历史分期、海上丝绸之路的始发港等方面。[1]

① 冯定雄：《新世纪以来我国海上丝绸之路研究的热点问题述略》，《中国史研究动态》2012 年第 4 期。

第一节　关于海上丝绸之路的概念

丝绸之路这一概念最早由德国地理学家李希霍芬[①]提出。1877年，他在德国人胡特森多年研究的基础上，撰写专著《中国：我的旅行与研究》（*China: The Results of My Travels and the Studies Based Thereon*），在该著作中，他首次将张骞开辟的中国西部通往欧洲的、促进东西方经济贸易和文化交流的大道称为“丝绸之路”（Silk Road）。李希霍芬所指的丝绸之路主要是从公元前114年到公元127年，中国在河间地区以及中国与印度之间，以丝绸贸易为媒介的这条西域交通路线。尽管如此，丝绸之路这一称谓得到了世界的公认。后来，学术界把沟通中西方的商路统称丝绸之路，它也受到世界各国学者的高度关注。

海上丝绸之路是相对于陆上丝绸之路而言的，由日本学者三杉隆敏在他1967年出版的《探索海上丝绸之路》的专著中初次提及，此后，这个概念被学术界普遍接受。在我国，虽然早在100多年前就有学者涉及海上丝绸之路的相关内容研究，但对它的研究的真正繁荣却是在改革开放以后。[②]尽管我国学术界对海上丝绸之路的研究时间并不算长，但进展却比较快，而且成果也比较丰富，对我国的经济和文化建设都起到了重要的积极作用。

---

① 斐迪南·冯·李希霍芬（Ferdinand von Richthofen，1833—1905），又译里希特霍芬，德国著名的地理学家，地质学家。1833年出生于卡尔斯鲁厄，1905年卒于柏林。早年从事欧洲区域地质调查，旅行过东亚、南亚、北美等地。多次到中国考察地质和地理。曾任波恩大学、莱比锡大学和柏林大学教授，柏林大学校长。他提出地理学是研究地球表面的科学，首次系统地论述了地表形成过程，对地貌进行形成过程分类，研究了土壤形成因素及其类型。系统阐述了中国地质基础和自然地理特征，提出中国黄土风成理论，其学术思想在地球系统科学研究的时代具有重要的现实意义。主要著作有《中国》《当前地理学的任务与方法》《研究旅行指南》《19世纪地理学的动力与方向》等。

② 有学者把我国海上丝绸之路研究分为四个阶段：萌芽阶段（1840—1900年）、形成阶段（1901—1948年）、停滞阶段（1949—1977年）、繁荣阶段（1978—2000年）。（参见龚缨晏主编：《中国“海上丝绸之路”研究百年回顾》，杭州：浙江大学出版社2011年版。）

自党的十一届三中全会以来，在学者们的努力下、特别是各沿海相关省（区、市）政府的直接推动下，我国的海上丝绸之路研究不断深入。但对于海上丝绸之路这一概念，尽管学术界在整体理解上没有原则性的差别，但对于如何准确界定或具体划分其内涵与外延，却存在不少争议。

在我国学术界，较早涉及海上丝绸之路这一概念的是《航运史话》。在该书中，海上丝绸之路只是作为中国古代远航史的附属品而提出，"'丝绸之路'，顾名思义，就是运送丝绸的道路。……可是，不少人可能还不知道在唐代，还有一条比它更加辽阔、更加繁荣，而且直到今天仍然是东西方贸易交往的重要通道。这就是我国同西亚各国的海上航线。唐代，在这条海道上'舟船继路、商使交属'，好不繁荣。由于那时我国由海运出口的商品和陆上'丝绸之路'一样，很大一部分是丝绸，今天我们也不妨借用'丝绸之路'的佳名，把它称作海上'丝绸之路'。"[①]该著作把海上丝绸之路的起始时间定在唐代，在讨论海上丝绸之路时也只是提到了唐代海上丝绸之路的情况，没有进行深入的探讨。尽管如此，该著作提到了海上丝绸之路并进行了一些分析，对开启海上丝绸之路研究具有一定意义。

1981年5月，在厦门大学召开了中国中外关系史学会学术研讨会，后来陈炎先生明确写道："1981年我在厦门大学中国中外关系史学会暨学术研讨会上，在国内第一次正式提出'海上丝绸之路'。"[②]1982年，陈炎发表了《略论海上"丝绸之路"》一文。[③]该文对于海上丝绸之路的概念的确立以及海上丝绸之路研究的基本框架的构建影响深远。作者把海上丝绸之路分为三个时期：形成时期（唐以前）、发展时期（唐宋时期）、极盛时期（元明清时期），并分析了我国丝绸外传对世界文明的贡献。作者的结论是"中国丝绸通过海路外传，最初只是在经济上互通有无，作为商品交换；后来突破了经济范畴，发展为与政治、外交、宗教、文化、艺

① 《航运史话》编写组：《航运史话》，上海：上海科学技术出版社1978年，第144-145页。

② 陈炎：《海上丝绸之路与中外文化交流》，北京：北京大学出版社2002年，第385页。

③ 陈炎：《略论海上"丝绸之路"》，《历史研究》1982年第3期。

术乃至与人民生活都发生了密切的关系，并且带来了深远的影响。如果说中国丝绸和其他发明创造的向外传播都是对人类进步和世界文明的伟大贡献，那么，所有这些贡献，除陆路外，都是通过海上丝绸之路的传播来完成的。”这种关于海上丝绸之路的理解与框架构建为后来学者普遍接受并在此基础上在各相关方面的研究中不断取得新的成果。朱少伟在 1981 年 12 月出版的《历史知识》第 6 期上发表了《海上丝绸之路》一文，指出：“不少人或许不知道，在古代还有一条与横跨欧亚大陆的‘丝绸之路’相并行的海上商路，这就是我国通往西方的‘海上丝绸之路’。即使在今天，它仍然是东西方贸易的重要通道。”[①]1982 年，朱少伟又发表了《古代海上丝绸之路》一文，再次叙述了他在《海上丝绸之路》一文中的内容。[②]

从前面可以看出，我国国内最早明确提出海上丝绸之路这一概念应该是在《航运史话》中，但陈炎先生又明确说是他正式提出这一概念的。如果陈先生说得没错，那么，他一定是《航运史话》编写组成员并编写了相关内容，但在《航运史话》“参加编写工作的同志”中并没有出现陈炎先生的名字。在《航运史话》的前言《先给读者讲几句》中，编者写道：“从拟订提纲、写试写稿、直到多次修改、最后定稿，都得到我国各港航部门、有关高等院校、历史研究部门、文物考古部门以及图书资料部门的大力支持，各地许多单位和个人还寄来了许多信件和资料，给予我们很大帮助，使这项工作终于得以完成。”这里也没有明确提到陈先生，至于陈先生是否属于上述相关“部门”成员并与海上丝绸之路这一概念有直接关系，我们已不得而知。朱少伟在《海上丝绸之路》中提到了日本学者的研究，“显然，这篇文章受到了日本学者的影响。但我们不清楚朱少伟与陈炎之间是否受到相互的影响。”[③]因此，在我国学术界，到底是谁最先提出海上丝绸之路这一概念，可能还需更详细、准确的考证。

① 朱少伟：《海上丝绸之路》，《历史知识》1981 年第 6 期。

② 朱少伟：《古代海上丝绸之路》，《海洋》1982 年第 3 期。

③ 龚缨晏主编：《中国“海上丝绸之路”研究百年回顾》，杭州：浙江大学出版社 2011 年，第 105 页。

但毫无疑问的是，陈炎于 1982 年发表在《历史研究》上的《略论海上丝绸之路》一文对后来学术界的研究产生了很大的影响。

1991 年，陈高华在《海上丝绸之路》（《马克思主义历史观与中华文明》一书的一章）中对海上丝绸之路概念进行了概括：“海上丝绸之路，是指中国与世界其他地区之间海上交通的路线。……19 世纪下半期，德国的地理学者称中国与西方的陆上交通路线为丝绸之路，此说一出，很快便得到了国际学术界的公认。此后，有的学者又进而引申，称东西方海上交通路线为海上丝绸之路，也有一些学者根据海道贸易的特点称之为陶瓷之路，或香（药）瓷之路。20 世纪 80 年代，联合国教科文组织主持开展大规模的丝绸之路考察活动，把海上路线列为其中的一部分。这样，海上丝绸之路一名已为各国学术界广泛接受。”① 在这里，作者只是把海上丝绸之路概括为“中国与世界其他地区之间海上交通的路线”，而且主要借用了已有的对海上丝绸之路的说法。同年，陈高华等人出版了《海上丝绸之路》一书，书中第一次对“海上丝绸之路”进行了全面系统的阐述。书中写道：“中国的丝绸通过许多途径向世界各地传播，其中最重要的是两条大动脉。一条是经中国西北新疆地区进入中亚，然后到达西南亚的陆上丝绸之路；另一条是起自中国沿海港口，经过南中国海，进入印度洋，到达波斯湾和阿拉伯半岛的海上丝绸之路。此外，由中国港口出发，横渡黄海或东海到达朝鲜和日本的航路，可以称为海上丝绸之路的支线。”② 对海上丝绸之路概念的这种界定，虽然简短，却颇具高度和说服力。这部著作史料扎实，内容丰富，理论性很强，被誉为是研究海上丝绸之路的奠基之作。③

邓端本认为“海上‘丝绸之路’主要是指通过南海、马六甲海峡，进

① 陈高华：《海上丝绸之路》，载王戎笙主编：《马克思主义历史观与中华文明》，重庆：重庆出版社 1991 年，第 396-425 页。
② 陈高华、吴泰、郭松义：《海上丝绸之路》，北京：海洋出版社 1991 年，前言。
③ 龚缨晏：《中国“海上丝绸之路”研究百年回顾》，杭州：浙江大学出版社 2011 年，第 108 页。

而抵达印度洋、波斯湾、红海等地的海路。”[①] 曾昭璇在《岭南史地与民俗》中说：“本文对我国‘海上丝绸之路’采用狭义的说法，即把‘海上丝绸之路’看成是我国通向西亚的贸易航道的统称。具体说，凡与东南亚、印度半岛（包括斯里兰卡）、阿拉伯海沿岸地方的海路交通，都纳入‘海上丝绸之路’范围。因为这条海上贸易大道与‘陆上丝绸之路’性质相同，同为我国主要的外贸路线。”[②]

1996年，杨万秀在《广州简史》一书中对海上丝绸之路概念进行了比较系统的定义：“海上丝绸之路主要是指从中国南方沿海地区出发，经过南海、马六甲海峡、印度洋、波斯湾、红海等海域，抵达东南亚、南亚、西亚、欧洲、非洲等地的海上贸易交通线。它开始于秦汉时期。”[③] 他又作了进一步的阐述：“海上丝绸之路在地理大发现以前，主要是指通过南海、马六甲海峡，进而抵达印度洋、波斯湾、红海等地的海上贸易路线。它最早的起点是广州。15世纪末16世纪初的‘地理大发现’，引起了航海事业的大发展，为欧洲资本主义进行海外殖民掠夺提供了方便。他们为加速原始资本积累，扩大商品流通，占领海外市场，而千方百计地企图开拓中国市场。因此，在明、清两代，广州形成了四通八达的海运航线，海上丝绸之路开始向全球扩展。明代，据洪武三年（1370）设置泉州、宁波市舶司的规定：‘广州通占城、暹罗、西洋诸国’。嘉靖元年（1522）又规定：‘广东船舶往诸番，出虎头门，始入大西洋分东西两路，东洋差近，西洋差远’。由广州启航，经澳门出海，形成了三条与世界许多国家交往的航线。第一条航线是广州至东南亚各国航线。这条航线从广州出发，经由七洲洋，占城附近海面南下，穿过加里曼丹西部的卡里马塔海峡，再沿爪哇海岸航行而至锦石，然后穿过泗水海峡至巴厘岛。东行经过龙目岛、

① 邓端本：《广州与海上“丝绸之路”的兴起与发展》，载广州市国家历史文化名城发展中心、广州历史文化名城研究会、广州古都学会编：《论广州与海上丝绸之路》，广州：中山大学出版社1993年，第3页。

② 曾昭璇：《岭南史地与民俗》，广州：广东人民出版社1994年，第47页。

③ 杨万秀：《广州简史》，广州：广东人民出版社1996年，第42-43页。

松巴哇岛，东南折入松巴海峡，沿佛罗勒斯岛南面沿海航行，抵达帝汶岛。第二条航线是广州至欧洲航线。明以前，广州与欧洲的海上通商，多利用红海和波斯湾沿岸的海港，……正德十二年（1517）……从而开辟了欧洲直通广州的新航路，使断绝了100多年的中欧交通，得到了恢复。第三条航线是广州经菲律宾至拉丁美洲墨西哥航线。”在贸易货物中，“登流眉国（在今马来半岛）出产的沉水香‘气味馨郁，胜于诸蕃’。而海南岛沉水香的上品与登流眉的不相上下，其价格可同白金相比。广州是广南东路及其他一些地方食盐的主要集散地，盐市规模很大。食盐是政府专卖品。广州食盐集散办法主要有两种，一是由政府负责运输和售卖，称‘官般官卖’。转运司在产盐的广州东莞、新会两县从煮盐‘灶户’手中取得食盐后，向本路各州县（有时还包括邻近路州县）分发一定数量的食盐。各地政府将卖盐的收入用于本地财政。二是通商。宋朝印有一种买盐凭证‘盐钞’。当商人将政府需要的粮食及其他物品运至规定地点后，政府便发给盐钞。商人可持盐钞到广州领盐贩卖。当然商人也可以直接到广州向政府购盐贩卖。广州盐仓有专职管理人员，称‘都盐仓’。广州拥有岭南地区最大的米市。宋代广南东西路生产力水平还比较低，但因地广人稀，气候相宜，粮食自给有馀。广州聚集着众多长住居民和过往商客，又有便利的水陆交通，因此大批粮食从广州各属县，广南东路的其他州县和广南西路运至广州。这些粮食部分被广州本地消费，部分被转卖到别处。”①

黄顺力则认为：除“由南海起航的主干线之外，有的学者认为当时还有由东海（今黄海）起航至朝鲜半岛和日本的海上丝绸之路，以及中国丝绸经越南和缅甸从海路传播到印尼、印度而且也是传播到欧洲的另一条途径。”②

进入21世纪以来，学者继续对海上丝绸之路概念及分期进行再探讨。2002年3月1日，《人民日报》驻墨西哥记者张金江在《中墨友好交往的

①杨万秀：《广州简史》，广州：广东人民出版社1996年，第191-192页。
②黄顺力：《海洋迷思：中国海洋观的传统与变迁》，南昌：江西高校出版社1999年版。

历史见证》的报道中，从中墨关系史的角度认为："海上丝绸之路，是指中国和墨西哥之间在16世纪中期开辟的横渡太平洋的通商航路。16世纪20年代，墨西哥成为西班牙的殖民地菲律宾也被西班牙人占领。当时中国与南洋地区的贸易兴隆，中国货享有很高的声誉。西班牙人见有利可图，就开辟了菲律宾通往墨西哥太平洋沿岸阿卡普尔科的航线，以菲律宾为中转站，在中国和墨西哥之间做起了买卖。西班牙人的大帆船满载中国的丝绸、瓷器、珠宝、茶叶等商品，穿洋过海到达墨西哥。中国商品在墨西哥非常受欢迎，当地人把这些运载中国货的大帆船称为'中国之船'。……中菲墨之间的海上丝绸之路给阿卡普尔科带来繁荣，使它从一个小渔村变成当时世界闻名的国际贸易港。这条海上丝绸之路一直连续兴旺了250年。"① 在这里，作者是为了表达中墨关系而借用的海上丝绸之路这一概念和历史，具有明显的地域性特征。这里所说的海上丝绸之路只是指三条海上丝绸之路的一条航线，即中国通往美洲的航线。

2003年，赵春晨出版了他的论文集《岭南近代史事与文化》，其中《关于"海上丝绸之路"概念及其历史下限的思考》一文对海上丝绸之路这一概念进行了厘清，对其历史下限进行了探讨。作者通过对国内学者关于海上丝绸之路概念的罗列后，认为人们对海上丝绸之路概念的理解虽然有相同之处，但也并非完全一致，存在着一定的差异，这些差异使得海上丝绸之路概念的涵义显得有些模糊不清，不免给人以莫衷一是之感，此点已在国内外学术界引起一些学者的质疑。因此，作者认为有必要对海上丝绸之路这一概念的涵义作出科学的界定。要对海上丝绸之路概念作出一个科学的界定，就必须把握住构成这一概念的一些最基本的要素。作者认为，海上丝绸之路这一概念至少应具备以下四点：一是"海上"，即它是通过海洋的贸易和交通线。二是贸易商品，即丝绸。海上丝绸之路之所以得名，而不谓之其他什么之路，当然与丝绸贸易有关。三是贸易者，海上丝绸的贸易者只能与中国相关，海上丝绸贸易的开辟者是中国，古代海上丝绸贸

①张金江：《中墨友好交往的历史见证》，《人民日报》2002月3月1日第5版。

易的起点和支配方亦是中国。因此，海上丝绸之路应专指中国与海外国家及地区之间的贸易和交通道路，而不能脱离开中国这个主体，泛化为整个东方世界与西方间的海上贸易道路。与中国无关的东方其他国家和地区之间以及它们同西方的交通道路和贸易关系，不应列入海上丝绸之路的范围。四是贸易的性质，人们通常所说的海上丝绸之路，不仅是指中外之间海上航行和贸易往来的道路，而且还是指在古代长期存在的特定性质的中外间的贸易和交往关系。这种贸易和交往关系与古代中国的社会状况以及中外关系的性质相联系，可以说是古代中国人对海洋、对海上贸易乃至对整个海外世界的认识与应对方式的体现。这种传统性质的中外贸易与来往模式只存在于中国古代社会，与近现代的中外贸易关系有着性质上的不同。正是基于上述四点认识，作者认为，海上丝绸之路概念的涵义应当界定为："它是以丝绸贸易为象征的、在中国古代曾长期存在的、中外之间的海上交通线及与之相伴随的经济贸易关系。"[①] 这种对基本概念的探究，有助于我们深入理解和研究海上丝绸之路。

2004 年，全洪在《广州出土海上丝绸之路遗物源流初探》一文中认为，海上丝绸之路是个代词，泛指海上交通，与国外的交往不仅限于丝绸贸易，还有陶瓷、茶叶等商品。其航线在不同的时期会不相同，不同时期贸易的货物也会有所不同。有关古代广州港的发生、发展概况，众专家学者从地理条件、历史背景、造船技术等方面进行多方论证，还有文章和书籍介绍广州出土的与海上交通贸易相关的文物，以为广州是海上丝绸之路始发港的佐证。[②] 广州是我国最早最大的港市，海上丝绸之路分为两路，一路由广州出发，经南洋同东南亚和印度洋沿岸各国通商，是中国同印度、古希

① 赵春晨：《岭南近代史事与文化》，北京：中国社会科学出版社 2003 年，第 393-401 页。此文曾发表于《学术研究》2002 年第 7 期。

② 这些佐证主要包括：麦英豪：《汉代番禺的水上交通与考古发现》，载陈柏坚主编：《广州外贸两千年》，广州：广州文化出版社 1989 年版；广东省文物管理委员会等编：《南海丝绸之路文物图集》，广州：广东科技出版社 1991 年版；香港博物馆编：《南海海上交通贸易二千年》，香港：香港市政局 1996 年版。——此为作者原注。

腊、罗马以及埃及等国进行经济文化交流的海上通道。另一路从长江口岸出发，东可达日本、朝鲜半岛。唐代广州更成为东方第一大港，率先设立市舶使，是世界上香料和药品的最大港口。[①]作者对已有的材料进行梳理，探讨了部分能够确认以及比较公认的舶来品属于哪个国家或地区的产品，又是通过什么途径和路线传到中国，从而深化对海上丝绸之路的认识。

当然，也不乏学者为了自身研究对象的需要，对海上丝绸之路的概念进行界定和讨论。刘汉东在《海上丝绸之路与中西文化交流的关系》中认为，“海上丝绸之路主要是指通过南海、马六甲海峡进而抵达印度洋、波斯湾、红海等地的海上交通贸易航线，岭南地区特别是广州成为出发的中心地区。早在秦汉时期，番禺（今广州）已是犀牛、象牙等物的集散中心，……可见广州进行海外贸易的巨大规模。此后历代朝廷都重视与东南亚的交往，引起了广州外贸商务的繁荣，从东南亚各地运来的贵重物品多从广州、交州进口，中国的货物亦从此处出口。”[②]作者还认为广州是最早出口丝绸的地方。接着，作者讨论了海上丝绸之路上的物质文化的交流，海上丝绸之路上的宗教、信仰、观念意识方面的交流，以及由于通过海上丝绸之路所实现的中外文化交流，使岭南地区各阶层的变化不仅包括各种科技知识的丰富，还包括在观念、意识、认识论、价值系统和思维方式等方面。[③]在这里，很明显地看出作者出于自己论述的需要，把海上丝绸之路局限于南海的海上丝绸之路。

李英魁在《试论宁波“海上丝绸之路”兴起的历史上限》中，认为海上丝绸之路是“泛指东西方通过海洋进行贸易活动的通道。一般说来主要是泛指亚欧两洲进行贸易的海洋通道，宁波、杭州等港口通往日本、高丽

---

① 全洪：《广州出土海上丝绸之路遗物源流初探》，载广东省文物考古研究所、广州市文物考古研究所、深圳博物馆编：《华南考古 1》，北京：文物出版社 2004 年，第 138-146 页。

② 刘汉东：《海上丝绸之路与中西文化交流的关系》，载赵春晨、何大进、冷东主编：《中西文化交流与岭南社会变迁》，北京：中国社会科学出版社 2004 年，第 16-17 页。

③ 刘汉东：《海上丝绸之路与中西文化交流》，北京：中国社会科学出版社 2004 年，第 16-31 页。

等国的航道，自然是其不可分割的组成部分”。其性质是“人类社会进入文明社会后国家与国家（包括国家的某一地区对另一国家某地区）商业贸易和政治、文化交流的海上通道，而发生于文明社会前的贸易与‘东西方文明对话’无关，不属‘海上丝绸之路’范畴。”[①] 这里作者只是为了讨论宁波与海上丝绸之路的关系，因此其界定范围也局限于与宁波相关区域范围，而且作者对于所谓不属于海上丝绸之路范畴的内容也值得商榷。

以上这种表面看来是研究者们为自己服务的地区争取话语权的做法，可能不是科学的严谨态度，而且为学术研究的某些不良倾向以及急功近利化的某些做法会带来不良影响，这一点在后来关于所谓的中国古代“海上丝绸之路始发港”的争论和争夺中体现得最为明显。

还有学者对海上丝绸之路进行了形象的概括。邓炳权在《“海上丝绸之路”上的几处中国南方港口（摘登）》中对海上丝绸之路的概念和起点进行了讨论。作者认为，“海上丝绸之路，即古代沟通中外的远洋航线。作为远洋航线，它是远程的而不只是近邻的，国际的而不是国内的，经常性的而不是偶发性的。它最初由丝绸等贸易而起，当然不限于丝绸，中晚唐起陶瓷上升至出口货物之首位，便有人称陶瓷之路；清代茶叶上升至首位，也有人称丝茶之路，实质上都是一回事。但丝绸出口贯串始终，称丝绸之路可以涵盖全体，且更形象，更具浪漫色彩，而且已被广泛接受。但也不限于交通贸易，它实际上促进了东西方经济文化交流，是友谊之路、文明传播之路。作为一个美称，它是和平的而不是暴力的，平等友好的而不是欺压掠夺的。因此，海上军事活动应不在此范围，只能算是海上活动。所以对各种海上活动的统称，从唐代韩愈撰《南海神广利王庙碑》起则有海事之名。”[②]

杨宏烈则在《广州泛十三行商埠文化遗址开发研究》中借用《广州日报》

---

① 李英魁：《试论宁波“海上丝绸之路”兴起的历史上限》，《东方博物》2004年第4期。

② 邓炳权：《“海上丝绸之路”上的几处中国南方港口（摘登）》，载中国人民政治协商会议文史资料委员会、北海市委员会文史资料委员会编：《北海文史 第18辑 合浦与海上丝绸之路》，2004年8月。

“前沿大讲坛”的提法，认为：“‘丝绸之路’是个雅称，特指古代东西方物质文明与精神文明之间的交通、贸易、文化交流的途径及其形成的有形或无形的历史文化时空网络。……‘丝绸之路’先以中国丝绸由陆上出使西域贸易成功开始，后以中国瓷器海上贸易远销重洋为主要途径；它是一个有‘泛指’意义的词汇，一个富有历史浪漫主义美感和想像力的词汇。”①

自1967年日本学者三杉隆敏首次使用“海上丝绸之路”这一概念后，1969年，日本学者三上次男在其出版的《陶瓷之路》中，把古代连接东西方的海上航路称为“陶瓷之路”。②这个概念后来也为大陆学者所接受。1984年，王建辉在《求索》上发表《“海上丝绸之路”应称为“瓷器之路”》一文，作者认为“（海上丝绸之路）这种称法不甚适合，应称之为‘瓷器之路’。”其原因主要有二：第一，“丝绸不是导致海上通道大畅的经济动力，因为丝绸主要产于远离海道的中国北方……瓷器输出便成为海上交通线发展繁荣的经济推动力，可以说古代海道在唐代的正式开辟，完全是瓷器输出的功劳。”第二，“在唐代，中国南方和沿海的经济有很大发展，瓷器的发展速度超过了丝绸，在海外销路很广。……因此，只有将这条海道定名为‘瓷器之路’，才能正确评价瓷器和丝绸的不同历史功绩，也才能正确阐明中华民族对于世界文明所作的贡献是丰富多彩的。”③在这里，王建辉的观点是否受到了三上次男的影响，我们不得而知。这种观点对于我们深化对海上丝绸之路的概念具有一定的意义，但也有人对文章的观点提出了质疑。④

此后，海上丝绸之路的概念在国内学术界出现了较多的讨论。有学者

①杨宏烈：《广州泛十三行商埠文化遗址开发研究》，广州：华南理工大学出版社2006年，第1页。

②三上次男：《陶瓷之路》，胡德芬译，天津：天津人民出版社1983年，第251页。

③王建辉：《“海上丝绸之路”应称为“瓷器之路”》，《求索》1984年第6期。

④黄启臣：《广州海上丝绸之路的兴起与发展》，载广东省人民政府外事办公室、广东省社会科学院编：《广州与海上丝绸之路》，广州：广东省社会科学院1991年版。

把古代东西方的贸易航路称为“香料之路”。[①]也有人认为，这条海上航路应称为“丝瓷之路”（亦作海上“瓷器之路”或“瓷茶之路”）。[②]陈佳荣则认为:“古代中西海上通道常被称为‘海上丝绸之路’，此名不够贴切，容易使人对唐代以后海外贸易的实际情况产生误解。由宋迄清，海路交通在中外交往中渐居首要地位，而进出口商品则分别以香料、陶瓷为大宗。因此，对古代之中西海路之形容，宜用‘香瓷之路’或‘丝瓷之路’。”[③]2012 年吴小凤出版了《宋明广西海上陶瓷之路研究》一书，介绍了广西陶瓷考古发现情况，总结和阐述了广西古代陶瓷生产的质和量及其外向型特征，论述了广西航运网络与区域陶瓷文化的关系及广西陶瓷生产与海上陶瓷之路的关系。[④]作者在这里纯粹讨论的是广西古代陶瓷的生产与海外贸易情况，并认为它是海上丝绸之路的重要组成部分，并没有用“陶瓷之路”概念代替“海上丝绸之路”概念的想法，因此，此“陶瓷之路”非彼“陶瓷之路”。

此外，还有人把中国与日本之间和海上航线称为“书籍之路”。王勇在《“丝绸之路”与“书籍之路”——试论东亚文化交流的独特模式》中认为，“丝绸之路”最初是西方人针对东西方贸易路线提出的术语，不能无节制地套用于世界其他区域间的文化交流。若从东方人的立场对古代东亚（尤其是中日）文化交流史进行考察，可以发现，东亚文化交流无论在内容、形式还是在意义、影响等方面，均有别于“丝绸之路”，故应倡导“书籍之路”的概念。较之“丝绸之路”概念，“书籍之路”更能贴切地概括东

① 国内学者较早使用这一术语的是叶文程，他在《宋元时期泉州港与阿拉伯的友好交往——从“香料之路”上新发现的海船谈起》中写道：“由于中阿海上交通主要是以运销香料闻名，便被人们誉称为‘香料道’或‘香料之路’。”（叶文程：《宋元时期泉州港与阿拉伯的友好交往——从“香料之路”上新发现的海船谈起》，《厦门大学学报》（哲学社会科学版）1978 年第 1 期。）

② 廖渊泉、黄天柱、郑焕章：《海上“丝瓷之路”》，《航海》1982 年第 1 期。

③ 陈佳荣：《古代香瓷之路刍议》，载《中国与海上丝绸之路论文集》，福州：福建人民出版社 1991 年，第 17-19 页。

④ 吴小凤：《宋明广西海上陶瓷之路研究》，南宁：广西人民出版社 2012 年版。

亚文化交流的模式。[①]贺宇红在《宁波与中日“海上书籍之路”》中也认为，在隋唐之前，书籍主要是通过朝鲜半岛传入日本；随着“海上书籍之路”的兴起，作为传播中介的朝鲜半岛虽然还在发挥作用，但事实上书籍传播的途径，已由间接转向直接，由陆路转向水陆，宁波港作为“海上书籍之路”始发港之一日渐显示出它的特殊地位，在书籍向日本流入过程中承担了极其重要的角色。[②]这些讨论对于我们深入理解海上丝绸之路都具有积极作用，但在名称上是否有必要纠缠还值得思考。

对于以上不同的争论观点，有学者表示可以接受。张难生、叶显恩在《海上丝绸之路与广州》一文中认为：“唐末以后，中国大量陶瓷经过这一海上商路源源不断地运往南海和印度洋沿岸各地，所以又有人称之为‘陶瓷之路’。到了清代雍乾时期，茶叶又取代丝、瓷成为主要输出商品，若称此商路为‘茶叶之路’亦未尝不可。总之，‘丝绸之路’‘陶瓷之路’皆是商道的代称。”[③]

但是，更多的学者对于以上名称的争论持反对态度。早在 20 世纪 90 年代初就有学者对其他名称提出过质疑，“近年有些史学家认为海上中西直接通航和海上‘丝绸之路’的最终形成，是距东汉 400 年后的‘唐代正式开辟，主要是用于瓷器输出’，因而‘海上丝绸之路’应称‘瓷器之路’。这种观点，我们不敢苟同。”[④]

我国著名学者刘迎胜教授在他的《丝路文化（海上卷）》中明确指出：“如果把（丝绸之路）名称改为‘香料之路’或者‘瓷器之路’，反而

① 王勇：《“丝绸之路”与“书籍之路”——试论东亚文化交流的独特模式》，《浙江大学学报》（人文社会科学版）2003 年第 5 期。

② 贺宇红：《宁波与中日“海上书籍之路”》，载宁波“海上丝绸之路”申报世界文化遗产办公室、宁波市文物保护管理所、宁波市文物考古研究所编著：《宁波与海上丝绸之路》，北京：科学出版社 2006 年，第 310-320 页。

③ 张难生、叶显恩：《海上丝绸之路与广州》，载广东省人民政府外事办公室、广东省社会科学院编：《广州与海上丝绸之路》，广州：广东省社会科学院出版 1991 年，第 18 页。

④ 黄启臣：《广州海上丝绸之路的兴起与发展》，载广东省人民政府外事办公室、广东省社会科学院编：《广州与海上丝绸之路》，广东省社会科学院 1991 年版。

限制了这个项目（指联合国教科文组织自1987—1997年实施的‘丝绸之路考察’十年规划项目）自身的含义。能够涵盖古代东西方之间物质、文化交流的丰富内容，而且又为世界各国学者所接受的，唯有‘丝绸之路’这个词。”①

王连茂、丁毓玲在《福建海上丝绸之路研究的思考》中也强调：“自上个世纪德国学者用‘丝绸之路’的概念来称呼公元前后由中国通往西域的著名商道以来，日本学者又于本世纪60年代提出‘海上丝绸之路’的名称以区分于陆上丝路。尽管有些学者更喜欢用各自不同的提法，如‘丝瓷之路’‘香料之路’‘陶瓷之路’‘香瓷之路’等，来命名中世纪东西方的海上交通。但‘海上丝绸之路’这一提法依然被学术界所普遍接受。尤其是1987年联合国教科文组织将‘丝绸之路研究项目’列入‘国际文化发展十年规划’，并发起规模空前的‘海上丝绸之路’综合考察活动，这一称呼越发变得时髦和无可替代。”②

陈达生在《中国海上丝绸之路研究的策略》中更进一步认为：“有的学者提议，应当以‘海上陶瓷香料之路研究’替代‘海上丝绸之路研究’，因为通过海路进行的国际贸易是以西来的香料和东去的陶瓷为主，并且在世界各地留下了丰富的遗物。从历史考古学的观点来看，这个意见是有道理的。但是，他们只是把这项研究单纯看成是对古代海外交通史或海上中外关系史的研究，却又是不全面的。今天所谓的‘海上丝绸之路研究’仅仅是借用已经被世界各国人民所认识并接受的、贯穿东西的陆上丝绸之路的名义作为研究题目。联合国教科文组织于1987年把‘丝绸之路综合研究’正式列入‘联合国教科文组织国际文化发展十年规划’的重要组成部分，旨在推动东西方全方位的对话与交流，促进世界和平。联合国教科文组织对该项目的正式命名是‘丝绸之路——对话之路综合研究’，并在世界范

① 刘迎胜：《丝路文化（海上卷）》，杭州：浙江人民出版社1995年，绪论，第7页。
② 王连茂、丁毓玲：《福建海上丝绸之路研究的思考》，载陈达生、王连茂主编：《海上丝绸之路研究（1）——海上丝绸之路与伊斯兰文化》，福州：福建教育出版社1997年，第206页。

围开展了一系列的活动，受到各国政府、人民和学术界的欢迎和支持。所以，‘海上丝绸之路研究’实际上涉及人类通过海洋进行的种种国际性交往，其中包含交通、经济贸易、国家关系、政治、科学、文化、宗教、历史地理等方方面面，其领域之广泛、内容之丰富，无法一言以蔽之。”[①] 后来，陈达生在《福建省海上丝绸之路研究十年》中更加丰富了海上丝绸之路这一概念，他认为：“‘海上丝绸之路研究’是借用已被普遍认同的、连接东西方的海上通道的名义作为研究题目。它涉及人类通过海洋进行的种种国际性交往，其中包含航海交通、经济贸易、国家关系、政治、科学、技术、文化、宗教、历史、地理、移民等方面，其领域十分广泛，内涵极为丰富，是一门跨学科综合性的研究。[②]

我们也认为，丝绸之路及海上丝绸之路这些提法已经为学术界广泛接受，而且也知道其含义并非只限于“丝绸”的中外贸易，因此完全没有必要对这一概念进行篡改。

正如有人指出的那样：“其实，无论是丝绸、瓷器、茶叶，还是香料、书籍，都仅仅是古代中国与海外各国进行海上贸易的诸多商品中的一种，除这些商品外，我们还可以列举出许多，如钱币、刀剑、玻璃、大米等。而且，在不同的时代，针对不同的区域，中外海商所贩运的主要商品是不同的。因此，根本不可能用某一种商品来全面地概括古代中国与海外各国的海上往来，正如‘丝绸之路’也不能完美地概括东西方之间的陆上交通往来一样。由于‘丝绸之路’已经成为表示东西方陆上交通路线的约定俗成的概念，所以，将此概念移植到海上交通线上，把古代中国与海外各国的海上航线称为‘海上丝绸之路’，也是完全可以的。我们认为，没有必要放弃‘海上丝绸之路’这个约定成俗的概念，而且，也不可能提出一个

---

① 陈达生：《中国海上丝绸之路研究的策略》，载潮汕历史文化研究中心、汕头大学潮汕文化研究中心编：《潮学研究》（第 3 辑），汕头：汕头大学出版社 1995 年，第 292 页。

② 陈达生：《福建省海上丝绸之路研究十年》，载陈达生等主编：《海上丝绸之路研究 2——中国与东南亚》，福州：福建教育出版社 1999 年，第 15 页。

能够被所有人接受的新概念来取代‘海上丝绸之路’这个概念。经过30多年的使用，‘海上丝绸之路’已经成为一个被普遍接受的概念了。”①

从前面学者们对海上丝绸之路概念的讨论中，我们可以明显看出他们在界定这一概念时有以下几种趋向：第一，以整个海上丝绸之路作为界定对象，着眼于古代中国海上贸易和海外交流的全局。这种观点在前面所述的陈炎、陈高华、赵春晨、刘迎胜、王连茂、丁毓玲、陈达生、黄顺力等人关于海上丝绸之路概念的界定中体现得很明显。作为一个完整的概念或研究范畴，这些观点显然更具普遍性，它们实际上已经基本囊括了我国学术界对海上丝绸之路这一概念的主干内容，基本上代表了我国学术界对海上丝绸之路这一概念的理解。

第二，表面以整个海上丝绸之路为界定对象，实际上只是为区域性甚至个别城市的地位而论证服务。如很多学者只是强调经过南海的海上贸易与文化交流路线，如邓端本、曾昭璇、杨万秀、全洪、刘汉东等学者，表面看他们都是在为海上丝绸之路的概念进行界定，但实际上他们都是论证南海作为古代中国的海上丝绸之路的地位，其最终目的又往往是为了论证广州是古代中国海上丝绸之路的最重要港口。再如李英魁对海上丝绸之路的界定，虽然看似着眼全局，但实则是为论证宁波的地位服务。当然，更有直接用自己所需要讨论的地区来涵盖整个“海上丝绸之路”的做法，如张金江关于中墨友谊的报道。

第三，对海上丝绸之路概念进行标新立异的“再创造”，如上面提到的“瓷器之路”“丝瓷之路”“香料之路”“陶瓷之路”“香瓷之路”等。这些提法虽然具有一定的道理，但它们也同样不能令学术界完全信服。它们反对用海上“丝绸之路”作为整个东西方海上交通与贸易的代名词，认为“丝绸”不足以代表整个东西方海上贸易全部内容，然而，如果用这些标新立异的名称去代替整个古代中国海上贸易与交流，不仅可能更不能令

① 龚缨晏主编：《中国“海上丝绸之路”研究百年回顾》，杭州：浙江大学出版社2011年，第106页。

人信服，而且可能会造成更大的混乱，与其如此，还不如沿用至今仍得到大家认可的“丝绸之路”这一概念。

还需要指出的是，提到海上丝绸之路这一概念时，学术界对它的书写是比较混乱的，有些学者在它上面加上了引号，有些学者又没有加；加引号的又有不同的写法，有的写成“海上丝绸之路”，有的写成海上“丝绸之路”。其实，笔者认为，海上丝绸之路作为学术研究的分支领域，已经普遍被学术界接受，因此，没有必要再加上引号以示提示或者强调，就像江南经济史或者中国古代交通史一样，没有必要加上引号写成“江南经济史”或者“中国古代交通史”。

第二节　关于海上丝绸之路的开辟时间及分期

与海上丝绸之路概念紧密联系的是海上丝绸之路开辟的时间及其分期问题。

1982 年，陈炎在《略论海上丝绸之路》中，比较系统地对海上丝绸之路进行分期。作者把海上丝绸之路划分为三个时期：形成时期（唐代以前）、发展时期（唐宋时期）和极盛时期（元、明、清时期），并分别勾勒不同时期我国丝绸向海外传播的基本轮廓。作者分析了每个时期中国丝绸通过东海（今黄海）起航线的外传和通过南海起航线的外传两条主要方向，到极盛时期，除了这两条主要方向外，还新出现中国丝绸通过马尼拉外传到美洲的航线。[①]同年，陈炎在《古代浙江在海上“丝绸之路”中的地位：兼论浙江历代的海外丝绸贸易》中认为：“唐、五代是我国对外丝绸贸易从陆路转向海路的历史时期，也是海上丝绸之路开始发展的时期。”两宋时期是“浙江丝绸大量外传的开始，也说明了丝绸在发展海外贸易中所占

① 陈炎：《略论海上丝绸之路》，《历史研究》1982 年第 3 期。

的地位和所起的作用”。到元代，浙江是元朝市舶司最多，也是最集中的地区。到明代，浙江的海外丝绸贸易达到极盛。在浙江与海外贸易中，特别是到了明朝，“丝绸不仅是海外贸易的主要商品，而且也是外交上用作联系各国友好往来的纽带。从这一意义来说，郑和下西洋是我国‘丝绸外交’的一次伟大胜利，标志着海外丝绸贸易已经进入最高潮，海上丝绸之路已经发展到鼎盛时期。”①

1984 年，朱少伟在《古代海上丝绸之路》中认为海上丝绸之路起源于西汉，在唐代达到了繁盛。②

1991 年，陈高华在《海上丝绸之路》中对海上丝绸之路概念进行界定后，对海上丝绸之路的阶段进行了划分。陈高华把海上丝绸之路划分为六个阶段。第一阶段，海上丝绸之路的准备阶段。春秋战国时期（公元前 8 世纪—前 3 世纪）是我国历史上一个巨大变革的时期，社会生产力有巨大的进步，社会生活各方面都发生剧烈的变化。濒海地区的政权如齐、越、吴等，都积极发展造船业，它们拥有多达数百艘的船队，用于运输，有时也用于战争。种种迹象表明，在这一时期（当然也可能更早），中国东部地区与朝鲜半岛以及日本列岛已经通过海道发生接触，中国南部地区也有可能开始了与海外地区的联系。这一时期可以称为海上丝绸之路的准备阶段。第二阶段，从秦汉到魏晋南北朝（公元前 221—公元 589 年）可以称为海上丝绸之路的形成阶段。从秦汉到魏晋南北朝时期，我国的海上贸易和海外活动一直没有停止，而且形成了两条航线：由中国出发向西延伸的海上航线可称为南海航线，是海上丝绸之路的主线；与此同时，还存在由中国向东前往朝鲜半岛和日本列岛的海上航线，可以称为东海航线，在海上丝路中占次要

---

① 陈炎：《古代浙江在海上“丝绸之路”中的地位：兼论浙江历代的海外丝绸贸易》，《杭州商学院学报》，1982 年第 4 期。后来此文选入杭州商学院学报编辑室编：《浙江商业史研究》，杭州：商学院出版社 1982 年版，并收入作者修订版文集《海上丝绸之路与中外文化交流》，北京：北京大学出版社 2002 年第二版。

② 朱少伟：《古代海上丝绸之路》，《海洋》1982 年第 3 期，后载入中国海洋学会科普委员会编：《海洋科普文选》，北京：海洋出版社 1985 年，第 207 页。

地位。第三阶段，隋唐五代（公元589—公元960年）时期是我国海上丝绸之路的繁荣时期。这一时期，海上丝绸之路迅速发展，出现了前所未有的繁荣。海外贸易和交流活动频繁，从海道进入中国也是佛教传入中国的一条重要途径，同时，海上丝绸之路的繁荣还带来了海港的繁荣。第四阶段，在宋、元和明代前期（公元960—公元1435年），海上丝绸之路的发展到了顶峰，可以称为鼎盛时期。宋元时期，国家积极提倡和鼓励海外经济文化交流，我国海上航线取得了重要的成就，其突出表现为：①对大食诸国（元代的“回回田地”）和东非地区有更多的接触和了解；②与菲律宾群岛开始发生联系；③海上航线所及地区远比前代为多。以印尼群岛为例，前代与中国有交往的，主要限于苏门答腊岛和爪哇岛，到了宋元时期，则已遍及加里曼丹岛、帝汶岛和马鲁古群岛等处。其他如马来半岛、印度次大陆、阿拉伯半岛也是一样。例如，波斯湾内伊斯兰教圣地麦加，在南宋时期开始见于中国的文献记载。明初郑和下西洋，是海上丝绸之路上发生过的最辉煌的成就。郑和下西洋这样持久的、大规模的航海活动能够顺利进行绝不是偶尔的，它是海上丝绸之路形成和发展的结果，是长期以来中国人在航海事业中积累了丰富经验的结果，而当时中国科学技术的进步和农业、手工业的发达则为此提供了良好的物质条件。第五阶段，从明朝中期开始，海上丝绸之路趋于衰落。由于明代实行海禁政策和外国殖民者的入侵，进入19世纪以后，在对马来半岛与印尼诸岛的航业上，中国海商已沦为荷、英东印度公司的中介人与附庸，对菲律宾群岛的贸易也不断减少，失去了长期以来的主导地位。去日本的商船也逐年递减。在本国封建专制政府和西方殖民者的双重压迫下，中国人以海外贸易为主的海上活动，在鸦片战争以前，已呈现一蹶不振的颓势。第六阶段，海上丝绸之路的余波（16—19世纪初）。作者认为，就在原有的海上丝路日趋衰落、西方殖民者横行海上之时，出现了一条奇特的新航线。在16世纪，一方面，中国与菲律宾列岛之间的传统贸易关系在明朝政府开放海禁以后迅速得到发展， 另一方面，由于“地理大发现”的结果，西班牙人接连将拉丁美洲大部分地区和菲律宾群岛变为自己的殖民地。与此同时，也就开辟了沟通菲律宾群岛与墨西哥的太平洋航路。当时菲律宾的生产比较原始，资源未开，殖民者很自然便看中了中国的商品，他们把菲律宾群岛作为中转的基地，利用传统的中菲贸易，将中国出产的丝绸和其他商品，通过太平洋航路，转运到拉丁美洲。这样，便逐步形成了中国（漳州、月港、广州）——菲律宾群岛（马尼拉）——墨西哥（西岸阿卡普尔特港）的贸易路线。从菲律宾群岛驶往阿卡普尔特的商船主要载运中国出产的丝绸，因而被拉丁美洲人民称为“丝船”或“中国之船”。这些丝绸制品由阿卡普尔特转销拉丁美洲内地，有一部分还转销欧洲。商船由拉丁美洲返回时，装载当地出产的白银，用来作为购买中国丝绸之用。这种贸易实际上是丝银贸易，对于拉丁美洲、菲律宾群岛以及中国的社会经济都产生了巨大的影响，这也可以说是中国与拉丁美洲经济联系的开端。与太平洋航路有关的是，拉丁美洲出产的花生、烟草、番薯、土豆、玉米等经过菲律宾相继传入中国，时间大致在十六七世纪。这些农作物的传入可以说使中国农业生产发生了一场革命，其作用是极其深远的。在清初，实行海禁和迁海，曾使丝绸出口一度衰落，但开禁以后很快得到恢复。这条航线的丝银贸易继续了 200 余年， 在 19 世纪初才告终止。太平洋新航路与历史上的海上丝绸之路在性质上是有区别的，但两者之间存在一定的渊源关系，可以称为海上丝绸之路的余波。由此可以看出，作者把海上丝绸之路的下限时间界定于鸦片战争前，而中国与拉美之间这条特殊的航线则只是当时特殊环境下海上丝绸之路的余波。①

1991 年，陈高华等的《海上丝绸之路》一书出版。该书是前述文章的继续和深入研究，它以丰富的内容、翔实的史料，向人们介绍了海上丝绸之路的产生、发展、鼎盛和衰落，并围绕着海上丝绸之路，叙述了古代中国和海外诸国在经济、政治、文化等方面的联系，以及一些海外国家的风土、人

① 陈高华：《海上丝绸之路》，载王戎笙主编：《马克思主义历史观与中华文明》，重庆：重庆出版社 1991 年，第 394-425 页。

情，使人们对海上丝绸之路在中国对外关系史上的地位有一个全面的了解。该著作第一次系统地研究了海上丝绸之路从兴起到衰落的发展史。作者认为，先秦至汉代是海上丝绸之路的开辟时期，魏晋至唐、五代是海上丝绸之路的持续发展时期，宋元是海上丝绸之路空前繁荣的时期，明代是海上丝绸之路由盛转衰的时期，清代是海上丝绸之路的停滞与逐渐衰落时期。①

曾昭璇认为，古代海上丝绸之路起源于先秦时代，结束于明代以前，即明初郑和航海以前。②黄家蕃、莫根远、张九皋在《南海“海上丝绸之路”始发港徐闻、合浦的形成条件》中，通过对南海海上丝绸之路航线时程与沿线各国的考证，探讨了古徐闻、合浦的交通和资源条件，认为“二港的形成不应始于汉武帝平南越国之后，而应在此之前”。③在这里，作者为了论证徐闻、合浦是南海海上丝绸之路的始发港，把海上丝绸之路的开辟时间定在汉武帝之前。

1995 年，刘迎胜在《丝路文化（海上卷）》中，系统地探讨了海上丝绸之路的产生、发展过程、海上丝绸之路上的文化交流、海上丝绸之路的鼎盛及其衰落。该著作从宏观和整体的角度，高屋建瓴而又系统完整地论述了中国海上丝绸之路，这是我国学者研究海上丝绸之路的重要著作，它不仅摒弃了一些学者对个别沿海港口城市的片面强调，力图评价得公正客观，充分显示出一位杰出历史学家的睿智和胸怀，而且史料翔实准确，充分显示出作者深厚的学术功力。因此，该著作在海上丝绸之路研究史上占有重要的地位。④

进入 21 世纪以后，学术界对海上丝绸之路的开辟时间及其分期的讨论仍然在持续。阮应祺在《海上丝绸之路沿线的湛江主港口》中认为：“海上丝绸之路的开辟真正见于官方史书记载是在汉代。汉武帝元鼎六年（公

---

① 陈高华、吴泰、郭松义：《海上丝绸之路》，北京：海洋出版社 1991 年版。
② 曾昭璇：《岭南史地与民俗》，广州：广东人民出版社 1994 年，第 47 页。
③ 黄家蕃、莫根远、张九皋：《南海“海上丝绸之路”始发港徐闻、合浦的形成条件》，载李建生、陈代光主编：《南海“海上丝绸之路”始发港——雷州城》，北京：海洋出版社 1995 年，第 16 页。
④ 刘迎胜：《丝路文化（海上卷）》，杭州：浙江人民出版社 1995 年版。

元前 111 年）设郡县于南越，郡治所在‘番禺（今广州）亦其一都会也，……成为当时海外贸易的中心’。岭南的海外交通和海外贸易迅速发展起来，海上丝绸之路由此而闻名于世。……史书记载这条海上丝绸之路所涉及的各个古地名虽经许多中外学者考证，还未能取得完全一致的意见，但对航行所经过国家与地区的认识却比较一致。这就是说，早在汉武帝时代，中国海船就从当时最南的郡县日南，或雷州半岛的徐闻、合浦出发，带了大批的黄金和丝织品（杂缯），经过今天的越南、泰国、马来西亚、缅甸等地，远航到印度洋东海岸的黄支国，去换取珍珠、宝石等物产，然后，从斯里兰卡途经新加坡返航。这是中国丝绸作为商品外传到上述国家的最早记录。这条为丝绸贸易而开辟的海上航路，就是我们通常所说的海上丝绸之路。……1840 年的鸦片战争，使中国进入了一个与前大不相同的时期，传统的古代海上丝绸之路历史也划上了句号。”①

赵春晨在《关于“海上丝绸之路”概念及其历史下限的思考》中认为：“‘海上丝绸之路’在明朝中叶以后和清代前期已经衰落，并逐渐被西方的殖民贸易所替代，‘海上丝绸之路’的历史下限是作为古代、近代中国历史分界的鸦片战争。鸦片战争后，中国进入近代时期，中西之间的海上交通和贸易，已被纳入不平等条约体系之中，成为隶属于世界资本主义经济贸易关系的一部分，古代那种‘海上丝绸之路’不复存在了。”②

林士民、沈建国在《万里丝路——宁波与海上丝绸之路》一书中，主要从宁波的角度出发，对海上丝绸之路进行了七个时期的划分。第一时期，海上丝绸之路的启蒙期。主要是古越文化的交往……河姆渡先民所创造的稻作农业文明，通过海上原始工具或陆路，先后向周边诸国传播，成为亚洲稻作农业的发源地之一。第二时期，海上丝绸之路开通期。主要是吴越

---

① 阮应祺：《海上丝绸之路沿线的湛江主港口》，载中国人民政治协商会议湛江市委员会学习文史委员会编：《湛江文史》（第 19 辑），湛江：广东省湛江市人民印刷总厂 2000 年，第 152 页。

② 赵春晨：《关于“海上丝绸之路”概念及其历史下限的思考》，载赵春晨：《岭南近代史事与文化》，北京：中国社会科学出版社 2003 年，第 400 页。

先民尤其吴地工匠的东迁与东渡；佛教通过海道传入中国沿海地区。第三时期，海上丝绸之路发展期。主要是大唐繁荣的经济与文化对周边诸国影响十分深刻，尤其唐代与日本先民所开拓的航路，为遣唐使的派遣、商船的活动、佛教文化的传播等种种文明沟通，架起友谊的桥梁。第四时期，海上丝绸之路鼎盛期。主要表现在中国货币（铜钱）的流通、浙江佛教的东传影响、文化的直接影响、科学技术的东传等。第五时期，海上丝绸之路禁滞期。由于明廷“海禁”，使几个世纪繁荣的明州（庆元）港城，立即失去了宋元时代的繁华景象。第六时期，海上丝绸之路萎缩期。主要是鸦片战争前后直到中华人民共和国成立前。第七时期，新海上丝绸之路腾飞期。新中国成立以来经过半个世纪的建设，到20世纪末，宁波港城不但跨入了世界亿吨级大港行列，而且港城建设欣欣向荣。走向世界的宁波，友谊连接五大洲。[①] 在这里，作者把海上丝绸之路划分为七个时期，时间跨度从浙江最早的先民河姆渡居民稻作农业开始，一直到今天，这与以前众多学者们把海上丝绸之路主要理解为古代海上丝绸之路不一样，具体不同主要有两点：第一，很多学者认为的古代海上丝绸之路的时间起点是在西汉，也有众多学者认为在秦汉时期，但本书作者却把它推前至史前时期（河姆渡时期）。第二，很多学者认为古代海上丝绸之路的时间下限在明清时期，最迟不会超过鸦片战争；本书作者不把海上丝绸之路仅仅局限于古代，而将其一直延续到今天。虽然作者是从宁波的角度来划分海上丝绸之路的时期，但对我们深入研究和理解整个海上丝绸之路也具有一定启发意义。后来，作者在《浅谈宁波“海上丝绸之路”发展历史与分期》一文中认为，宁波的海上丝绸之路发展历史分为四个时期：一是东汉时期的吸纳开通期；二是隋唐五代的交融发展期；三是宋元时期的输出鼎盛期；四是明清时期的持续发展到鸦片战争五口通商宁波开埠后的吸纳期。在这里，作者明显对以前的观点作了修改。

① 林士民、沈建国：《万里丝路——宁波与海上丝绸之路》，宁波：宁波出版社2002年，前言。

2003年，盛观熙发表了《海上丝绸之路与明州港》一文，作者认为，“中国海上丝绸之路肇始于周，形成于秦汉，发展于唐宋，至元明为极盛时期，清代逐渐衰落。”①

陈家义在《关于“海上丝绸之路”的思考》中对海上丝绸之路的始发朝代和概念进行了总结综述，对海上丝绸之路的始发港之争也进行了归纳，他借用法国汉学家沙畹和中国史学家姚楠的说法，认为“可见海陆两道丝绸之路，都是始发于汉代。”②

2004年，李英魁发表了《试论宁波“海上丝绸之路”兴起的历史上限》，作者在批判了海上丝绸之路兴起时期的各种观点（河姆渡时期、先秦时期说、秦汉时期说、中唐时期说）后，并且从海上丝绸之路整体情况、宁波地区东汉晚期造船、航海技术和丝织业发展水平及现存文化遗存等各方面情况看，认为宁波海上丝绸之路起始于东汉晚期—东吴赤乌时代。首先，从海上丝绸之路整体情况看。海上丝绸之路最初起点在中国，最早发祥地一般认为在广东沿海，真正具有对外贸易含义（即有进出口经营业务）的海上丝绸之路始于西汉。其次，从造船航海技术和丝绸生产情况看。浙江一带古代盛产丝绸，素有“丝绸之府”之称，同时又是造船和航海最发达的地区之一。最后，从现存文化遗存和遗物看。东汉末及东吴、两晋时期，东南沿海地区先后兴建起一批佛寺，在宁波境内著名的有东吴时期慈城的普济寺和慈溪的五磊寺，西晋时期的阿育王寺、天童寺。这些遗存和遗物生动地展示和反映了东汉晚期以来宁波地区与海外文化交流的事实，是宁波海上丝绸之路历史上限为东汉晚期至东吴赤乌时代的直接证据。关于海上丝绸之路形成的时间，作者倾向于唐显庆年间。据考证，显庆四年（659年），日本第四次遣唐使团在越州郎县港口登陆，也就是说此时的郎县港已成为国际性港口。这是宁波海上丝绸之路具有划时代意义的大事，应将

① 盛观熙：《海上丝绸之路与明州港》，《内蒙古金融研究》2003年S3期。

② 陈家义：《关于“海上丝绸之路”的思考》，载中国人民政治协商会议文史资料委员会、北海市委员会文史资料委员会编：《北海文史　第18辑　合浦与海上丝绸之路》，2004年8月，第14-18页。

其视为宁波海上丝绸之路形成的主要标志。开元二十六年（738 年）建立明州、长庆元年（821 年）州治迁置三江口，是宁波海上丝绸之路形成后进一步发展的历史必然。[①]

2004 年，刘君里在《广州旅游景点与传说》中的一篇题为《海上“丝绸之路”的发祥、形成和发展》中对海上丝绸之路进行了分期，认为秦汉时期是海上丝绸之路的发祥时期，汉晋时期是海上丝绸之路进一步形成和拓展时期，隋唐时期是海上丝绸之路进一步繁荣时期，宋元时期是海上丝绸之路继续延伸拓展时期，明清时期是海上丝绸之路向全球扩展时期，“1776 年美国独立后，开始重视海上贸易，对东方，特别对中国的贸易深为重视。1784 年 2 月美国纽约商人属下一艘名叫‘中国皇后’……首航广州，开辟了中美两国海上运输和直接贸易的先河，开辟了北美至广州的海上航线。从此，美国国内掀起了对华贸易热潮。……至此，以广州为起点的海上‘丝绸之路’的航线已通达全世界。”[②]

2005 年，林浩在《东方博物》（第十五辑）发表了《关于宁波“海上丝绸之路”各个时期特点的探讨》一文。作者认为，大量的文物史迹和考古资料证实，宁波海上丝绸之路的开通是在东汉晚期，至东吴、西晋已相当畅通，唐代是发展时期，到了宋元时期臻于繁荣鼎盛，进入明清时代，虽然“海禁”使海上丝绸之路突然衰微，但就宁波而言，由于港口的特殊地位，其海上丝绸之路仍得到了后续发展。[③]至于宁波海上丝绸之路的下限时间，作者没有明确指出，但作者描述了 17 世纪中期，宁波与日本的交往。

鲍志成《关于宁波“海上丝绸之路”及其历史文化遗产“申遗”工作的若干问题》一文中，就宁波海上丝绸之路的时空范围作了新的探索和界定，认为确定上限应有四大标准：一是必须是文明社会的人员往来和交流；二是必须具有海外交往的特征；三是必须具有一定的形式和内容；四是必

① 李英魁：《试论宁波“海上丝绸之路”兴起的历史上限》，《东方博物》2004 年第 4 期。

② 刘君里：《广州旅游景点与传说》，广州：广东经济出版社 2004 年，第 216 页。

③ 林浩：《关于宁波“海上丝绸之路”各个时期特点的探讨》，《东方博物》（第十五辑）2005 年第 2 期。

须有文献记载或考古发现作为印证，在“河姆渡时期说”“先秦时期说”“秦汉时期说”“东汉晚期至东吴赤乌时代说”“中唐时期说”等观点基础上，作者进一步提出了“春秋战国说”。关于下限问题，作者指出应以学术界传统的帆船贸易结束到鸦片战争前后为限，不能无限延长，把近代西方列强以武力战争为先导的所谓“文化交流”也纳入到海上丝绸之路的范围中去。[①]

邓炳权在《“海上丝绸之路”上的几处中国南方港口（摘登）》中对海上丝绸之路的概念和起点进行了讨论。作者认为，“在时间上，就中国而言，海上丝绸之路宜划定在古代。据目前掌握的史料，它上起秦汉，下限则至鸦片战争时期。这个上下期，在世界其他地区或有先后不同。”[②]刘明贤在《合浦徐闻二港在古代海上丝绸之路中的特殊作用》中认为，中国古代海上丝绸之路“探索早于西周，民路成于战国，商路繁于秦朝，官路通于西汉。”[③]

关于海上丝绸之路的时间下限，赵春晨在《岭南近代史事与文化》中认为，海上丝绸之路在明代中期以后和清代前期已经衰落，并逐渐被西人的殖民贸易所替代，海上丝绸之路的历史下限是作为古、近中国历史分界的鸦片战争。鸦片战争后，中国进入近代时期，中西之间的海上交通和贸易，已被纳入不平等条约体系之中，成为隶属于世界资本主义经济贸易关系的一部分，不复再有古代那种海上丝绸之路的存在了。[④]持此种观点的学者还有很多。

---

① 鲍志成、林士民：《宁波“海上丝绸之路”学术研讨会综述》，载浙江省博物馆编：《东方博物》（第18辑），杭州：浙江大学出版社2006年，第112-119页。

② 邓炳权：《“海上丝绸之路”上的几处中国南方港口（摘登）》，载中国人民政治协商会议文史资料委员会、北海市委员会文史资料委员会编：《北海文史　第18辑　合浦与海上丝绸之路》，2004年8月，第52-55页。

③ 刘明贤：《合浦徐闻二港在古代海上丝绸之路中的特殊作用》，中国人民政治协商会议文史资料委员会、北海市委员会文史资料委员会编：《北海文史　第18辑　合浦与海上丝绸之路》，2004年8月，第80-127页。

④ 赵春晨：《岭南近代史事与文化》，北京：中国社会科学出版社2003年，第393-401页。

第三节　关于海上丝绸之路的始发港

对于海上丝绸之路的始发港口问题，可以说是学者们争论得最激烈的问题，其中发文争论得最多的是泉州、广州、宁波和北海。

一、泉州

泉州是国内较早被研究的海上丝绸之路上的城市，也是较早研究得比较深入的城市。李玉昆在《"海上丝绸之路"谈往》中明确写道："泉州是海上丝绸之路的起点，早在公元6世纪的南朝，就有泉州与海外交通往来的历史记载。陈武帝永定二年（558年）印度僧人拘那罗陀（真谛）来到泉州，住南安丰州延禄寺翻译《金刚经》，以后由泉州乘船欲向棱伽修国（今马来半岛），说明当时泉州已有大船与南洋诸国通航。"[①] 接着，作者简介了唐、五代到宋元时期泉州的海上交往。1990年10月23日联合国教科文组织的"海上丝绸之路"综合考察队于1991年2月14日抵达泉州，并在泉州举行了"中国与海上丝绸之路国际学术讨论会"，此文是为此次会议所作的一篇学术报道。对于为什么把泉州港作为海上丝绸之路的起点的原因，论述中只有一句话，即"早在公元6世纪的南朝，就有泉州与海外交通往来的历史记载。"并没有进行深入的探讨。

二、广州

广州是我国海上丝绸之路上的重要港口，学术界对它的研究较早也较充分，同时，对它争当海上丝绸之路"始发港"的争夺也最激烈。

早在20世纪80年代，朱少伟在《古代海上丝绸之路》中就明确指出

---

① 李玉昆：《"海上丝绸之路"谈往》，《风景名胜》1999年第10期。

海上丝绸之路的起点在广州："海上丝绸之路的起点在我国东南沿海，主要是广州，终点在非洲东北部埃及沿海港口。"[①] 蔡人群主编的《富饶的珠江三角洲》也持同样的观点："早在秦汉以前，广州就已有港市萌芽。秦统一岭南以后，海外交通日渐发达，广州成为我国南方的外贸中心。……南方的则有出南海达印度洋和波斯湾沿岸的海上'丝绸之路'，这条丝绸之路以广州为起点。"[②]

邓端本在《广州与海上"丝绸之路"的兴起与发展》中认为："海上'丝绸之路'主要是指通过南海、马六甲海峡，进而抵达印度洋、波斯湾、红海等地的海路，它最早的起点是广州。"并认为以广州为起点的海上"丝绸之路"有三个特点：第一，历史悠久；第二，长盛不衰；第三，规模巨大，影响深远。"自陆上'丝绸之路'衰落以后，以广州为起点的海上'丝绸之路'，一直肩负着东西方贸易的主要任务。贸易国遍布世界各地，因此，其作为国与国之间的经济交流，其规模最大，影响最为深远。"[③]

杨万秀在《广州简史》中也直接说："它（海上丝绸之路）最早的起点是广州。"[④] 邓端本在《广州与海上"丝绸之路"的兴起与发展》中也认为"……海上'丝绸之路'主要是指通过南海、马六甲海峡，进而抵达印度洋、波斯湾、红海等地的海路，它最早的起点是广州。"[⑤] 黄启臣在《广州成为海上"丝绸之路"起点的地理经济条件》一文中也认为"广州是中国最早从海上对外贸易的南大门，是古代海上'丝绸之路'最早的起

---

①朱少伟：《古代海上丝绸之路》，《海洋》1982 年第 3 期，后载入中国海洋学会科普委员会编：《海洋科普文选》，北京：海洋出版社 1985 年，第 207 页。

② 蔡人群：《富饶的珠江三角洲》，广州：广东人民出版社 1986 年，第 29 页。

③ 邓端本：《广州与海上"丝绸之路"的兴起与发展》，载广州市国家历史文化名城发展中心等编:《论广州与海上丝绸之路》，广州：中山大学出版社 1993 年，第 3-30 页。

④ 杨万秀：《广州简史》，广州：广东人民出版社 1996 年，第 191 页。

⑤ 邓端本：《广州与海上"丝绸之路"的兴起与发展》，载广州市国家历史文化名城发展中心、广州历史文化名城研究会、广州古都学会编：《论广州与海上丝绸之路》，广州：中山大学出版社 1993 年，第 3 页。

点。……这与广州所处的地理经济环境的优异是分不开的。”[①]王长庆在《以广州为起点的海上“丝绸之路”航线》中认为“广州是南海海上‘丝绸之路’上最重要的港口城市，为我国海外交通和贸易的发展做出了重大贡献。”[②]作者没有明确说广州就是海上丝绸之路的起点，但其倾向却很明显。曾昭璇认为：“古代‘海上丝绸之路’都是以广州为主要起点城市，其他沿海名城，实为‘海上丝绸之路’在国境以内的延长。”[③]黄家蕃、莫根远、张九皋在《南海“海上丝绸之路”始发港徐闻、合浦的形成条件》中，通过对南海海上丝绸之路航线时程与沿线各国的考证，探讨了古徐闻、合浦的交通和资源条件，认为“二港的形成不应始于汉武帝平南越国之后，而应在此之前”。但最后作者得出的结论是：“古代北部湾三港口形成于西汉时期既是事实，而作为‘一大都会’的番禺的海外贸易活动始终存在的事实亦不容置疑。《汉书》不载番禺而载‘日南、徐闻、合浦’，是因为通南亚、中亚‘海上丝绸之路’的西线相对活跃，而位处东路的番禺港不是航路的捷径，故口岸西移至北部港沿岸是顺理成章之事。尽管如此，并未削弱番禺亦是‘海上丝绸之路’上重要始发港口的地位。番禺作为始发港，其西输外运的物资，不能排除以徐闻港、合浦港作中转港的可能，尤其是徐闻港。也就是徐闻、合浦港既是‘南海海上丝绸之路’的始发港，亦可作为番禺港外运航线上的中途补给港。这应是当前关于番禺港与徐闻港、合浦港在西汉‘海上丝绸之路’起航港口地位孰轻孰重、孰先孰后的论争中逐步建立起来的一种共识吧！”[④]

① 黄启臣：《广州成为海上“丝绸之路”起点的地理经济条件》，载广州市国家历史文化名城发展中心、广州历史文化名城研究会、广州古都学会编：《论广州与海上丝绸之路》，第 30-36 页。

② 王长庆：《以广州为起点的海上“丝绸之路”航线》，载广州市国家历史文化名城发展中心、广州历史文化名城研究会、广州古都学会编：《论广州与海上丝绸之路》，第 37 页。

③ 曾昭璇：《岭南史地与民俗》，广州：广东人民出版社 1994 年，第 47 页。

④ 黄家蕃、莫根远、张九皋：《南海“海上丝绸之路”始发港徐闻、合浦的形成条件》，载李建生、陈代光：《南海“海上丝绸之路”始发港——雷州城》，北京：海洋出版社 1995 年，第 16 页。

2004年，刘君里在《海上“丝绸之路”的发祥、形成和发展》中也认为“海上‘丝绸之路’，发祥于广州，起点于广州，是中国古代中西经济文化交流的主要通道之一。海上‘丝绸之路’自广州发祥至形成、发展、延伸、扩展，两千多年来，历久不衰，从未中断。”①作者认为，广州之所以成为海上“丝绸之路”的发祥地和起点，有几个重要原因和有利条件。首先是地理条件。其次，在秦汉时广州造船业发展到较高的水平，成为中国古代的造船业特别是海船制造的基地，为秦汉时期开发海洋交通贸易创造了必要的条件。此文虽然看似介绍性的文章，但这里涉及了关于海上丝绸之路的很多重要内容，如海上丝绸之路的开始时间问题、始发港问题，海上丝绸之路的历史分期问题、广州在海上丝绸之路中的地位问题等，作者站在广州的立场上，表达了自己的意见和看法。

2004年，赵春晨、何大进、冷东主编的论文集《中西文化交流与岭南社会变迁》出版，收录有关中西文化交流的论文48篇。刘汉东在《海上丝绸之路与中西文化交流的关系》中认为，“海上丝绸之路主要是指通过南海、马六甲海峡进而抵达印度洋、波斯湾、红海等地的海上交通贸易航线，岭南地区特别是广州成为出发的中心地区。早在秦汉时期，番禺（今广州）已是犀牛、象牙等物的集散中心，……可见广州进行海外贸易的巨大规模。此后历代朝廷都重视与东南亚的交往，引起了广州外贸商务的繁荣，从东南亚各地运来的贵重物品多从广州、交州进口，中国的货物亦从此处出口。”②

三、雷州

雷州作为海上丝绸之路始发港的争论主要是因为这里的徐闻港被众多

① 刘君里：《海上“丝绸之路”的发祥、形成和发展》，载刘君里：《广州旅游景点与传说》，广州：广东经济出版社2004年，第215-216页。
② 刘汉东：《海上丝绸之路与中西文化交流的关系》，载赵春晨、何大进、冷东主编：《中西文化交流与岭南社会变迁》，北京：中国社会科学出版社2004年，第16-17页。

的学者认为是古代中国“最早”的海上丝绸之路“始发港”。

1992年4月7—10日,“雷州古城历史与发展学术研讨会”在海康(雷州)市举行，研讨会的宗旨是：发掘雷州历史文化遗产，继承和弘扬雷州历史文化的优秀传统、开拓海上丝绸之路研究，促进雷州经济、文化和科学技术的繁荣,为雷州历史文化名城增添光彩。这次研讨会，由华南师大地理系、暨南大学历史系、海康市名城办公室、海康市地方志办公室、海康市科委、海康市政协文史科、海康市博物馆等联合发起，共同举办的。会后，由李建生、陈代光主编的会议论文集《南海“海上丝绸之路”始发港——雷州城》于1995年出版，论文集共收录与会论文18篇，其中数篇论文都不约而同地认为雷州是海上丝绸之路的始发港。李建生、周曾权在《海康县的海陆变迁与“海上丝绸之路”始发港》中，从地质学的角度考察了远古时代海康地区的地质变迁，但对于它为什么是海上丝绸之路的始发港却没有提到。① 黄家蕃、莫根远、张九皋在《南海“海上丝绸之路”始发港徐闻、合浦的形成条件》一文中，通过对南海海上丝绸之路航线时程与沿线各国的考证，探讨了古徐闻、合浦的交通和资源条件，认为这两个港口都可以作为海上丝绸之路的始发港，但亦可作为番禺港外运航线上的中途补给港，因此番禺港的地位更重要。曾昭璇、曾宪珊的《徐闻——汉代“海上丝绸之路”起点历史地理初探》中认为海上丝绸之路起源于春秋末期，并从历史地理变迁角度探讨了徐闻成为海上丝绸之路起点的条件。②

2001年出版的《雷州文史》（第5辑）中收录了6篇涉及这一地区与海上丝绸之路关系的论文，其中王增权的《雷州古港——“海上丝绸之路”始发港之一》讨论了雷州古港成为海上丝绸之路始发港的原因，作者从地

---

① 李建生、周曾权：《海康县的海陆变迁与“海上丝绸之路”始发港》，载李建生、陈代光主编：《南海“海上丝绸之路”始发港——雷州城》，北京：海洋出版社1995年，第1-8页。

② 曾昭璇、曾宪珊：《徐闻——汉代“海上丝绸之路”起点历史地理初探》，载李建生、陈代光主编：《南海“海上丝绸之路”始发港——雷州城》，北京：海洋出版社1995年，第17-23页。

理条件和历史原因两方面加以论述。[①]蔡山桂的《也论汉徐闻县治及“海上丝绸之路”始发港》通过考证认为，“海上丝绸之路”始发港——汉徐闻港是指凡属汉徐闻县地的港口，即指今雷州市的港头港（包括夏江埠头），也指今徐闻之海安港、遂溪之江洪港、乐民港以及湛江之通明港等港口，并且赞同黄伟宗先生的意见：“只要是适合于出航或停航的地方，都可作为出海港，……很可能在汉代的雷州半岛有许多群众自发发现和利用的出海港，汉代时整个雷州半岛都称为徐闻，从而可以认为当时整个雷州半岛（包括今天的徐闻、雷州、遂溪）的海港都属古徐闻港。”[②]

余石地2006年出版的《历史文化名城雷州》中也认为，海上丝绸之路的始发港在雷州。[③]刘佐泉也认为雷州双溪港也是海上丝绸之路的始发港之一，他写道：“雷州湾双溪港与处于百川入海交汇口的番禺港相似；并且在雷州半岛这弹丸之地也只有此一要冲，是利用水陆交通、河海相汇，西控交趾，南控琼儋的战略要地。由于原来就是个民间对外贸易的港口，汉军平南越后，就辟为朝廷主管的‘海上丝绸之路’的始发港之一。总之，前海康县治，今雷州市雷州湾双溪港以其独特地理区位和建港条件，发挥出地理区位优势，成为汉代‘海上丝绸之路’始发港之一。古雷州湾双溪港之所以为汉代‘海上丝绸之路’始发港之一是大自然和历史的天赐良缘。”[④]

---

① 王增权：《雷州古港——“海上丝绸之路”始发港之一》，载政协雷州市委员会编辑：《雷州文史》（第5辑总第24期），2001年12月，第132-145页。

② 蔡山桂：《也论汉徐闻县治及“海上丝绸之路”始发港》，载政协雷州市委员会编辑：《雷州文史》（第5辑总第24期），2001年12月，第174-189页。

③ 余石地：《历史文化名城雷州》，广州：广东人民出版社2006年，第13页。

④ 刘佐泉：《雷州双溪港也是海上丝绸之路的始发港之一》，载中国人民政治协商会议湛江市委员会学习和文史资料委员会编：《湛江文史》（第25辑），2006年，第375-381页。

四、北海

与把雷州作为海上丝绸之路始发港的争论出现的时间一样，北海对海上丝绸之路始发港的争夺时间也相对较晚。

2002 年吴龙章发表了《中国海上“丝绸之路”始发港探源》。作者认为“中国‘海上丝路’究竟始发于何处，至今说法不一，大致有宁波、广州（番禺）、泉州、徐闻、合浦诸说。笔者近年来阅读了一些有关中国海上丝绸之路的文章、史籍及方志，反复思索考证，认为，中国海上‘丝路’始发港是汉合浦郡和合浦县治所旧州江口港，即今广西浦北县泉水镇旧州江口。其理由如下：一、浦北县旧州是汉合浦郡、县的政治经济文化中心；……二、旧州江口港是古代南流江的重要港口；……三、浦北县古来就是盛产丝绸之乡。”[①]2002 年，黄家蕃发表了《南海“海上丝绸之路”合浦始发港具体所在刍议》，认为近现代举世关注的中国古代南海海上丝绸之路始发港所在问题，成为中外学者百家争论的热点，归纳起来，有“泉州说”“番禺说”“徐闻说”与“合浦说”等几种说法。除了“合浦说”和“徐闻说”，都拿不出令人折服的物证和理证。[②]

2003 年，吴小玲、陆露在《南国珠城：北海》中认为：“在西北有通往西域的陆上丝绸之路，而在南方则有从合浦郡的徐闻、合浦港走向海外的‘海上丝绸之路’。”作者虽然提出了这样的论点，但并没有进行深入的论述。[③]

2004年，北海市政协编辑的《北海文史 第18辑 合浦与海上丝绸之路》

---

① 吴龙章：《中国海上“丝绸之路”始发港探源》，《钦州师范高等专科学校学报》2002 年第 3 期。此文后收入中国人民政治协商会议广西壮族自治区钦州市委员会文史资料和学习委员会编：《钦州文史 第 9 辑 “愿风吹我到钦州”史料选编》，2002 年 9 月，第 356-364 页。

② 黄家蕃：《南海“海上丝绸之路”合浦始发港具体所在刍议》，《广西文史》2002 年第 2 期。此文后收入中国人民政治协商会议北海市委员会文史资料委员会编：《北海文史 第 17 辑 沧痕桑影录 3》，2003 年，第 69-74 页。

③ 吴小玲、陆露：《南国珠城：北海》，西安：三秦出版社 2003 年，第 80 页。

出版，该论文集专门探讨合浦在海上丝绸之路中的地位，特别是深入探讨它作为海上丝绸之路始发港的地位，文集共收录论文 30 篇，从不同的角度对合浦港在海上丝绸之路中的地位进行了研究。邓家倍的《合浦，中国海上“丝路”最早起点》中认为，“其实，合浦是中国海上‘丝路’最早起点是准确无误的。本文从考察中国历史文化资源出发，在历史与现实的结合上对合浦是中国海上‘丝路’的最早起点作进一步探讨。”并且，作者“在对史料进行研究的基础上，2001 年 4 月上、中旬，笔者与在穗的多位专家、教授一道前往有史记载的中国海上‘丝路’最早起点——广西合浦，进行了实地考察，拜访了‘老合浦’，与县博物馆、县志办的专家以及与有关领导和人员一起进行了多次座谈，再结合史籍记载反复讨论，多方比较和论证，得出了合浦是中国海上‘丝路’最早起点的结论。”接着，作者从历史文献的角度，从海上丝绸之路的政治、经济、军事、文化基础的角度，从考古实证的角度，以及现实佐证的角度，认证了合浦是中国海上丝绸之路的最早起点。[①]

最后，邓家倍还将合浦与之前争相声言为海上丝绸之路最早起点的泉州、广州进行了鉴别和比较。作者认为，作为海上丝绸之路的泉州在唐、宋以前的史籍尤其重要文籍中并无记载，泉州海外通商在“唐代以后迅猛发展”，宋、元两代逐步发展为“涨海声中万国商”的世界东方第一大港，“到南宋时成为中国首屈一指的海上商贸城”，并不是什么最早起点。就广州而言，作者认为主张广州为最早始发港的学者们，“除了不断地重复广州有光塔、镇海楼、南海神庙等海上‘丝路’遗址和广州是 2000 年长盛不衰的港口以及唐、宋、明、清时期广州海上商贸情况外，均没有令人心悦诚服的证据。例如，赵禄在《广州日报》发文《海上丝路最早起点》，文章开始说：‘广州是中国海上丝路的最早起点’。拜读全文，讲的全是明、清以来广州海上商贸来往情况。显然要论证其为海上丝路最早起点不能自

① 邓家倍：《合浦，中国海上“丝路”最早起点》，载中国人民政治协商会议文史资料委员会、北海市委员会文史资料委员会编：《北海文史　第 18 辑　合浦与海上丝绸之路》，2004 年 8 月，第 1-13 页。

圆其说。顾涧清又在《广州日报》发文《应申报世界文化遗产》中指出：‘古代的番禺（今广州）则是海上丝绸之路最早的始发港’。文章提出两个证据：一是1757年（乾隆22年）广州十三行独揽全国的外贸。二是广州外贸长盛不衰。顾文和赵文一样，要论证其为海上丝路最早起点不能自圆其说。记者毛燕采访广州外贸史志主编、著名文史学家陈伯坚教授，在《人民日报》（华南新闻）发文《广州，海上丝绸之路肇端》，文章开始也说：广州‘作为中国最早的对外贸易始发港和商品货物集散地的历史地位，已成为不容置疑的事实’。对‘不容置疑’，笔者就提出四点质疑：一是缺乏历史依据。《汉书·地理志》作为海上‘丝路’最早的记载，两次谈到出海港，都没有说到番禺（今广州）。依笔者之见，原因是当时广州不具备中国海上‘丝路’最早起点的基本条件。……二是当今著名报刊不予认同。……古今都不提广州是海上‘丝路’最早起点，这不是巧合，而是史实的写照。须知，历史是不容随便改写的。三是对外贸易番禺不如合浦。……四是‘丝路’遗址和‘丝路’最早起点不能混为一谈。广州城内外确有光塔、莲花塔、琶州塔等‘丝路’遗址，其功能也确是为贸易船舶导航。但这些塔不是建在秦汉，而是唐后各个时期……显然与海上‘丝路’最早起点应是两回事，不能混为一谈。硬把这些后来才建的‘丝路’遗址作为‘丝路’最早起点的证据，明显是牵强附会。综上分析，广州是否海上‘丝路’最早起点也不言而喻了。”①

就合浦而言，“从最早记载海上‘丝路’的《汉书·地理志》和大量史籍以及当今权威的论著记载，合浦作为海上‘丝路’最早起点，符合历史本来面目。当时合浦具有优越的地理、经济环境：一是地理位置得天独厚。……二是河港海港独具优势。……三是经济腹地辽阔富庶。……四是合浦郡治迁合浦。……总之，合浦是中国海上‘丝路’的最早起点，是不

① 邓家倍：《合浦，中国海上“丝路”最早起点》，载中国人民政治协商会议文史资料委员会、北海市委员会文史资料委员会编：《北海文史 第18辑 合浦与海上丝绸之路》，2004年8月，第1-13页。

容置疑的。历史是不容改写的”。“纵观上述，合浦是中国海上‘丝路’的最早起点，不是狭隘的地域历史观，不是谋求提高地区知名度的作秀，更不是靠吹出来的牵强附会，而是以确凿史实为依据的，是站得住脚的，是经得起历史与现实考验的，且不是一家之言、而是多家之言的，现在是恢复长期被忽略了的历史真相的时候了！”①

陈家义在《关于“海上丝绸之路”的思考》中对海上丝绸之路的始发朝代和概念进行了总结综述，对海上丝绸之路的始发港之争也进行了归纳。②刘明贤在《合浦北海与海上丝绸之路》中对合浦进行了考古学上的考证，对海上丝绸之路进行了讨论。作者认为，“‘古代海上丝绸之路’探索早于西周，民路成于战国，商路繁于秦朝，官路适于西汉，最早始发合浦，唐代东移广州，宋末北迁泉州，明代成为绝唱的探索开通和发展过程。”③

夏载的《海上丝路始发港之争》中综述了2001年以来关于海上丝绸之路始发港之争的讨论。“泉州市是国内争‘始发港’最早的城市。按照联合国教科文组织在有关海上丝绸之路图片上的标记，海上丝绸之路的港口只标出泉州。……10年来泉州3次举办‘海上丝绸之路’国际学术研讨会，得到了联合国教科文组织的资助，并与当年海上丝绸之路的通商国开展商务和旅游往来，取得了良好的社会和经济效益。”“宁波市于2001年12月请来了海内外50多名‘海上丝路’的专家学者，举行宁波与‘海上丝路’文化国际学术研讨会和‘海上丝绸之路’文化论坛，会上专家们认为，宁

① 邓家倍：《合浦，中国海上“丝路”最早起点》，载中国人民政治协商会议文史资料委员会、北海市委员会文史资料委员会编：《北海文史　第18辑　合浦与海上丝绸之路》，2004年8月，第1-13页。

② 陈家义：《关于“海上丝绸之路”的思考》，载中国人民政治协商会议文史资料委员会、北海市委员会文史资料委员会编：《北海文史　第18辑　合浦与海上丝绸之路》，2004年8月，第14-18页。

③ 刘明贤：《合浦北海与海上丝绸之路》，载中国人民政治协商会议文史资料委员会、北海市委员会文史资料委员会编：《北海文史　第18辑　合浦与海上丝绸之路》，2004年8月，第80-127页。

波早在7000年前河姆渡文化时期就从事我国最早的水上活动，唐代中期就与日本、高丽等通航作经贸文化交流等。如今宁波市还有建于东汉的'海上陶瓷之路'发祥地上林湖越窑遗址以及各种建于晋、唐、宋、清时期的寺庙、码头、使馆遗址。""广州于今年元月也组织国内外专家在广州召开大型的'海上丝路与广州港'学术讨论会。有部分专家倾向广州是丝绸之路的始发港。""广东的徐闻虽然只是个港口城市，但是却'港小志不小'，在争'始发港'时同样理直气壮：《汉书·地理志》是最早记载'海上丝路'的史书，里面记载的始发港是徐闻、合浦，哪有什么广州、宁波、泉州。"①

韩湖初的《关于我国古代海上丝绸之路最早始发港讨论研究综述》对2001年广东省有关各方组织的"海上丝绸之路与中国南方港学术研讨会"进行了总结，认为研讨会"比较一致的意见是：关于我国古代海丝路最早始于西汉，番禺（广州）当时虽是岭南的重要都会，但尚未具备最早始发港的条件；当时对外海上贸易中心在北部湾沿海地区，合浦、徐闻和日南（今越南境内）是最早始发港，到吴晋以后海上贸易中心逐渐转移到番禺。"作者认为，合浦处于北部湾北部沿岸的中心地带，其地位比徐闻更为重要，并从三方面加以论述：第一，广州不是最早始发港，更不是"发祥地"；第二，北部湾是我国汉代对外海上贸易中心，合浦、徐闻和日南的最早始发港地位无可置疑；第三，合浦地处北部湾沿岸中心，其地位无疑比徐闻更为重要。②

此外，周家干、陈祖伟的《合浦乾体港作为"海上丝绸之路"始发港探源》，梁旭达、邓兰的《汉代合浦郡与海上丝绸之路》，黄家蕃的《南海"海上丝绸之路"合浦始发港具体所在诌议》，张九皋的《合浦港是西汉"海上丝绸之路"最重要的始发港》，王戈的《北海古窑址与"海上丝绸之路"》，

① 夏载：《海上丝路始发港之争》，载中国人民政治协商会议文史资料委员会、北海市委员会文史资料委员会编：《北海文史 第18辑 合浦与海上丝绸之路》，2004年8月，第266-267页。此文原载《广西日报·国际新闻版》2002年3月15日。

② 韩湖初：《关于我国古代海上丝绸之路最早始发港讨论研究综述》，载中国人民政治协商会议文史资料委员会、北海市委员会文史资料委员会编：《北海文史 第18辑 合浦与海上丝绸之路》，2004年8月，第19-23页。

周德叶的《古“海上丝绸之路”有哪几个始发港——被遗忘了的合浦》，范翔宇的《合浦成为汉代海上丝绸之路始发港的若干历史条件探析》，王伟昭的《田野考古学所见之汉代“海上丝绸之路”》，广西文物考古工作队课题组的《西汉海上丝绸之路始发港——合浦港的调查与研究》，谭炎的《“海上丝绸之路”最早始发港：北海合浦》，梁思奇的《合浦古代汉墓群——为古代海上丝绸之路作证》，罗远琨的《合浦考古面临重大突破，西汉古港将揭开面纱》，潘沁的《寻找西汉合浦港》，韦继川的《汉墓发掘的文物印证合浦曾是中外贸易桥头堡》等论文，分别从不同的角度探讨了合浦港在海上丝绸之路中的地位和作用。

2004年12月27—29日，由广西文化厅和北海市政府主办在广西北海市合浦县举行了“合浦——海上丝绸之路始发港”理论研讨会。来自全国各地的50位专家、学者参加了会议，考察、研讨了北海（合浦）在海上丝路历史上的地位、作用和相关的自然生态、人文地理、旅游资源开发利用问题。会议收到论文50多篇。大会通过交流、研讨，取得两方面共识：①合浦作为中国古代海上丝路的最早始发港，文献和实物确证无可置疑，且比同为最早始发港的徐闻重要和繁荣；②北海（合浦）应充分利用海上丝路丰富的文化遗产与资源，抓住机遇，促进经济文化的繁荣与发展。会后，由吴传钧院士担任主编，出版了收入研讨会40多篇论文的论文集《海上丝绸之路研究：中国·北海合浦海上丝绸之路始发港理论研讨会论文集》。①

广西区人大常委会副主任潘琦在《合浦——海上丝绸之路始发港刍议》的发言中指出：1991年2月，联合国教科文组织主办的“海上丝绸之路”国际研讨会之后，进一步引起了这方面专家学者的高度重视和研究热情，纷纷开展了海上丝绸之路的理论研讨。广西作为“海上丝绸之路始发港”之一的省区，也相应组织了一批专家学者进行相关的研究，力图把广西方

① 吴传钧：《海上丝绸之路研究：中国·北海合浦海上丝绸之路始发港理论研讨会论文集》，北京：科学出版社2006年版。

面关于海上丝绸之路的史实、史料，以及其对现实经济建设、社会进步、文化发展等方面的实践和理论弄清、弄准、弄明白，为共同开发、利用这一中华民族悠久文化遗产作出贡献。作者并就“合浦——海上丝绸之路始发港”的理论研究与实践问题提出了自己的看法。首先，关于开展“海上丝绸之路始发港”理论研讨的现实意义。作者认为主要包括：①开展“合浦——海上丝绸之路始发港”的研究，对进一步扩大对外开放有积极的推动作用；②开展“合浦——海上丝绸之路始发港”的研究有利于促进中国—东盟自由贸易区的建立和发展；③开展“合浦——海上丝绸之路始发港”的研究有利于开发文化资源，发展先进文化；④开展“合浦——海上丝绸之路始发港”的研究有利于促进旅游业发展，振兴北海经济。其次，关于“合浦——海上丝绸之路始发港”的解读。①汉代合浦郡政治、经济、文化、军事的鼎盛，使合浦成为海上丝绸之路的始发港。在政治上，合浦历史悠久，是岭南的古郡。在经济上，合浦面向东南亚，背靠中原，比较早的与外面通商。在文化上，海上丝绸之路的建立，与海文化的发展有很大关系。在军事上，合浦地处北部湾畔，面向东南亚，背靠大中原，水陆交通发达，自古以来，就是一个南方军事重镇，位置十分重要。总之，无论从政治、经济，还是从文化、军事的地位上看，合浦古港作为“海上丝绸之路始发港”之一，这是毫无疑问的。②优越的地理位置使合浦古港成为“海上丝绸之路的始发港”。③天然的港口条件使合浦古港成为“海上丝绸之路始发港”。④较为发达的航海和造船技术，使合浦古港成为“海上丝绸之路的始发港”。

关于中国古代海上丝路的形成和最早始发港问题，华南师范大学韩湖初、杨士弘教授在《关于中国古代海上丝绸之路最早始发港研究述评》综合分析各家不同论点及论据，结合考古发掘与实地考察，提出三点结论性意见（全文后来发表在《地理科学》2004 年第 6 期）：①中国古代海上丝绸之路形成于西汉，当时番禺（广州）难以穿越波涛汹涌的琼州海峡和海南岛东面的危险海域，文献也明确记载吴晋以后广州始直航南洋，且番禺城墙毁于平定南越国叛乱，随即岭南政治经济中心移往岭南西部直至东汉末年，可见称广州汉时已是海上丝绸之路始发港难以成立；②秦汉定都关中，灵渠开通后便可由中原通过长江和珠江水系，转南流江从合浦出北部湾通往西亚和欧洲。由于北部湾是中国该航线的海上起点，当时远航亦须借助季风沿其西岸航行，因此成为汉帝国对外贸易交通枢纽。《汉书·地理志》也记载汉代海上丝路的三个始发港均在北部湾，对此至今无人置疑；③合浦位于北部湾北部沿岸的中心，外通南洋、西亚和欧洲，内连中原，地理位置重要，各方面条件较好，故成为沟通中外的重要港口。其县城附近庞大的汉墓群及其出土的大批珍贵文物和舶来品，足证其汉时比徐闻繁荣和重要。

该文还列举了众多学者的“佐证”，这些“佐证”包括：①陕西师大朱士光教授指出：汉时合浦在北部湾和整个岭南“占有极其重要的地位，在三个始发港中更具独特优势”；它具备了汉代海上丝绸之路始发港的“硬件和软件”“有充分史实为依据”“是经得起历史考验的”。②中山大学司徒尚纪、许桂灵教授在《合浦港在我国海上丝绸之路的历史地位和影响》中，就中国区域开发历史进程、北部湾在秦汉时的重要地位、合浦港与周边地区关系、港址的地理形势等，作了全面系统的论证认为合浦作为中国海丝路“在秦汉到唐时期一个最重要始发港”和“最早一个始发港”，是无可置疑的。③科学出版社吴三保编审在《北海（合浦）中国海上丝绸之路始发港刍议》中，通过对海上丝绸之路各个始发港争议的回顾和辨析，认为综合各方面因素和条件，合浦作为中国古代海上丝绸之路最早始发港，书证、物证确凿，旁证充实，其地位毋庸置疑；中国古代海上丝绸之路不同时代有不同的始发港，晋代为广州，唐代为宁波，南宋为泉州，均晚于汉代的合浦、徐闻，但徐闻不如合浦重要和繁荣。国内专家此前达成的“宁波共识”抛开合浦而由宁波、泉州和广州联合申报海上丝绸之路世界文化遗产，显然有失偏颇；吴晋以后北部湾港口作用日渐下降，合浦的地位被广州取代，但无损其历史地位和价值。④复旦大学邹逸麟教授在《古代合浦史地杂谈》中指出，合浦从“西汉开始就是中国南海上的对外贸易港”。

⑤其他的还有：广东省博物馆原馆长杨式挺在《略论合浦汉墓及其出土文物的特点》、广东文物考古所副所长邱立诚在《合浦——历史的选择》中都认为，合浦的最早始发港地位“当之无愧”，已为相关资料予以充分证明。广西社科院的原副院长黄铮、壮学研究中心赵明龙[①]主任与《学术论坛》杂志社社长兼总编辑林志杰，对合浦是中国汉代“最早、最重要”和“最大的始发港”作了多角度系统论述，赵、林还一一列举了徐闻、广州、宁波和泉州等地现存的海上丝绸之路文化遗址，以合浦（北海）为最多，有数千座汉墓以及大批出土文物。广西师大廖国一，中山大学邓家倍、李瑞声，广东省社科联陈家义，暨南大学王元林、凌立坤，广州大学钟定世，广州博物馆馆长程存浩以及北海（合浦）的张九皋、黄家藩、刘明贤、周家干等学者，均通过不同视角进行详细论证。

五、汴京

龚绍方在《宋代海上丝路源头新探》中认为，在宋代，朝廷通过加强对外贸的集权管理，使大宋内陆不仅成为海上丝绸之路流通商品的产销基地，更使北宋都城汴京成为海上丝绸之路名副其实的源头。在作者看来，海上丝绸之路作为一条重要古代国际贸易商路，选择商路两端的主要港口城市作为起点和终点是没有问题的。可是，这种认识远远不够。北宋立朝，汲取唐朝分权地方的教训，把军政大权空前地集中在中央朝廷。这样，中央必须集聚更多的经济大权，以保障中央财政支付。因此，当宋朝面对内陆边疆地区被少数民族政权控制的政治环境时，海上丝绸之路的对外贸易就成为大宋帝国的一条重要的经济命脉。而宋朝一系列对外贸易政策都力图达到这样的目的：一是保证市舶司掌握的舶货源源不断地向京师输送；二是尽可能扩大市舶司直接掌握的海外进口商品的数量和价值；三是最大

① 赵明龙：《从中国合浦到斯里兰卡——论合浦（北海）为中国最早最大的海上丝绸之路始发港》，《东南亚纵横》2002 年第 7 期。

限度地控制出口商货流通的数量和价值；四是完全掌握外贸进出口关税收入。这些都充分体现在宋代市舶司制度上。作者得出的结论是，宋代海上丝绸之路是宋代国家的生命之路。特别在经济上，海上丝绸之路的发展不仅创造了沿海广州、泉州、开州、澄州四大港口通向远洋的航路繁盛，更创造了宋代内陆连接各大港口的中原出口商品生产基地的繁荣。沿海港口—航路与内陆通道—生产基地是海上丝绸之路不可分割的两个组成部分，它们共同构成了宋代完整的双向海上丝绸之路大外贸网路。如果说汉唐时代的东都洛阳是陆上丝绸之路的起点，那么，北宋时代的东京汴梁就是海上丝绸之路的源头。[①]

海上丝绸之路始发港的"汴京说"跳出了海上交通的始发港之争对沿海港口的纠缠，从高屋建瓴的角度和宏观视野的考察对海上丝绸之路的始发港提出了新的见解。

海上丝绸之路始发港的激烈争论，对于我们深化研究固然有一定的意义，但是，正如中外关系史专家耿昇先生早就指出的那样："'始发港'并不是一个很严谨的科学名称。从航海角度来讲，每个航班均有始发港、中继港与到达港。更何况在 2000 多年的海上丝绸之路中，一定会有许多始发港，中国沿海的港口都曾在某些时代和针对某些地域而做过始发港，至于'最早'，也更难判定。……更何况在 2000 多年的历史发展中，'最早始发'港并不一定是最好和贡献最大的港口，……现在应全面地、历史地和客观地考察每个港口的历史贡献及现实意义，没有必要去争那个'最早始发港'的冠名权。即使要申报联合国教科文组织海上丝路文化遗产，也不一定只有'最早始发港'才能中选，必然会有综合考察、全面斟酌和总体评价，需要一个综合指数。"[②]但从前面的争论来看，专家的中肯意见并没有受到重视，这之中的有些争论可能就不仅仅局限于学术争论目的了。

---

① 龚绍方：《宋代海上丝路源头新探》，《中州学刊》2008 年第 5 期。
② 耿昇：《2001 年海上丝路研究在中国（下）》，《南海问题研究》2003 年第 2 期。

参考文献

[1] 周景濂 . 中葡外交史 . 北京：商务印书馆 , 1936.

[2] 航运史话编写组 . 航运史话 . 上海：上海科学技术出版社 , 1978.

[3] 李康华 , 夏秀瑞 , 顾若增 . 中国对外贸易史简论 . 北京：对外贸易出版社 , 1981.

[4] 杭州商学院学报编辑室 . 浙江商业史研究文选第一辑 . 杭州：杭州商学院出版社 , 1982.

[5] 孙尚扬 . 明末天主教与儒学的交流和冲突 . 台北：文津出版社 ,1982.（大陆版改名基督教与明末儒学 . 北京：东方出版社 , 1994.）

[6] 胡欣 , 丛淑媛 . 印度洋纵横谈 . 福州：福建人民出版社 , 1982.

[7] 中国海外交通史研究会 , 宁波市文物管理委员会 . 宁波港海外交通史论文选集 .1983.

[8] 中国人民政治协商会议湛江市委员会文史资料研究委员会 . 湛江文史资料 2. 湛江：1984.

[9] 彭双松 . 徐福研究 . 苗栗：富蕙图书出版社 , 1984.

[10] 常任侠 . 海上丝绸与文化交流 . 北京：海洋出版社 , 1985.

[11] 林宝光 , 许家铨 , 黄家蕃 , 等 . 大西南的门户——北海 . 北京：海洋出版社 , 1985.

［12］中国海洋学会科普委员会编．海洋科普文选．北京：海洋出版社，1985.
［13］纪念伟大航海家郑和下西洋580周年筹备委员会，中国航海史研究会．郑和下西洋论文集（第一集）．北京：人民交通出版社，1985.
［14］江苏省纪念郑和下西洋580周年筹备委员会．郑和下西洋论文集（第二集）．南京：南京大学出版社，1985.
［15］郑一钧．论郑和下西洋．北京：海洋出版社，1985.
［16］纪念伟大航海家郑和下西洋580周年筹备委员会，中国航海史研究会．郑和下西洋．北京：人民交通出版社，1985.
［17］蔡人群．富饶的珠江三角洲．广州：广东人民出版社，1986.
［18］朱江．海上丝绸之路的著名港口——扬州．北京：海洋出版社，1986.
［19］山东省地方交通海运史志办公室．登州古港史（送审稿）.1986.
［20］姜培玉编．青岛外贸史话．青岛：青岛出版社，1987.
［21］长岛县委宣传部．海上仙山长岛．烟台：山东省出版总社烟台分社，1987.
［22］黄海明珠芝罘．烟台：山东省出版总社烟台分社，1987.
［23］黄文宽．澳门史钩沉．澳门：澳门星光出版社，1987.
［24］江文汉．明清间在华的天主教耶稣会士．北京：知识出版社，1987.
［25］张维华．明清之际中西关系简史．济南：齐鲁书社，1987.
［26］方豪．中西交通史．长沙：岳麓书社，1987.
［27］方豪．中国天主教史人物传．北京：中华书局，1988.
［28］费成康．澳门四百年．上海：上海人民出版社，1988.
［29］元邦建，袁桂秀．澳门史略．香港：香港中流出版社，1988.
［30］彭德清．中国航海史·古代航海史．北京：人民交通出版社，1988.
［31］姜培玉．山东经贸史略．济南：山东友谊出版社，1989.
［32］陈柏坚．广州外贸两千年．广州：广州文化出版社，1989.

［33］人民画报社．陆上与海上丝绸之路．北京：中国画报出版公司，1989.

［34］庄为玑，等．海上丝绸之路的著名港口——泉州．北京：海洋出版社，1989.

［35］张殿臣，白化文，顾涧清．连云港与海上丝绸之路．北京：海洋出版社，1990.

［36］李洪甫．连云港地方史稿．上海：上海社会科学院出版社，1990.

［37］林士民．海上丝绸之路的著名海港——明州．北京：海洋出版社，1990.

［38］中国人民政协会议福建省南安县委员会文史资料委员会．南安文史资料（第 12 辑）.1990.

［39］陈高华，吴泰，郭松义．海上丝绸之路．北京：海洋出版社，1991.

［40］联合国教科文组织海上丝绸之路综合考察泉州国际学术讨论会组织委．中国与海上丝绸之路．福州：福建人民出版社，1991.

［41］广东省人民政府外事办公室，广东省社会科学院．广州与海上丝绸之路．广州：广东省社会科学院出版社，1991.

［42］黄家蕃，谈庆麟，张九皋．南珠春秋．南宁：广西人民出版社，1991.

［43］王戎笙．马克思主义历史观与中华文明．重庆：重庆出版社，1991.

［44］广东省文物管理委员会，等．南海丝绸之路文物图集．广州：广东科技出版社，1991.

［45］黄鸿钊．澳门史纲要．福州：福建人民出版社，1991.

［46］邓开颂．澳门历史（1840—1949）．珠海：珠海出版社，1999.

［47］黄启臣，邓开颂．澳门港史资料汇编（1553—1986）．广州：广东人民出版社，1991.

［48］邹晓辛，吕延涛．龙与十字架．长春：吉林文史出版社，1991.

［49］刘如仲，陈瑞德，傅冰，等．海上丝绸之路的友好使者——西洋篇．北京：海洋出版社，1991.

［50］夏应元．海上丝绸之路的友好使者——东洋篇．北京：海洋出版社，1991.
［51］韶华宝忠双，欧阳如水明．中华祖先拓荒美洲．哈尔滨：黑龙江人民出版社，1992.
［52］连云山．谁先到达美洲．北京：中国社会科学出版社，1992.
［53］韩振华．中国与东南亚关系史研究．南宁：广西人民出版社，1992.
［54］陈侨森．漳州对外经济贸易简史．厦门：鹭江出版社，1992.
［55］中国钱币学会．中国钱币论文集．北京：中国金融出版社，1992.
［56］汕头市潮汕历史文化研究中心，汕头大学潮汕文化研究中心．潮汕文化论丛初集．广州：广东高等教育出版社，1992.
［57］广州市国家历史文化名城发展中心，等．论广州与海上丝绸之路．广州：中山大学出版社，1993.
［58］许在全．刺桐探骊录．北京：红旗出版社，1993.
［59］山东省徐福研究会，龙口市徐福研究会．徐福研究 2. 青岛：青岛海洋大学出版社，1993.
［60］官龙耀．文化杂志（中文版 第十三、十四期）. 澳门：澳门文化司署，1993.
［61］联合国教科文组织海上丝绸之路综合考察泉州国际学术讨论会组织委．中国与海上丝绸之路：联合国教科文组织海上丝绸之路综合考察泉州国际学术讨论会（1991.2.17—20）论文集（续集）. 福州：福建人民出版社，1994.
［62］曾昭璇．岭南史地与民俗．广州：广东人民出版社，1994.
［63］中国中外关系史学会．中外关系史论丛（第 4 辑）. 天津：天津古籍出版社，1994.
［64］郑炜明，黄启臣．澳门宗教．澳门：澳门基金会，1994.
［65］吴志良．东西方文化交流．澳门：澳门基金会，1994.
［66］黄启臣，邓开颂．中外学者论澳门历史．澳门：澳门基金会，1994.

［67］吴志良．澳门政制．澳门：澳门基金会，1995.
［68］李金明，廖大珂．中国古代海外贸易史．南宁：广西人民出版社，1995.
［69］黄启臣．澳门历史（自远古—1840）．澳门：澳门历史学会，1995.
［70］黄晓峰，等．澳门历史文化国际学术研讨会论文集．澳门：澳门基金会，1995.
［71］刘迎胜．丝路文化·海上卷．杭州：浙江人民出版社，1995.
［72］李建生，陈代光．南海"海上丝绸之路"始发港——雷州城．北京：海洋出版社，1995.
［73］广东省南澳县政协文史委员会．南澳文史．第3辑：《海上丝绸之路与潮汕文化》学术研讨会选辑．1995.
［74］姚楠．南天余墨．沈阳：辽宁大学出版社，1995.
［75］潮汕历史文化研究中心，汕头大学潮汕文化研究中心．潮学研究（第3辑）．汕头：汕头大学出版社，1995.
［76］李恩军．中国历史地理学．北京：人民交通出版社，1995.
［77］暨南大学中国文化史籍研究所．历史文献与传统文化（第6集）．广州：广东人民出版社，1996.
［78］吴廷璆，李永先，等．徐福东渡钩沉．济南：山东友谊出版社，1996.
［79］杨正光，朱亚非．徐福文化的思索．济南：山东友谊出版社，1996.
［80］［日］壹岐一郎．徐福集团东渡与古代日本．天津：天津人民出版社，1996.
［81］陈炎．海上丝绸之路与中外文化交流．北京：北京大学出版社，1996（第一版），2002年（第二版）．
［82］北海市政协文史资料委员会．北海文史（第9辑）.1996.
［83］杨万秀，钟卓安．广州简史．广州：广东人民出版社，1996.
［84］暨南大学中国文化史籍研究所，等．暨南大学宋元明清史论集．广州：暨南大学出版社，1997.

［85］陈达生，王连茂．海上丝绸之路研究（1）——海上丝绸之路与伊斯兰文化．福州：福建教育出版社，1997.
［86］陈代光．中国历史地理．广州：广东高等教育出版社，1997.
［87］林金水．福建对外文化交流史．福州：福建教育出版社，1997.
［88］周燮藩．中国的基督教．北京：商务印书馆，1997.
［89］卓新平．基督教犹太教志．上海：上海人民出版社，1998.
［90］［韩］李宽淑．中国基督教史略．北京：社会科学文献出版社，1998.
［91］顾卫民．基督教与近代中国社会．上海：上海人民出版社，1996.
［92］何芳川，万明．古代中西文化交流史话．北京：商务印书馆，1998.
［93］杜经国，吴奎信．海上丝绸之路与潮汕文化．汕头：汕头大学出版社，1998.
［94］广东省澄海市人民政府侨务办公室，广东省澄海市政协文史资料委员会．澄海文史资料（第17辑）．澄海：澄海市人民印刷厂，1998.
［95］陈乃良．封中史话：岭南文化古都之盛衰．广州：广东省地图出版社，1998.
［96］黄顺力．海洋迷思：中国海洋观的传统与变迁．南昌：江西高校出版社，1999.
［97］邓开颂，余思伟，陆晓敏．澳门沧桑．珠海：珠海出版社，1999.
［98］陈达生，等．海上丝绸之路研究2——中国与东南亚．福州：福建教育出版社，1999.
［99］广西钦州市政协文史资料委员会．钦州文史 第6辑 钦州得名1400年纪念专辑，1999.
［100］北海市政协文史资料委员会．北海文史（第13辑），1999
［101］刘芳辑，章文钦校．葡萄牙东波塔档案馆藏清代澳门中文档案汇编．澳门：澳门基金会，1999.
［102］黄鸿钊．澳门史．福州：福建人民出版社，1999.

［103］ 邓开颂，谢后和．澳门历史与社会发展．珠海：珠海出版社，1999.
［104］ 吴志良．澳门政制发展史．上海：上海社会科学院出版社，1999．
［105］ 汤开建．澳门开埠初期史研究．北京：中华书局，1999.
［106］ 黄启臣．澳门通史．广州：广东教育出版社，1999.
［107］ 张海鹏主编．中葡关系史资料集．成都：四川人民出版社，1999.
［108］ 中国历史第一档案馆，澳门基金会，暨南大学古籍所．明清时期澳门问题档案文献汇编．北京：人民出版社，1999.
［109］ 中国历史第一档案馆．澳门问题明清珍档荟萃．澳门：澳门基金会，2000.
［110］ 金国平，吴志良．粤澳公牍录存（八卷）．澳门：澳门基金会，2000.
［111］ 中国人民政治协商会议湛江市委员会学习文史委员会．湛江文史（第19辑）．湛江：广东省湛江市人民印刷总厂，2000.
［112］ 中国国际徐福文化交流协会秘书处，龙口市徐福研究会办公室．龙口市徐福研究大事记长编1990—1999年．2000.
［113］ 广东省博物馆．广东省博物馆开馆四十周年纪念文集1995—1999年．广州：广东人民出版社，2000.
［114］ 朱玲玲．文物与地理．北京：东方出版社，2000.
［115］ 安京．海疆开发史话．北京：中国大百科全书出版社，2000.
［116］ 秦天，霍小勇．中华海权史论．北京：国防大学出版社，2000.
［117］ 阎纯德．汉学研究（第4集）．北京：中华书局，2000.
［118］ 钱平桃，陈显泗．东南亚历史舞台上的华人与华侨．太原：山西教育出版社，2001.
［119］ 陈高华，徐吉军，吴玉贵．中国风俗通史・隋唐五代卷．上海：上海文艺出版社，2001.
［120］ 张磊，张苹．广州史话．北京：社会科学文献出版社，2000.
［121］ 洪三泰，谭元亨，戴胜德．开海：海上丝绸之路2000年．广州：广

东旅游出版社，2001.
[122] 谭元亨．广府海韵：珠江文化与海上丝绸之路．广州：广东旅游出版社，2001.
[123] 黄鹤，秦柯．交融与辉映：中国学者论海上丝绸之路．广州：广东旅游出版社，2001.
[124] 海上丝绸之路研究专辑．广州：广东旅游出版社，2001.
[125] 中国人民政治协商会议湛江市委员会学习文史委员会．湛江文史（第20辑）．2001.
[126] 政协雷州市委员会．雷州文史（第5辑总第24期）．2001.
[127] 徐恒彬．华南考古论集．北京：科学出版社，2001.
[128] 蔡英豪．海上丝路寻踪．北京：华文出版社，2001.
[129] 刘月莲，黄晓峰．梁披云先生九五华诞纪念文集．澳门：中西文艺出版社，2001.
[130] 福建上杭客家联谊会．上杭客家（第3期）．2001.
[131] 中国人民政治协商会议福建省泉州市委员会文史资料委员会．泉州文史资料（第20辑）．2001.
[132] 黄氏委员会．黄守恭与海上丝绸之路学术研究文集．福建省姓氏源流研究会黄氏委员会，2002.
[133] 金秋．古丝绸之路乐舞文化交流史．上海：上海音乐出版社，2002.
[134] 蓝勇．中国历史地理学．北京：高等教育出版社，2002.
[135] 中国人民政治协商会议徐闻县委员会．徐闻文史（第15辑）．
[136] 中国中外关系史学会．中西初识二编．郑州：大象出版社，2002.
[137] 中国与海上丝绸之路研究中心，福建省海上丝绸之路研究会，法国远东学院福州中心．澳门与海上丝绸之路．福州：福建教育出版社，2002.
[138] 中国航海学会，泉州市人民政府．泉州港与海上丝绸之路．北京：中国社会科学出版社，2002.

[139] 刘聚钗 . 丰泽文史资料（第 5 辑）——“海丝”拾遗 . 2002.
[140] 中国人民政治协商会议广西壮族自治区钦州市委员会文史资料和学习委员会 . 钦州文史 第 9 辑 “愿风吹我到钦州”史料选编 . 2002.
[141] 中国 • 宁波“海上丝绸之路”文化遗存图录 . 宁波：宁波市文化局印行 , 2002.
[142] 林士民 , 沈建国 . 万里丝路——宁波与海上丝绸之路 . 宁波：宁波出版社 , 2002.
[143] 中国航海学会 , 泉州市人民政府 . 泉州港与海上丝绸之路 2. 北京：中国社会科学出版社 , 2003.
[144] 刘重日 . 濒阳集 . 合肥：黄山书社 , 2003.
[145] 赵春晨 . 岭南近代史事与文化 . 北京：中国社会科学出版社 , 2003.
[146] 张炜 , 方坤 . 中国海疆通史 . 郑州：中州古籍出版社 , 2003.
[147] 黄启臣 . 广东海上丝绸之路史 . 广州：广东经济出版社 , 2003.
[148] 中国人民政治协商会议湛江市委员会学习和文史资料委员会 . 湛江文史（第 22 辑）. 2003.
[149] 龚伯洪 . 广府华侨华人史 . 广州：广东高等教育出版社 , 2003.
[150] 中国人民政治协商会议北海市委员会文史资料委员会 . 北海文史第 17 辑 沧痕桑影录 3. 2003.
[151] 吴小玲 , 陆露 . 南国珠城：北海 . 西安：三秦出版社 , 2003.
[152] 顾卫民 . 中国天主教编年史 . 上海：上海书店出版社 , 2003.
[153] ［法］沙畹 . 西突厥史料 . 冯承钧译 . 北京：中华书局 , 2004.
[154] 费成康 . 澳门：葡萄牙人逐步占领的历史回顾 . 上海：上海社会科学院出版社 , 2004.
[155] 孙尚扬 , 钟鸣旦 . 一八四零年前的中国基督教 . 南京：学苑出版社 , 2004.
[156] 刘君里 . 广州旅游景点与传说 . 广州：广东经济出版社 , 2004.

[157] 广东省文物考古研究所，广州市文物考古研究所，深圳博物馆 . 华南考古 1. 北京：文物出版社，2004.

[158] 赵春晨，何大进，冷东 . 中西文化交流与岭南社会变迁 . 北京：中国社会科学出版社，2004.

[159] 中国人民政治协商会议文史资料委员会，北海市委员会文史资料委员会 . 北海文史 第 18 辑 合浦与海上丝绸之路 . 北海：2004.

[160] 叶显恩 . 徽州与粤海论稿 . 合肥：安徽大学出版社，2004.

[161] 新闻春秋：第三届世界华文传媒与华夏文明传播国际学术研讨会论文集 . 厦门：厦门大学出版社，2004.

[162] 王介南 . 中外文化交流史 . 上海：书海出版社，2004.

[163] 曲金良 . 中国海洋文化研究（第 4—5 合卷）. 北京：海洋出版社，2004.

[164] 中国人民政治协商会议文史资料委员会，北海市委员会文史资料委员会 . 北海文史 第 18 辑 合浦与海上丝绸之路 . 北海：2004.

[165] 黄滋，等 . 中国古建筑文化之旅 浙江 . 北京：知识产权出版社，2004.

[166] 泉州老子研究会，泉州市丰泽区文体旅游局 . 众妙之门——“海上丝绸之路与蟳埔民俗文化”研究专辑 . 泉州：2004.

[167] 福建省炎黄文化研究会，中国人民政治协商会议泉州市委员会 . 闽南文化研究 上 . 福州：海峡文艺出版社，2004.

[168] 哈艳秋 . 中国新闻传播史研究：中国新闻传播史教学参考资料 . 北京：中国广播电视出版社，2005.

[169] 韩胜宝 . 郑和之路 . 上海：上海科学技术文献出版社，2005.

[170] 吴海鹰 . 郑和与回族伊斯兰文化 . 银川：宁夏人民出版社，2005.

[171] 泉州港务局，泉州港口协会 . 泉州港与海上丝绸之路 3 纪念郑和下西洋六百周年论文集 . 北京：中国社会科学出版社，2005.

[172] 许勤彪 . 宁波历史文化二十六讲 . 宁波：宁波出版社，2005.

［173］陈尚胜．登州港与中韩交流国际学术讨论会论文集．济南：山东大学出版社，2005.
［174］韦庆远．澳门史论稿．广州：广东人民出版社，2005.
［175］中国宗教历史文献集成编纂委员会．东传福音（25 册）．合肥：黄山书社，2005.
［176］［英］加文·孟席斯．1421——中国发现世界．师研群等译．北京：京华出版社，2005.
［177］黄一农．两头蛇——明末清初的第一代天主教徒．上海：上海古籍出版社，2006.
［178］李庆新．海上丝绸之路．北京：五洲传播出版社，2006.
［179］杨宏烈．广州泛十三行商埠文化遗址开发研究．广州：华南理工大学出版社，2006.
［180］余石．历史文化名城雷州．广州：广东人民出版社，2006.
［181］中国人民政治协商会议湛江市委员会学习和文史资料委员会．湛江文史（第 25 辑）．湛江：2006.
［182］吴传钧．海上丝绸之路研究：中国·北海合浦海上丝绸之路始发港理论研讨会论文集．北京：科学出版社，2006.
［183］潘琦．笔耕录 第 4 卷．南宁：广西人民出版社，2006.
［184］中国国家博物馆，广西壮族自治区博物馆．瓯骆遗粹：广西百越文化文物精品集．北京：中国社会科学出版社，2006.
［185］广西壮族自治区文物工作队，合浦县博物馆．合浦风门岭汉墓：2003—2005 年发掘报告．北京：科学出版社，2006.
［186］宁波“海上丝绸之路”申报世界文化遗产办公室，宁波市文物保护管理所，宁波市文物考古研究所．宁波与海上丝绸之路．北京：科学出版社，2006.
［187］浙江省博物馆．东方博物（第 18 辑）．杭州：浙江大学出版社，2006.

［188］青岛市政协文史资料委员会 . 青岛文史资料（第 15 辑）. 青岛：中国海洋大学出版社 , 2006.

［189］吴远鹏 . 泉州与世界：文化交流与人物掠影 . 香港：香港社会科学出版社有限公司 , 2006.

［190］李冀平 , 朱学群 , 王连茂 . 泉州文化与海上丝绸之路 . 北京：社会科学文献出版 , 2007.

［191］王铭铭 . 西方作为他者: 论中国"西方学"的谱系与意义 . 北京 / 西安: 世界图书出版公司 , 2007.

［192］黄顺力 . 海洋迷思：中国海洋观的传统与变迁（上、中、下）. 南昌：江西高校出版社 , 2007.

［193］陈达生 , 曲鸿亮 , 王连茂 . 海上丝绸之路研究 4 陈达生伊斯兰教与阿拉伯碑铭研究论文集 . 福州：福建教育出版社 , 2007.

［194］张伟 . 浙江海洋文化与经济（第 1—7 辑）. 北京：海洋出版社 , 2007—2013.

［195］第二届中国与东南亚民族论坛编委会 . 第二届中国与东南亚民族论坛论文集 . 北京：民族出版社 , 2007.

［196］广西壮族自治区科学界联合会 . 首届广西社会科学界学术年会优秀论文集 . 南宁：广西人民出版社 , 2007.

［197］刘凤鸣 . 山东半岛与东方海上丝绸之路 . 北京：人民出版社 , 2007.

［198］朱亚非 . 古代山东与海外交往史 . 青岛：中国海洋大学出版社 , 2007.

［199］广西博物馆 . 广西博物馆文集（第 4 辑）. 南宁：广西人民出版社 , 2007.

［200］李庆新 . 明代海外贸易制度 . 北京：社会科学文献出版社 , 2007.

［201］刘景莲 . 明清澳门涉外案件司法审判制度研究 . 广州：广东人民出版社 , 2007.

［202］尚智丛 . 传教士与西学东渐 . 太原：山西教育出版社 , 2008.

[203] 吴旻，韩琦．欧洲所藏雍正乾隆朝天主教文献汇编．上海：上海人民出版社，2008.

[204] 顾涧清，等．广东海上丝绸之路研究．广州：广东人民出版社，2008.

[205] 中共广州市委宣传部，广州市文化局．海上丝绸之路 广州文化遗产·地上史迹卷．北京：文物出版社，2008.

[206] 中共广州市委宣传部，广州市文化局．海上丝绸之路 广州文化遗产·考古发现卷．北京：文物出版社，2008.

[207] 中共广州市委宣传部，广州市文化局．海上丝绸之路 广州文化遗产·文献辑要卷．北京：文物出版社，2008.

[208] 庆祝何炳棣先生九十华诞论文集．西安：三秦出版社，2008.

[209] 政协珠海市委员会，珠海文化遗产图集，编辑委员会．珠海文化遗产图集．珠海：2008.

[210] 邱立诚．粤地考古求索：邱立诚论文选集．北京：科学出版社，2008.

[211] 范翔宇．海门佛踪：北海佛教海路南传通道纪事．南宁：广西民族出版社，2008.

[212] 广西合浦县人民政府，北海市地方志办公室联合．北海合浦海上丝绸之路史：一座城市永远的记忆．南宁：广西人民出版社，2008.

[213] 牛志平，等．海南文化史．海口：南方出版社，2008.

[214] 陈依元，钟昌标．区域开放与社会经济发展——对宁波开放史的一个考察维度．北京：经济科学出版社，2008.

[215] 福建省炎黄文化研究会，中国人民政治协商会议福州市委员会．福建海洋文化研究．福州：海峡文艺出版社，2009.

[216] 吴伟峰，谢日万，范国君．海上丝绸之路遗珍·越南出水陶瓷．北京：科学出版社，2009.

[217] 张捷，郭万平．舟山普陀与东亚海域文化交流．杭州：浙江大学出

版社，2009.

［218］徐宗泽．明清间耶稣会士译著提要．上海：上海书店出版社，2010.

［219］黄启臣．澳门是最重要的中西文化交流桥梁（16世纪中叶—19世纪中叶．香港：香港天马出版有限公司，2010.

［220］龚缨晏．中国“海上丝绸之路”研究百年回顾．杭州：浙江大学出版社，2011.

［221］吴小凤．宋明广西海上陶瓷之路研究．南宁：广西人民出版社，2012.

［222］张晓编．近代汉译西学书目提要：明末—1919年．北京：北京大学出版社，2012.

［223］黄兴涛，王国荣．50种重要文献汇编：明清之际西学文本．北京：中华书局，2013.

［224］臧小华．陆海交接处：早期世界贸易体系中的澳门．北京：社会科学文献出版社，2013.

［225］顾卫民．“以天主和利益的名义”：早期葡萄牙海洋扩张的历史（1415—1700年）．北京：社会科学文献出版社，2013.

［226］周湘，李爱丽，等．蠔镜映西潮：屏蔽与缓冲中的清代澳门中西交流．北京：社会科学文献出版社，2013.

［227］程美宝．把世界带进中国：从澳门出发的中国近代史．北京：社会科学文献出版社，2013.

后 记

2007年，我进入浙江海洋学院工作，学校一贯重视“海洋”特色的学科建设、教学及研究工作，在人文学院的总体布局下，我开始对海上丝绸之路的相关学习与研究。在人文学院王颖院长的主持下，从2009年开始，我便积极开展本书的框架及内容的相关工作，并在工作之余陆续展开资料收集及研究梳理。但由于种种原因，该项工作仍然只是断断续续地进行，而且一拖就是5年时间，直到现在才得以完成。

在写作过程中，本书于2010年获得了浙江海洋学院“2007—2011年度校级重大、专项项目”的资助课题［项目编号：浙海院办发（2008）13号］的立项。本书对该课题内容进行了扩大和延伸，也是该课题的最终成果。

在本书的写作过程中，禹群英女士对本书做了大量工作，她不仅与我一起查阅资料，收集材料，还直接参与了部分内容的初稿写作。书稿完成后，她又进行了仔细的校阅，并提出了很多宝贵意见甚至直接修改，因此本书凝聚着她的大量心血。

本书是王颖教授主持下“海洋文化研究”系列丛书中的一种。在本书的选题、框架构建、内容取舍等诸多方面，王教授都给予了指导性意见。书稿完成后，由于缺少出版经费，又拖延了较长一段时间，直到得到浙江海洋学院出版经费资助后才又提上日程重新考虑出版，但资助经费并不够，幸好此书被纳入王颖教授主持的“海洋文化研究”系列丛书，并获得差额部分的经费资助，本书才得以出版。在此，作者向浙江海洋学院及王颖教授表示深深的感谢。

需要特别提及的是，在本书写作过程中，龚缨晏教授主编的《中国“海上丝绸之路”研究百年回顾》已于2011年出版，而本书选题又与该著多有雷同，因此，作者一度曾打算放弃，但考虑到在本书的写作过程中龚著并未出版，而且本书书稿也已大体成型；更重要的是，本书在内容框架和结构上与龚著并不一样，因此我们还是决定把它出版出来，一则延续我们学校对海洋文化研究的规划，再则也算是对作者多年辛苦耙梳的一个小小交待吧。

在本书写作过程中，得到了学校及同事们的支持和帮助，在此一并致谢。

冯定雄

2014年6月

于浙江海洋学院

第二次印刷说明

该书于2015年8月初次印刷。现在，市面上很难找到该书，有鉴于此，作者及出版社认为有第二次印刷该书的必要。

此次印刷时，作者已到浙江师范大学任教。在此过程中，浙江师范大学人文学院、边疆研究院、江南文化中心对作者的学习、研究、工作和生活都付出了鼎力支持，对该书的再次印刷给予积极的鼓励。浙江师范大学研究生院孙炳海院长积极帮助该书第二次印刷并给予费用支持，没有孙院长的支持，该书不可能第二次印刷，借此机会我深表感谢。边疆研究院的于逢春院长、人文学院赵志辉教授，一直关注该书的第二次印刷情况，并给予各方面的大力支持，作者在此深表谢忱，谨以此书奉献于、赵二君。该书属浙江师范大学边疆研究院“边疆与海洋研究”序列丛书之一。

由于种种原因，此次印刷除文字校对外，对第一次印刷没有进行任何修改和增补，如果以后有机会，作者会再进行修改与增补。

冯定雄

2020年5月

于浙江师范大学